Alexsandro Teixeira Ribeiro

Rafael Moro Martins

José Lázaro Júnior

João Guilherme Frey

Jornalismo de dados:

conceitos, rotas e estrutura produtiva

Editora
intersaberes

O selo DIALÓGICA da Editora InterSaberes faz referência às publicações que privilegiam uma linguagem na qual o autor dialoga com o leitor por meio de recursos textuais e visuais, o que torna o conteúdo muito mais dinâmico. São livros que criam um ambiente de interação com o leitor – seu universo cultural, social e de elaboração de conhecimentos –, possibilitando um real processo de interlocução para que a comunicação se efetive.

Rua Clara Vendramin, 58 . Mossunguê
CEP 81200-170 . Curitiba . PR . Brasil
Fone: (41) 2106-4170
www.intersaberes.com
editora@editoraintersaberes.com.br

Conselho editorial
Dr. Ivo José Both (presidente)
Dr? Elena Godoy
Dr. Nelson Luís Dias
Dr. Neri dos Santos
Dr. Ulf Gregor Baranow

Editora-chefe
Lindsay Azambuja

Supervisora editorial
Ariadne Nunes Wenger

Analista editorial
Ariel Martins

Preparação de originais
Gilberto Girardello Filho

Edição de texto
Gustavo Piratello de Castro
Tiago Krelling Marinaska

Capa e projeto gráfico
Charles L. da Silva

Diagramação
Yumi Publicidade Ltda.

Equipe de *design*
Sílvio Gabriel Spannenberg
Charles L. da Silva

Iconografia
Celia Kikue Suzuki
Regina Claudia Cruz Prestes

Dados Internacionais de Catalogação na Publicação (CIP)
(Câmara Brasileira do Livro, SP, Brasil)

Jornalismo de dados: conceitos, rotas e estrutura produtiva/
Alexsandro Ribeiro...[et al.]. – Curitiba: InterSaberes, 2018.
(Série Excelência em Jornalismo)

Outros autores: Rafael Moro Martins, José Lázaro Júnior, João
Guilherme Frey
Bibliografia.
ISBN 978-85-5972-778-4

1. Bases de dados 2. Dados – Análise 3. Internet (Rede de computador)
4. Jornalismo 5. Jornalismo – Técnicas digitais I. Ribeiro, Alexsandro.
II. Martins, Rafael Moro. III. Lázaro Júnior, José. IV. Frey, João Guilherme.
V. Série.

18-17204   CDD-070.40285

Índices para catálogo sistemático:
1. Bases de dados: Jornalismo digital 070.40285
2. Jornalismo digital em base de dados 070.40285

Cibele Maria Dias – Bibliotecária – CRB-8/9427

1ª edição, 2018.

Foi feito o depósito legal.

Informamos que é de inteira responsabilidade dos autores a emissão
de conceitos.

Nenhuma parte desta publicação poderá ser reproduzida por qualquer
meio ou forma sem a prévia autorização da Editora InterSaberes.

A violação dos direitos autorais é crime estabelecido na Lei n. 9.610/1998
e punido pelo art. 184 do Código Penal.

Sumário

5   *Apresentação*
9   *Como aproveitar ao máximo este livro*
13   *Introdução*

Capítulo 01
18   **Campo jornalístico: um conceito em formação**
20   Sobre o campo do jornalismo

Capítulo 02
72   **Jornalismo de dados: caminhos e práticas**
74   Mas de que dados estamos falando?
90   A busca pela informação
120   Bases de dados: aproveitando o que já está na rede
139   Diários oficiais, editais e balanços

Capítulo 03
153   **Organizando e trabalhando os dados**
155   Organizando os dados
162   Raspagem de dados
188   Abrindo arquivos em formato PDF
194   Análise de dados

211 Média, mediana e moda
219 Grandezas comparáveis
230 Formas de apresentação

Capítulo 04
254 Jornalista de dados: na fronteira de áreas
256 Mudança de cenário
260 Novas habilidades: quantas profissões em uma só?
262 Conhecimentos tradicionais
264 Jornalismo e *hacktivismo*
297 Questões éticas no jornalismo de dados

312 *Estudo de caso*
314 *Para concluir...*
318 *Lista de siglas*
320 *Referências*
341 *Respostas*
345 *Sobre os autores*

Apresentação

Cada vez mais, jornais e grandes veículos de informação usam, em suas reportagens, informações aliadas a visualizações estruturadas de dados, que complementam a produção jornalística. Diante disso, qualquer série de livros ou de publicações da área comunicação que se proponha a abordar as manifestações atuais de periódicos deve trazer ao menos algumas linhas gerais sobre o jornalismo com enfoque em dados.

Não obstante, ainda há poucas indicações teóricas – apesar de existirem muitos manuais – que permitam a consolidação de um campo de debates sobre jornalismo de dados. Em razão dessa carência, buscamos preencher de forma consistente essa lacuna agregando conhecimento e propondo uma teorização a respeito do assunto.

Nesse sentido, ao tratarmos sobre os dados, pretendemos levar você a uma jornada pelo campo jornalístico, expondo os conceitos fundamentais que definem o jornalismo de dados: como surgiu, o que é, quais são suas principais características, como suas etapas se desenvolvem na prática e qual é sua posição na história recente das evoluções técnicas e metodológicas na pesquisa e na produção jornalística. Dessa forma, demonstraremos teorias e habilidades que compõem esse universo, as quais possibilitarão que você tenha seu primeiro contato com processos de produção de conteúdo com base em dados.

Portanto, para cumprirmos nosso objetivo, delinearemos, no Capítulo 1, o fenômeno chamado *jornalismo de dados*, percorrendo suas dimensões e suas fronteiras e debatendo as concepções acadêmicas sobre ele. Também resgataremos os percursos tecnológico e social que culminaram no aumento da participação do jornalismo de dados nas grandes reportagens e, consequentemente, no crescimento da importância desse processo para as redações.

No Capítulo 2, direcionaremos nosso olhar para as estruturas de funcionamento do jornalismo de dados. Nesse sentido, veremos, afinal, o que são os dados, como eles podem ser usados em reportagens e onde podemos encontrá-los. Indo além, verificaremos como mudanças na legislação influenciaram dramaticamente a oferta de dados ao público. Ainda nesse capítulo, analisaremos as etapas da produção jornalística e indicaremos caminhos e espaços de pesquisa de dados na internet, bem como ferramentas atuais que podem ser usadas nessa empreitada.

Em seguida, no Capítulo 3, buscaremos refletir sobre como utilizar as informações encontradas por meio das orientações do capítulo anterior: como retirá-las da internet e, principalmente – quando tratamos de grandes bases de dados –, como "limpar o caminho" até chegar às informações mais relevantes para determinada pauta; de que forma combiná-las com conhecimentos adquiridos de outras bases; e como cruzá-las ou juntá-las a fim de dar sentido a elas. Também apresentaremos maneiras de fazer com que documentos e gráficos numéricos sejam facilmente lidos e interpretados pela população – até pelas pessoas mais leigas.

Por fim, no Capítulo 4, discutiremos sobre a dimensão profissional do jornalismo de dados, isto é, o que dá forma a esse caminho de convergência de campos do conhecimento – jornalistas, programadores, ativistas da liberdade de informação e da internet: esses e outros perfis navegam pela produção do jornalismo de dados, ora como grupos com conhecimentos distintos, ora como profissionais multidisciplinares e multimídias. Veremos, no entanto, que, para ser jornalista de dados, não é necessário saber tudo sobre programação; basta integrar equipes de profissionais de diferentes áreas do conhecimento. Outro tema destacado nesse capítulo é a pertinência de se publicar tudo o que é encontrado na internet, o que envolve a definição de limites éticos para os jornalistas. Nesse contexto, investigaremos as possíveis diferenças, em termos éticos, entre os jornalistas e os profissionais de outras áreas. Sobre esse assunto, podemos adiantar que há ética relacionada às fronteiras do conhecimento, e, portanto, todo jornalista deve ter responsabilidade na publicação de alguma informação, prevendo, sobretudo, o impacto que sua reportagem terá na sociedade e na vida das pessoas. Além disso, conforme observaremos, também existem limites entre o que é considerado público na internet e o que deve ser exposto pela imprensa.

Enfim, como podemos demonstrar por meio da variedade de assuntos a serem tratados, é longo o caminho percorrido pelos dados. Dessa forma, a persistência é a melhor companheira para o aprendizado constante nesse campo de produção jornalística, que está em ebulição e, por isso, diariamente, recebe novas ferramentas e adquire novos formatos de apresentação de notícias. Mas todo grande trajeto começa com um primeiro passo. E é isso que buscamos neste livro.

Boa jornada!

Como aproveitar ao máximo este livro

Este livro traz alguns recursos que visam enriquecer o seu aprendizado, facilitar a compreensão dos conteúdos e tornar a leitura mais dinâmica. São ferramentas projetadas de acordo com a natureza dos temas que vamos examinar. Veja a seguir como esses recursos se encontram distribuídos no decorrer desta obra.

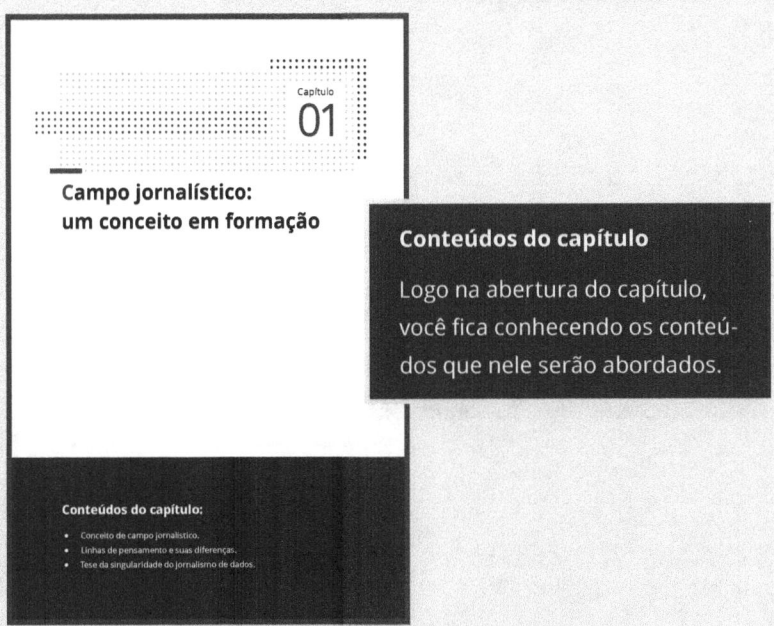

Jornalismo de dados: conceitos, rotas e estrutura produtiva

Após o estudo deste capítulo, você será capaz de:

1. definir os limites do campo jornalístico com outras ciências e campos de estudo;
2. avaliar o caminho histórico e os avanços que possibilitaram o surgimento do jornalismo de dados;
3. identificar as diferenciações da prática do jornalismo de dados e entre a outras produções jornalísticas;
4. reconhecer as premissas do jornalismo de dados e as principais características dessa produção jornalística.

Como pensar as linhas conceituais de uma prática jornalística que chegou aos limites da profissão, que lida incessantemente com metodologias de outras áreas e cujo profissional é constantemente cobrado a ter perfil muito parecido com o de um programador de *softwares*? Antes de mais nada, é preciso definir em qual campo do conhecimento está fincada a sustentação das incursões teóricas dessa prática – em nosso caso, o jornalismo.

Portanto, neste capítulo, abordaremos as linhas que definem os debates sobre o campo do conhecimento de que estamos tratando, o que é o *jornalismo* e quais são os limites dessa área. Depois, partiremos para a análise do processo de transição de uma prática de produção com os pés nas ruas e os ouvidos nas histórias, assentado em algumas declarações de especialistas,

Após o estudo deste capítulo, você será capaz de:

Você também é informado a respeito das competências que irá desenvolver e dos conhecimentos que irá adquirir com o estudo do capítulo.

Para saber mais

Você pode consultar as obras indicadas nesta seção para aprofundar sua aprendizagem.

jornalista de dados: na fronteira de áreas

Perguntas & respostas

No Brasil, um jornalista pode ser forçado a revelar a fonte de um vazamento de informação?

Em tese, não. O inciso XIV do art. 5º da Constituição Federal (Brasil, 1988) preconiza que "é assegurado a todos o acesso à informação e resguardado o sigilo da fonte, quando necessário ao exercício profissional". Entretanto, conforme um alerta da Federação Nacional dos Jornalistas, "o ataque à imprensa por meio da quebra do sigilo de fonte tem se repetido no Brasil, principalmente por forças do Estado" (Fenaj, 2018).

Para saber mais

BORGES, J. L. **Do rigor na ciência**. Disponível em: <http://alfredo-braga.pro.br/discussoes/rigor.html>. Acesso em: 22 maio 2018.

Uma boa alegoria sobre a importância de saber fazer recortes relevantes da realidade e dos dados está no breve conto "Do rigor na ciência", do escritor argentino Jorge Luis Borges (2018). No texto, o autor conta sobre um império que era especialmente dedicado à arte de fazer mapas. O trabalho era levado a sério de tal forma que o mapa de uma província chegava a ter o tamanho de uma cidade, e o de todo o império ocupava a área de uma província

Jornalismo de dados: conceitos, rotas e estrutura produtiva

Em outro caso, registrado pelo *Estadão*, a empresa de auditoria KPMG foi condenada pela justiça a "pagar cerca de R$ 3,5 milhões a um investidor do banco BVA, que alegava ter aplicado no banco por confiar no balanço auditado da instituição" (Goulart, 2015).

Síntese

Neste capítulo, mergulhamos na análise da LAI brasileira e acompanhamos sua origem, suas muitas virtudes e seus poucos, mas incômodos, problemas. Graças a esse estudo, podemos nos defrontar com órgãos públicos e extrair deles os dados necessários para a elaboração de reportagens.

Também discutimos sobre o que devemos buscar em portais de transparência e como proceder para fazer um pedido de informações eficiente a determinado órgão. Além disso, analisamos que diários oficiais e balanços de empresas trazem muitas informações valiosas para os jornalistas produzirem uma imensa gama de reportagens.

Nosso próximo passo é aprender a lidar com toda essa informação, de forma a organizá-la e analisá-la com rigor. É o que veremos no próximo capítulo.

Síntese

Você dispõe, ao final do capítulo, de uma síntese que traz os principais conceitos nele abordados.

Perguntas & respostas

No Brasil, um jornalista pode ser forçado a revelar a fonte de um vazamento de informação?

Em tese, não. O inciso XIV do art. 5º da Constituição Federal (Brasil, 1988) preconiza que "é assegurado a todos o acesso à informação e resguardado o sigilo da fonte, quando necessário ao exercício profissional". Entretanto, conforme um alerta da Federação Nacional dos Jornalistas, "o ataque à imprensa por meio da quebra do sigilo de fonte tem se repetido no Brasil, principalmente por forças do Estado" (Fenaj, 2018).

Para saber mais

BORGES, J. L. **Do rigor na ciência.** Disponível em: <http://alfredo-braga.pro.br/discussoes/rigor.html>. Acesso em: 22 maio 2018.

Uma boa alegoria sobre a importância de saber fazer recortes relevantes da realidade e dos dados está no breve conto "Do rigor na ciência", do escritor argentino Jorge Luis Borges (2018). No texto, o autor conta sobre um império que era especialmente dedicado à arte de fazer mapas. O trabalho era levado a sério de tal forma que o mapa de uma província chegava a ter o tamanho de uma cidade, e o de todo o império ocupava a área de uma província

---

Perguntas & Respostas

Nesta seção, os autores respondem a dúvidas frequentes relacionadas aos conteúdos do capítulo.

Jornalismo de dados: conceitos, rotas e estrutura produtiva

inteira. Com o tempo, essas representações já não eram consideradas suficientes pelos cartógrafos, que consideraram necessário elaborar um mapa do império que tivesse exatamente o seu tamanho. Ora, uma reprodução que tem a mesma dimensão do que ela busca representar não tem nenhuma função.

Na análise dos dados, o princípio é o mesmo. Ainda que sejam abundantes, se eles não forem representados por recortes, contextualizações e interpretações, não atingirão o objetivo de gerar alguma compreensão sobre a realidade.

Questões para revisão

1. Quais são as implicações que vazamentos de dados para jornalistas podem trazer ao processo de produção de notícias?
2. Qual é a diferença entre os cenários do jornalismo investigativo nos Estados Unidos, na Europa e no Brasil?
3. Sobre o atual cenário do jornalismo de dados, é **incorreto** afirmar:
   a) As novas tecnologias permitem que bancos de dados cada vez maiores sejam obtidos por jornalistas e isso, consequentemente, gera adaptações no processo jornalístico que podem ajudar o repórter a extrair sentido do material.

Questões para revisão

Com estas atividades, você tem a possibilidade de rever os principais conceitos analisados. Ao final do livro, os autores disponibilizam as respostas às questões, a fim de que você possa verificar como está sua aprendizagem.

Estudo de caso

Com estas atividades, você tem a possibilidade de rever os principais conceitos analisados. Ao final do livro, os autores disponibilizam as respostas às questões, a fim de que você possa verificar como está sua aprendizagem.

Estudo de caso

Irregularidades parlamentares descobertas pela Operação Serenata de Amor

Todos os deputados federais brasileiros têm direito a receber uma verba chamada *cota para exercício da atividade parlamentar*. Com esse dinheiro, os deputados podem alugar veículos, fazer refeições, comprar combustível, contratar consultorias, entre outras demandas. O próprio parlamentar é responsável pela gestão e pela fiscalização de sua cota. A única contrapartida que precisa entregar à administração da Câmara são as notas fiscais que comprovem a efetiva prestação dos serviços pagos. Considerando-se que o Brasil tem 513 deputados federais, o número de notas fiscais apresentadas ultrapassa a marca de um milhão. Em 2017, o valor variou entre R$ 30 mil e R$ 47 mil mensais.

É viável para um jornalista fiscalizar esses gastos? Manualmente, não. E, de fato, a imprensa nunca havia feito o acompanhamento sistemático do uso desses recursos. A situação mudou

Introdução

O uso de números, gráficos, documentos e outros dados não é recente na história da humanidade. De fato, antigamente havia o registro periódico do comércio portuário e dos números de embarcações, bem como as anotações de idas e vindas de mercadorias em virtude da intensificação da economia – elementos presentes nas narrativas que fizeram parte da formação do jornalismo moderno na Europa do século XVII.

Hoje, é fácil encontrar em um portal de notícias ou jornal impresso de grande circulação um infográfico ou mapa mostrando a distribuição geográfica relacionada a determinada informação. Isso seria o reflexo do futuro que chegou às redações jornalísticas? Não necessariamente.

Há quase 200 anos, em maio de 1821, o jornal britânico *The Guardian*, atualmente uma das maiores referências em jornalismo de dados, utilizou informações estruturadas para elaborar uma reportagem que apresentava o número de escolas na cidade de Manchester, os custos que elas demandavam e a quantidade de alunos nelas matriculados.

Anos depois, em 1858, a enfermeira-chefe do exército do Reino Unido, Florence Nightingale, publicou um estudo que mapeava, com base em elaborados gráficos estatísticos, as condições de saúde enfrentadas pelos soldados britânicos durante a Guerra da Crimeia (Rogers, 2011, p. 3).

Então, por que só atualmente ouvimos falar em *jornalismo de dados* se estes quase sempre estiveram presentes nessa atividade? Porque uma infinidade de fatores tecnológicos, tanto na forma de produção de notícias quanto na circulação de informações, acarretou alterações na perspectiva jornalística.

Se, na maior parte do século XX, poucas foram as alterações ocorridas no jornalismo, como identifica Phillip Meyer (2009), no artigo "Por que o jornalismo precisa de doutores?", no qual questiona a necessidade de haver doutores em Jornalismo, pois os impactos gerados pela evolução tecnológica desde as últimas décadas do fim do século passado foram gigantescos para a profissão. Nesse caso, estamos nos referindo a alterações profundas na forma de produção jornalística. Outros avanços tecnológicos ocorreram na imprensa, sobretudo no tocante aos aspectos gráficos, como o emprego de imagens e fotos; as mudanças estruturais de diagramação, com a adoção de manchetes; a cadernização dos jornais, com subcapas internas e repartições por editorias; entre muitas outras transformações.

Mas foi o desenvolvimento representado pelo uso de computadores nas redações jornalísticas – bem como o surgimento da internet e a massificação de seu uso – o responsável por dar espaço a fenômenos como o jornalismo de dados. Se, antes, nas ruas, nas manifestações coletadas por meio de entrevistas, nas pilhas de papéis dos arquivos internos dos jornais e nas fontes existentes em outros espaços físicos estavam os principais subsídios para as reportagens, graças aos avanços tecnológicos da informática e do mundo conectado, abriram-se outras frentes de pesquisa e novas formas de estruturar dados e agrupar informações nas redações.

Atualmente, programas de planilhas possibilitam facilmente o cruzamento de uma infinidade de dados e informações. A memória do jornal, antigamente armazenada em prateleiras e salas para arquivos de papéis, pode ser significativamente ampliada, sem qualquer impedimento de dimensões físicas, e o acesso a esse repertório e às pesquisas realizadas com ele são mais rápidos. Além disso, o ritmo da redação acelerou-se, bem como a perspectiva da construção narrativa.

Porém, podemos afirmar que existe um jornalismo centrado em dados graças às evoluções que a internet promoveu? De novo, a resposta é "não necessariamente", uma vez que há excelentes exemplos de jornalismo de dados em plataformas não multimidiáticas.

Não obstante, é notório que a *web* permite uma funcionalidade sem tamanho. Algumas ferramentas e certos aplicativos de cruzamento e de visualização de dados, trabalhos importantes na área da qual estamos tratando, são reais em virtude da existência da internet. No entanto, por uma série de fatores e convergências, somente nos tempos atuais podemos conceituar o que representa, de fato, o jornalismo de dados, mesmo que estes (dados) sempre tenham feito parte daquele jornalismo. As razões mais óbvias e mais fortes estão na mudança paradigmática de produção jornalística nas redações e no advento da reportagem com auxílio de computadores (RAC), afinal de contas, "a informática penetrou na gestão de empresas e governos de tal forma que altera relações sociais importantes para a mídia" (Lage, 2004, p. 155). O uso do computador nas redações, portanto, foi um marco na forma de produção jornalística.

Isso resume tudo? Definitivamente, não.

A equação que resulta no jornalismo de dados é bem mais complexa e envolve a massificação do uso da internet, a migração de dados físicos para o mundo virtual, a formação de imensas bases de dados, o fortalecimento da cultura da transparência e a oferta de uma gama muito grande de informações públicas, bem como aprovações, em diversos países, de dispositivos legais que concedem aos cidadãos o direito de acesso a informações governamentais.

É fato que cada vez mais o jornalismo de dados está se tornando sinônimo de jornalismo investigativo nas redações, possibilitando grandes reportagens e iniciativas jornalísticas. Podemos citar, como exemplo dessa situação, a grande investigação intitulada *Panamá Papers*, sobre o mercado de *offshore*, que envolve empresas estabelecidas em paraísos fiscais, geralmente utilizadas para esconder transações escusas com dinheiro.

Essa investigação, que deu origem a inúmeras reportagens, foi realizada pelo Consórcio Internacional de Jornalistas Investigativos – em inglês, International Consortium of Investigative Journalists (ICIJ, 2018b). Mais de 370 jornalistas se debruçaram sobre 11,5 milhões de documentos vazados pela empresa panamenha de advocacia Mossack Fonseca, os quais apontavam irregularidades em várias *offshores*, muitas vezes utilizadas para esconder e lavar dinheiro.

Sobre esse fato, uma cobertura que rendeu prêmios, no Brasil, foi a série de reportagens do jornal *Gazeta do Povo* intitulada *Diários secretos* (Tabatcheik, 2010). Em seus textos, os jornalistas se basearam em uma série de publicações de nomeações registradas em mais de 700 diários oficiais da Assembleia Legislativa do Paraná (ALP) e descobriram um escandaloso esquema de nomeação de funcionários fantasmas que pode ter desviado mais de R$ 200 milhões dos cofres públicos. De acordo com Gabriel Tabatcheik (2010), "Foram mais de 15 mil linhas copiadas caractere por caractere, distribuídas em mais de 20 colunas de informação".

As duas investigações mencionadas constituem reportagens premiadas e de grande envergadura, produzidas com o auxílio de gigantescas bases de dados – números e documentos que produzem histórias. É sobre conceitos envolvidos em fatos como esses que debateremos a seguir.

Capítulo

01

Campo jornalístico: um conceito em formação

Conteúdos do capítulo:

- Conceito de campo jornalístico.
- Linhas de pensamento e suas diferenças.
- Tese da singularidade do jornalismo de dados.

Após o estudo deste capítulo, você será capaz de:

1. definir os limites do campo jornalístico com outras ciências e campos de estudo;
2. avaliar o caminho histórico e os avanços que possibilitaram o surgimento do jornalismo de dados;
3. identificar as diferenciações entre a prática do jornalismo de dados e outras produções jornalísticas;
4. reconhecer as premissas do jornalismo de dados e as principais características dessa produção jornalística.

Como pensar as linhas conceituais de uma prática jornalística que chegou aos limites da profissão, que lida incessantemente com metodologias de outras áreas e cujo profissional é constantemente cobrado a ter perfil muito parecido com o de um programador de *softwares*? Antes de mais nada, é preciso definir em qual campo do conhecimento está fincada a sustentação das incursões teóricas dessa prática – em nosso caso, o jornalismo.

Portanto, neste capítulo, abordaremos as linhas que definem os debates sobre o campo do conhecimento de que estamos tratando, o que é o *jornalismo* e quais são os limites dessa área. Depois, partiremos para a análise do processo de transição de uma prática de produção com os pés nas ruas e os ouvidos nas histórias, assentado em algumas declarações de especialistas, para uma ação imersa na tecnologia e na exploração de bases de dados. Dessa forma, o somatório de fatores como o emprego de métodos de pesquisas e de análises vindas de outras áreas, a massificação do uso do computador nas redações, o impacto da tecnologia nas narrativas e nas rotinas produtivas, a cultura da transparência no setor público e a migração de arquivos físicos para o mundo digital e conectado desembocam nos assuntos que trataremos aqui por *jornalismo de dados*.

1.1
Sobre o campo do jornalismo

Ao comunicar-se, uma pessoa diz muito sobre sua vida – do passado, do presente e do futuro, de suas origens, suas ambições e seus conhecimentos. Assim, quando alguém fala, denuncia muito sobre si e, com isso, marca também seu espaço. São exemplos dessa demarcação um sotaque, um *r* arrastado, o uso de gírias e, até mesmo, de diferentes formas de se referir a algo, bem como a velocidade da fala. Esses fatores são suficientes para que ouvidos mais apurados descubram a origem de seus interlocutores, isto é, sobre o local em que nasceram ou onde passaram boa parte da infância.

E o que isso tem a ver com o jornalismo de dados? Tudo! Quando é utilizada essa nomenclatura, não se está apenas indicando a importância de um elemento para a produção da notícia ou a primazia da informação agregada em base de dados; está-se referindo, antes de mais nada, ao **jornalismo**.

Por isso, é necessária, nesse caso, a marcação do local de fala, justamente porque o jornalismo de dados vem se consolidando nas fronteiras de vários campos do conhecimento – economia, sistemas de informação, ativismo digital, *design* e muitos outros – que acompanham o fazer jornalístico, que, assim, nasce da convergência de fatores tecnológicos com uma postura de transparência pública. Por isso, nesta obra, o jornalismo de dados será abordado, em primeiro lugar, como *jornalismo*. Todas as outras áreas, ao serem aqui trazidas para o debate, serão apenas elencadas como bases enriquecedoras do processo de produção jornalística. Porém, deve-se esclarecer que as bases de análise aqui empregadas estão fincadas no campo do jornalismo.

Afinal, o que se entende como *campo*? Segundo o sociólogo Pierre Bourdieu (1997), trata-se de um espaço virtual em que há constantes disputas e forças para delimitar território. Nele, os agentes atuam de forma a manter e a definir seus interesses, exercem pressão tanto dentro do próprio campo quanto nos demais e atuam, também, de forma a pressionar e a romper espaços. *Campo*, portanto, para o sociólogo, é:

> um espaço social estruturado, um campo de forças – há dominantes e dominados, há relações constantes, permanentes,

de desigualdade, que se exercem no interior desse espaço – que é também um campo de lutas para transformar ou conservar esse campo de forças. Cada um, no interior desse universo, empenha em sua concorrência com os outros a força (relativa) que detém e que define sua posição no campo e, em consequência, suas estratégias. (Bourdieu, 1997, p. 57)

No caso do jornalismo, o campo representa um "microcosmo que tem leis próprias, marcado por sua posição no mundo global e pelas atrações e repulsas que sofre da parte de outros microcosmos" (Silva, 2009, p. 198). O **campo do jornalismo**, portanto, assim como outros, atua com pressão e com tensão, de forma a manter seu espaço, e faz isso constantemente, sobretudo em relação a outras áreas, como a sociologia, que, no espaço acadêmico, por exemplo, mantém linhas de pesquisas que têm por objeto de análise o jornalismo.

Assim, baseando-se no conceito de campo de Bourdieu (1997), pode-se afirmar que, ao longo de estudos e de análises que marcaram e delinearam os limites do jornalismo, houve um esforço de fortalecimento desse campo, com a finalidade de cada vez mais ressaltar sua autonomia diante de outros campos e de outras áreas. Com isso, colaborou-se para que, hoje, o jornalismo tenha seu espaço consolidado de pesquisa e de atuação.

Portanto, as pesquisas específicas sobre o campo do jornalismo não começaram agora: apesar de no Brasil[1] existirem apenas dois núcleos de pós-graduação e de pesquisa com mestrado e doutorado científicos e um núcleo de mestrado profissional, há séculos o jornalismo vem sendo objeto de análise no mundo acadêmico.

∴ Bases para indicações teóricas do jornalismo

Um dos registros mais antigos de esforços para a teorização do jornalismo data de 1690, na Alemanha, com o primeiro estudo sobre o *campo*. De autoria do alemão Tobias Peucer, a tese produzida para a titulação de doutor pela Universidade de Leipzig continha 29 parágrafos sobre a forma da produção jornalística, o que ela deveria conter e quais eram as ações a serem almejadas pelos profissionais da área, além de outras análises.

Na tese, intitulada *Os relatos jornalísticos*, Peucer (2004, p. 25) traça um paralelo entre história e jornalismo, sendo este uma forma de narrativa histórica do presente, uma vez que "os relatos

---

1   Em 2013, segundo a Coordenação de Aperfeiçoamento de Pessoal de Nível Superior (Capes), o país contava com pouco mais de 5 mil cursos de pós-graduação *stricto sensu*: 2,9 mil mestrados, 1,7 mil doutorados e aproximadamente 400 mestrados profissionais. Destes, apenas três cursos eram específicos de Jornalismo: um mestrado profissional, oferecido pela Universidade Federal da Paraíba (UFPB), dois mestrados acadêmicos, sendo um deles pela Universidade Federal de Santa Catarina (UFSC) e outro pela Universidade Estadual de Ponta Grossa (UEPG), e um doutorado, também pela UFSC. Confira a lista no *site* da Capes, em: <http://avaliacaotrienal2013.capes.gov.br/resultados/planilhas-comparativas>. Acesso em: 19 jun. 2018.

jornalísticos não costumam escrever tendo em vista a posteridade senão tendo em vista a curiosidade humana".

Segundo o autor, as *relationes novellae*, ou *relatos jornalísticos*, pertencem a uma forma de história que se contrapõe à história como fio contínuo dos acontecimentos, "conservando a sucessão precisa dos fatos históricos" (Peucer, 2004, p. 15). Essa outra forma de história estaria preocupada com as "coisas esparsas" e "discorre e resenha em uma determinada ordem os fatos ou as palavras escolhidas e dignas de serem contadas que se extraiu separadamente da narração contínua dos fatos históricos" (Peucer, 2004, p. 15).

Ainda na Alemanha, vários intelectuais se debruçaram sobre o debate do jornalismo como campo científico autônomo. A *perodístika*, ou *ciência dos jornais*, encontraria nas obras de Otto Groth espaço firme para sua sustentação teórica. Groth (2011, p. 33) parte do pressuposto de que o jornal é uma obra cultural humana, um produto das criações "mentais humanas que cresce e muda continuamente", não sendo, portanto, resultado de causalidade, mas elaborado para atender a finalidades predefinidas.

Ao localizar jornais e revistas como obras culturais, o pesquisador alemão entende *cultura* como o "conjunto de criações humanas de sentido que está em constante crescimento e mutação" e, desta feita, o jornalismo torna-se, por sequência, uma "ciência da cultura" (Groth, 2011, p. 187). As obras culturais, segundo o autor, desempenham reflexos fundamentais na forma como a sociedade apreende os acontecimentos e no direcionamento de seu pensamento, sendo que

> o espírito do ser humano atual é amplamente moldado e preenchido pelo jornalismo, entre outros fatores. O jornalismo determina, sobretudo, a direção do pensamento e da vontade das amplas camadas da sociedade, e não só destas; dele depende, em grande parte, o patrimônio de conhecimento e, por conseguinte, a capacidade de julgamento de todo o povo. A influência do jornalismo se estende a todas as áreas da vida; sobretudo, a imprensa periódica constitui um importante fator econômico em vários sentidos, e na vida pública essa influência ainda é dominante, a despeito da concorrência crescente. (Groth, 2011, p. 184)

A obra cultural, reitera o autor, é produzida para um determinado fim pelo homem a fim de satisfazer "suas necessidades físicas e mentais" (Groth, 2011, p. 178). Para tanto, uma de suas preocupações é produzir valor, entendido como "a inesgotável força motriz e criadora do ser humano; é com valores que ele vincula suas relações mais fugazes e constrói suas obras mais duradouras" (Groth, 2011, p. 187).

O jornalismo, ou ciência dos jornais, está, portanto, localizado na ciência da cultura. Dessa forma, torna-se uma produção com determinada finalidade, definida pelo homem. Assim, um objeto cultural busca trabalhar valores, e o faz tendo em vista certos objetivos e finalidades. Em suas manifestações, segundo Groth (2011), tanto em jornais como em revistas – ou em outras plataformas –, o jornalismo faz uso de temas e conteúdos referentes a outros campos do conhecimento, no entanto, utilizando-os em seu auxílio, como ciências coadjuvantes, e não como determinantes de sua essência.

O posicionamento autônomo diante de outros campos do conhecimento e de outras ciências define a necessidade de criação de uma postura de estudo específica para o jornalismo, ou seja, aponta a fundação de uma "ciência autônoma", como pontua Groth, que dê conta da essência do jornalismo. No entanto, de acordo com o pesquisador alemão, isso se justifica quando é identificado um objeto próprio para a existência de uma ciência autônoma – um objeto não contemplado por outras ciências, afirma o autor, ou

> cuja investigação as intenções delas não permitam, ou com os quais outras ciências já tenham se ocupado, mas que a nova ciência consiga abordar com outro enfoque. Essa maneira particular de enfocar [...] o "objeto" nos proporciona conhecimentos particulares acerca dele, os quais precisam ser organizados segundo princípios particulares de estruturação, ou seja,

colocados num sistema, e só então a nova ciência está fundamentada e poderei reivindicar o reconhecimento de sua autonomia. (Groth, 2006, p. 33)

Em outras palavras, a economia, a política e a cultura, entre outras áreas e ciências, são inseridas nas publicações não como determinantes da narrativa, mas como assuntos para a formação da manifestação do jornalismo – ou seja, este as conclama a atuar como ciências auxiliares. Portanto, o que interessa na pesquisa que as envolve está na essência do jornalismo, que faz do jornal algo que as transcende, assim como o próprio meio de veiculação.

Essa essência deve ser a mesma independentemente da plataforma utilizada pelo jornal – impresso, televisionado ou veiculado na internet. É sua transcendência e sua firmeza que possibilitam chamar o resultado de *jornal*, seja qual for sua manifestação (Fidalgo, 2004). É a ideia fundamental, basilar, que faz do jornal, de fato, um jornal, e não outra coisa. Portanto:

> A identidade de um jornal impresso não se altera, mesmo que se alterasse toda a parte gráfica. O mesmo vale dizer para tudo o que se liga ao que é sensível no jornal. Num jornal radiofónico acontece o mesmo. Podem mudar os redactores das notícias, os locutores, até a hora de emissão, que o jornal se mantém o mesmo, desde que o seu princípio ideal se mantenha o mesmo. (Fidalgo, 2004, p. 2)

O foco está, portanto, na essência do jornalismo, que transcende os assuntos e os campos do conhecimento abordados por ele, o que ressalta a defesa de Groth (2011, p. 182) de que "uma ciência à parte surge quando se separa da totalidade do cosmo natural ou sociocultural um conteúdo parcial com enfoque determinado e coeso".

O conteúdo da ciência dos jornais não está, portanto, na "investigação dos conteúdos da imprensa, do rádio ou da televisão, mas na investigação das características de cada um dos meios, considerados como um todo" (Faus Belau, 1966, p. 38, tradução nossa). E, para ressaltar, delimitar e definir esse campo do conhecimento calcado nas ciências da cultura, denominado *periodístico* ou *ciência dos jornais*, faz-se necessário um modo de contemplá-lo, isto é, uma metodologia que dê conta de sua essência.

O pesquisador, portanto, deve posicionar-se quanto à postura adotada para analisar o objeto, ou seja, decidir-se por um enfoque (método) específico com base no qual pretende analisar os fenômenos. Em outros termos, precisa escolher que aspecto dos eventos lhe é importante e, consequentemente, o que deve destacar e o que deve deixar de lado (Groth, 2011).

Com isso, o que se busca no jornalismo de dados não é outra coisa senão o próprio jornalismo. Definir esse espaço de elocução é fundamental justamente para evitar transtornos envolvendo a utilização de ferramentas adequadas. É preciso seguir os caminhos da produção jornalística de dados quando se apropria do conhecimento das outras áreas.

Se a programação é necessária e importante para a apresentação dos conteúdos; se o *design* é fundamental para dar unidade aos dados e principalmente traduzi-los esteticamente; se a sociologia se faz presente na interpretação das informações e nas metodologias empregadas para lidar com uma série de números e documentos; se a estatística ocupa um espaço de destaque no trato numérico, nos cálculos de produções das médias e das medianas e de outras funções, enfim, todos esses aspectos fazem parte do jornalismo e aparecem como ferramentas para a produção jornalística.

Apesar das formas mais atuais de produção jornalística, bem como da integração multidisciplinar entre programação e emprego de metodologias provenientes de outras áreas, o jornalismo atua como norteador para os profissionais da área do jornalismo de dados. Portanto, há, inegavelmente, uma tensão dentro do próprio campo do jornalismo entre as formas e as nomenclaturas de produção que ali se instalaram ao longo do tempo.

Um exemplo disso está no jornalismo investigativo, em comparação com o jornalismo de dados. Nas duas formas de produção há o caráter investigativo, algo quase presente na essência do jornalismo, mas que é reivindicado por uma das vertentes ou dos subcampos justamente em razão de suas perspectivas de atuação e de apresentação de conteúdos.

Não que o jornalismo de dados não faça investigação, mas ele não se lança – como o faz o jornalismo investigativo – na profundidade das ruas, nas descobertas das declarações, nas artimanhas que muitas vezes são necessárias para o contato direto com os envolvidos e nos riscos demandados pela presença dos jornalistas.

No entanto, o uso de dados é tão antigo quanto o próprio jornalismo. Porém, o peso que eles adquirem na produção jornalística, passando de elementos de base para definidores de pauta, como sustentações da narrativa e estruturadores da informação, é ímpar dentro do campo que abrange o jornalismo de dados.

Contudo, os próprios atores, mesmo na tensão de seus campos, ressaltam a multiplicidade de identidades do próprio jornalismo – pois, ao final, compartilham o mesmo *habitus*, ou seja, o mesmo *modus operandi*. Dessa forma, eles estão integrados às características estruturantes do jornalismo. E, na medida em que há um *habitus*, há também um compartilhamento natural do sistema, e o agente social torna-se um "individual coletivo ou um coletivo individualizado" (Bourdieu, 2000, p. 18).

O *habitus* é, assim, dentro do campo, uma "subjetividade socializada, transcendental histórico, cujas categorias de percepção e de apreciação (os sistemas de preferência) são o produto da história coletiva e individual" (Bourdieu, 2000, p. 47). Assim, instala-se, perpetua-se e retroalimenta-se naturalmente na rotina dos atores que integram esse campo.

∴ A singularidade nos dados

O jornalismo é uma forma de conhecimento – é o que defende um dos principais teóricos brasileiros desse campo, Adelmo Genro Filho. No entanto, para o autor, em sua obra magistral *O segredo da pirâmide*, diferentemente do científico, que se cristaliza no universal, o conhecimento envolvido no jornalismo se substancia na **singularidade** (Genro Filho, 1987).

O jornalismo não seria apenas um "grau" de abstração, mas um "gênero" do conhecimento, cujo aspecto central é "a apropriação do real pela via da singularidade, ou seja, pela reconstituição da integridade de sua dimensão fenomênica" (Genro Filho, 1987, p. 58).

De acordo com o pesquisador, ao focar-se no singular, o jornalismo, no entanto, contempla também o universal e o particular como categorias que apresentam relações entre si, pois "o particular é sempre particular em relação a um singular e em relação a um universal" (Genro Filho, 1996, p. 6).

E a teoria, como aponta Genro Filho (1996), acompanha a prática. Não à toa, a narrativa jornalística parte do que é singular para o que é geral. Porém, é na abstração da teoria que se consolida a substância do jornalismo, que ultrapassa as mídias e as produções.

Portanto, é por meio da teoria que se capta o essencial de uma prática, ou seja, aquela é "indispensável, porque só a teoria fornece um tipo de conhecimento profundo capaz de direcionar a prática" (Genro Filho, 1996, p. 2). Para o autor, a apreensão teórica, "de universalidade do fenômeno, daquilo que ele tem de essencial e de genérico" (Genro Filho, 1996, p. 2) é a forma máxima de compreensão da síntese do objeto.

No jornalismo de dados, a singularidade é construída pelos números e pelos padrões de informação advindos de cruzamentos entre documentos, bases de dados e histórias. A teoria que se desenha para dar conta desse fenômeno jornalístico centra-se na definição da primazia das informações, das possibilidades de cruzamento e dos avanços tecnológicos das bases de dados.

Com isso, fecha-se o ciclo da relação teórica com a prática, como aponta Genro Filho, ao criticar a máxima de que, *na teoria, a prática é outra*: é nesta, contrariando a visão comum, que aquela se completa, que "comprova a sua efetividade e a sua realidade" (Genro Filho, 1996, p. 2), ou seja, "a visão que nós temos, a visão comum, a visão vulgar que temos sobre a teoria é de que a teoria na prática é outra, mas isso é uma falácia" (Genro Filho, 1996, p. 2).

Contudo, se a centralidade dos dados é um fator determinante, porém, não totalitário na definição do jornalismo de dados, então este seria um tipo de jornalismo especializado existente há tempos? Além disso, como visto anteriormente, os dados têm sido empregados no jornalismo desde os primórdios de sua existência. Então, o que faz atualmente existir um objeto a ser chamado *jornalismo de dados*?

:: **Dados?**

Inicialmente, é preciso delimitar brevemente o que é *dado*, termo empregado não apenas como sinônimo de *número*, mas como representativo de uma série de informações estruturadas. Parece tolice, mas estabelecer essa compreensão contribui para eliminar possíveis dificuldades de entendimento.

Dados não se referem apenas a informações quaisquer. Mesmo sendo números, podem corresponder a uma série de outros elementos não apenas quantitativos. Podem indicar, em uma lista de siglas, um endereço, como é o caso do código de endereçamento postal (CEP), ou, então, outros formatos de localização, como os graus de latitude e de longitude. Também podem estar relacionados a nomes, pessoas ou, ainda, parâmetros de outras informações dentro de uma base de dados.

No mundo digital, tudo é escrito por meio de números, obviamente. Mesmo letras, imagens e documentos, tudo na linguagem computacional se resume a uma infinidade de linhas e colunas de *zeros* e *uns* (0 e 1) – a linguagem binária.

Porém, uma base de dados estruturada, apesar de corresponder a números, pode apresentar diversas informações.

Um exemplo é a base utilizada para a série de reportagens "Diários secretos", do jornal *Gazeta do Povo*, no Paraná.

Parte da base de dados que gerou a produção da série foi compilada de diários oficiais da Assembleia Legislativa do Paraná (Alep) referentes às publicações de nomeações e exonerações, com vistas a identificar funcionários fantasmas e indicações ligadas ao esquema de nomeações de comissionados. Esse repertório, portanto, compunha-se de uma listagem de nomes, e não de números. Indicava pessoas que estavam ocupando cargos públicos. O fundamental é perceber que nessa estrutura há uma infinidade de cruzamentos, como repetições de nomes, ligações entre esses nomes e os de parlamentares. No caso da série "Diários secretos", os dados se referiam a indicações de ingresso e destituições de pessoas em cargos conectados a determinados agentes integrantes do esquema na Alep, e não necessariamente números.

Com fundamento nesse exemplo, a definição de *dados* aproxima-se do entendimento de que eles são elementos estruturados de informação que têm potencial de serem aproveitados em uma base de análise e de conexão com outros elementos de informação.

Os dados podem ser ou **qualitativos** – quando agregam informações não quantitativas e mostram a estrutura da informação, suas características e suas indicações de atributos – ou quantitativos – quando representam quantidades, medidas e demais formas de mensuração (Escola de Dados, 2018).

Ainda sobre as definições dos tipos de dados, somadas às características quantitativas ou qualitativas, podem ser indicadas outras nomenclaturas, como (Escola de Dados, 2018):

- **Dados categóricos** – Dão indicação de rotulagem ou agregam informações a certos grupos. Podem ser complementares a outros dados categóricos e, algumas vezes, não conflitantes com eles. Determinam situação de pertença e de não pertença a determinados campos.
- **Dados discretos** – Estão relacionados a informações sequenciais preexistentes, como números de calçados ou de roupas, por exemplo. Há padrões definidos e variações de outros elementos agregados ou de outros dados, como cores, modelos etc., mas os tamanhos variam em sequência na escala definida.
- **Dados contínuos** – São abertos a todas as possibilidades de valores e de divisões, ao contrário dos dados discretos. Um exemplo é uma escala de idades, na qual os dados podem ser contabilizados.

:: Jornalismo de precisão

Agora, voltando à questão do uso de dados no jornalismo. Pensando, é claro, em *dados estruturados*, e não em meia dúzia de números usados para ressaltar uma declaração ou um ponto de vista em determinada matéria. Mas como começou essa relação? É difícil estabelecer o momento exato, mesmo porque o uso de dados não foi repentinamente instalado nas redações jornalísticas, tampouco naturalmente assimilado às rotinas dos profissionais da área.

Contudo, é possível indicar alguns casos históricos em que os dados foram utilizados no jornalismo, como os dois já mencionados na introdução deste livro: do jornal britânico *The Guardian*, em 1821, com o emprego de dados em uma reportagem sobre educação, e do livro da enfermeira-chefe do Exército Real do Reino Unido, Florence Nightingale, com dados e mapas estatísticos sobre as condições de saúde enfrentadas pelos soldados britânicos durante a Guerra da Crimeia (Rogers, 2011).

Como outro exemplo referente ao emprego de técnicas para a análise sistemática de dados na produção jornalística, pode-se mencionar uma reportagem publicada no jornal *Miami Herald*, em 1959, que denunciou um elaborado esquema de financiamento de campanha para a presidência do conselho de funcionários relacionados às escolas que existiam em uma comunidade do Condado de Miami-Dack, na Flórida (Esquivel Hernández, 2005).

A trama, nas reportagens, desenrolou-se em um caso envolvendo seguradoras que detinham os contratos de seguro firmados por escolas contra incêndio e furacões. Quem administrava os contratos era um conselho que contemplava os diretores das escolas da comunidade. No caso, o jornalista responsável pela investigação descobriu uma relação entre os recursos de financiamento das campanhas dos diretores e as contribuições em nome de executivos das seguradoras.

O autor da reportagem fez a descoberta com base em pesquisas de dados, desenhando planilhas com lápis e papel – sem computador (Esquivel Hernández, 2005). Mas quem era ele? Ninguém menos do que **Philip Meyer**, na época, jovem jornalista, mas que, anos depois (em 1972), lançaria um livro intitulado *Jornalismo de precisão*, no qual inaugurou o uso rotineiro de técnicas científicas e de métodos empíricos para investigação social nas pesquisas e nas análises de produção de notícias.

Outro exemplo? Em 1970, uma reportagem publicada no jornal *The Washington Post* envolveu uma forte pesquisa sobre os mecanismos de recrutamento de jovens para a Guerra do Vietnã. Os resultados apontaram que os jovens de bairros negros da cidade de Washington eram convocados em maior número, em comparação com os de bairros de classes altas, como Georgetown e Cleveland Park (Esquivel Hernández, 2005).

É importante ressaltar, novamente, que o primeiro trabalho de **jornalismo de precisão**, de responsabilidade de Philip Meyer – autor desse conceito e da teoria a ele relacionada –, foi realizado de forma mecânica, ou seja, sem o auxílio do computador. Apesar da significativa influência do mundo computacional no jornalismo – que viria a ocorrer anos após a matéria inaugural do jornalismo de precisão –, indicar a ação manual na construção de tabelas mostra que o foco dessa prática está no método, e não necessariamente na tecnologia.

Neste ponto do texto, também é necessário frisar que há formas diferenciadas de captação, apuração e análise de conteúdo nas redações, e isso diz respeito ao **método**, ou seja, ao **formato** de agir. A tecnologia, portanto, é posterior ao método, mas útil para aprofundá-lo ainda mais.

E qual é o conceito desse formato? Trata-se da aplicação de métodos científicos para apuração e análise de dados que indicam, sobretudo, comportamentos e relações sociais. Segundo Meyer, o jornalismo de precisão é uma espécie de jornalismo científico, ou seja, é "como se o jornalismo fosse uma ciência, adotando método científico, objetividade científica e ideal científico para todo o processo de comunicação de massa" (Meyer, 2002, p. 5, tradução nossa).

O autor justifica a necessidade dessa mudança na produção jornalística em virtude da complexidade da sociedade e dos acontecimentos envolvidos. Uma das sustentações do jornalismo e da importância que ele assume no contexto de hoje – além de ser um elemento que tecnicamente promove a participação política dos indivíduos – é, justamente, o fato de servir como vitrine para um recorte mais simplificado da sociedade atual, tanto em sua complexidade quanto em sua amplitude.

Tomemos, como exemplo, uma cidade com um número baixo de habitantes. As informações tendem a percorrer a região de forma mais fluida e pessoal: em conversas de grupos, via boca a boca, por meio de recados e assim por diante. À medida que a cidade se expande, aumenta significativamente a quantidade de acontecimentos que disputam a atenção das pessoas na ordem do dia. Com isso, para manter-se informado e receber subsídios para atuar politicamente e exercer sua cidadania, o indivíduo precisa de um mediador. Essa é uma das razões de sucesso e de permanência do jornalismo, dentre inúmeras outras.

No entanto, a complexificação da sociedade começa a exigir também do profissional de jornalismo métodos mais elaborados que deem conta de apreender e analisar a gama gigantesca de acontecimentos e os impactos que eles geram.

É justamente para resolver esse problema que o jornalismo de precisão se instala, segundo Meyer (2002), pois o "mundo tornou-se tão complicado e o crescimento da informação disponível tão explosiva que o jornalista precisa ser um filtro, bem como um transmissor, e se tornar um organizador e um intérprete, assim como quem recolhe e entrega fatos" (Meyer, 2002, p. 10, tradução nossa).

De acordo com o autor, a evolução das técnicas e dos métodos de análise social tornaram possível suas aplicações ao meio jornalístico, mas o fundamental foi, justamente, o desenvolvimento da ciência da informação, cujo amadurecimento tornou viável uma tentativa de "atenção sistemática às formas das mensagens que preparamos e às melhores formas de compor e enviá-las para que sejam recebidas e compreendidas" (Meyer, 2002, p. 6, tradução nossa).

O jornalista, portanto, na era da informação e da sociedade complexa, deve ser "um gerente de banco de dados, um processador de dados e um analista de dados" (Meyer, 2002, p. 11, tradução nossa). Para isso, ele precisa de treinamento especial, a fim de que seja capaz de interpretar a realidade mais complicada e com mais elementos, para evitar que, por não saber como processar a infinidade de informações, seja levado por leituras equivocadas ou, ainda, que seja manipulado por interesses externos e acabe perdendo grandes histórias.

Grosso modo, o jornalismo de precisão é a aplicação do método científico nas notícias, ou seja, o tratamento da informação jornalística em que "é aplicada ou que utiliza análise sistemática de métodos empíricos de investigação científica, quantitativa ou qualitativa, principalmente com métodos advindos das ciências sociais" (Barrios, 2004, p. 20, tradução nossa).

E as metodologias para ser aplicadas no jornalismo de precisão são as mais variadas: entrevistas de sondagem, pesquisa qualitativa e quantitativa, *survey* e levantamento de campo, questionários estruturados, entrevistas semidirigidas, enquetes, análises de conteúdos e outras mais. Na prática, o jornalismo passa a olhar para os acontecimentos sociais não apenas por sua individualidade mas também por padrões que são ressaltados na leitura de massa das informações. Dessa forma, percepções de conflitos sociais, comportamentos de grupos, padrões de fluxos de consumo e de atitudes ficam mais facilmente à disposição dos jornalistas.

A proposta do jornalismo de precisão é oferecer uma alternativa para os jornalistas se apropriarem de equipamentos instrumentais para converter "em material de indagação minuciosa os assuntos até então inacessíveis ou somente acessíveis de maneira muito vaga" (Meyer, 1993, p. 294). Segundo o autor, um dos impactos disso é a maior visibilidade de grupos minoritários, que lutam pelo reconhecimento de sua representatividade e que, na leitura científica da realidade, sem influência de pressões econômicas nas redações ou de leituras predefinidas, tornaram-se presentes nas análises dos jornalistas.

Nesse sentido, a imaginação, somada a um profissional disposto a aprender novas ferramentas e metodologias, está no currículo do jornalista de precisão. Com tais características, é possível abordar grandes volumes de dados e aplicar às pesquisas as informações que, tecnicamente, estão acessíveis apenas para curiosos.

E esse trabalho de descoberta deve sempre, de acordo com Meyer (1993), ser seguido de análise e cruzamento de informações, para não acarretar a apresentação apenas de dados brutos.

As informações, para ser inteligíveis e ter algum sentido no dia a dia do cidadão, devem ser interpretadas, processadas e integradas a uma narrativa, a uma história jornalística.

Assim, além de encontrar o padrão ou a dissonância no conjunto de dados processados, o profissional também deve saber o que fazer com eles. Com isso, a habilidade do jornalista de precisão deve ser decomposta

> nas seguintes tarefas: recompilar (1), armazenar (2), recuperar (3), analisar (4), resumir (5) e comunicar (6). Normalmente, é da natureza da profissão realizar bem a quinta e a sexta tarefas; a primeira e quarta sempre são desempenhadas, ainda que em graus variados e de maneiras distintas. Já a segunda e a terceira são mais raras; em geral os jornalistas armazenam apenas temporariamente os dados necessários para escrever uma notícia ou reportagem e com pouca frequência resgatam informações em bancos de dados. O Jornalismo de Precisão deve oferecer instrumentos que facilitem essas tarefas. (Lima, 2000, p. 50)

É importante destacar, ainda, entre os requisitos para a utilização do método jornalístico científico e para o uso de técnicas de jornalismo de precisão, que o porte da redação não necessita ser grande e não está restrito a grandes corporações de imprensa, com enormes recursos financeiros, "mas também para qualquer jornalista anticonvencional e antirrotineiro com um mínimo de treinamento nos rigores da análise sistemática de dados objetivados" (Meyer, 1993, p. 16).

:: **Reportagem assistida por computador (RAC)**

Se no jornalismo de precisão a revolução do método e o enriquecimento das formas de captação de dados e de análise foram essenciais para a mudança de cultura na redação jornalística, na reportagem assistida por computador (RAC) o que muda é a inclusão do fator tecnologia.

Contudo, o que parece ser algo simples, isto é, a mudança de ferramenta, esconde uma grande revolução no setor jornalístico. Poucas transformações ou inovações tecnológicas foram tão impactantes no jornalismo do século XX quanto a introdução dos computadores na rotina de produção de notícias.

A introdução da cultura do **lide**[2], as mudanças nas diagramações das notícias com a inclusão de manchetes e outros elementos visuais, bem como a divisão do jornal em seções por temas, sempre seguiram padrões muito semelhantes, de poucas mudanças, nas rotinas da produção jornalística.

• • • • •

2   Lide (em inglês, *lead*) é a reunião das principais informações de uma notícia e tem a função de conduzir o leitor na leitura pela ordem inversa de importância dos fatos ou do desenrolar da narrativa. Em sua estrutura, busca-se, nesse "núcleo duro da informação [...] responder na notícia: 'Quem?', 'O Quê?', 'Quando?', 'Onde? Como?' e 'Porquê?' [sic]" (Sousa, 2001, p. 221).

O computador, tanto como substituto das máquinas de escrever quanto, sobretudo, pela ampla capacidade de pesquisa que proporciona, mudou significativamente o *modus operandi* nas grandes redações, alterando, "portanto, não apenas a maneira de fazer jornalismo, mas a gama de informações a ser veiculada" (Lage, 2004, p. 155).

De fato, a inclusão da máquina na indústria da notícia pode ser caracterizada como um marco na mudança de estrutura produtiva. Portanto, o "Computador chegou para mudar isso. [...] Numa profissão em que se confundiam o grande profissional e o grande artífice – em que experiência parecia suprir o conhecimento –, isso já não é pouco" (Lage, 2004, p. 154).

Isso ocorreu não apenas nos jornais impressos. Avanços como *softwares* para edição de texto e de imagens fotográficas, câmeras mais novas e mais aprimoradas, ferramentas de edição não linear de vídeos, planilhas e formas de armazenamento e cruzamento de informações, estruturas de pesquisas avançadas e mais rápidas foram frutos da inclusão do computador na rotina de produção de notícias.

No entanto, essa mudança não foi repentina, obviamente, mas paulatina, ao longo das últimas décadas do século passado, intensificando-se nos últimos anos e, desde então, acelerando-se constantemente. Com isso, "as pressões impostas à mídia pelos computadores e por outras tecnologias de ponta deixaram de ser fenômenos periféricos; são a força dominante que está remodelando o futuro das indústrias de mídia" (Dizard Junior, 2000, p. 254).

Segundo Lage (2004), é no cenário de mudanças nas estruturas das empresas de comunicação e das rotinas de produção, bem como de início de uma revolução cibernética na comunicação, que surge a RAC, centrada na utilização de pesquisas e navegação na internet somada ao uso de planilhas e bancos de dados como técnicas instrumentais.

De acordo com Lage (2004, p. 153), a RAC consiste em "colher e processar informação primária ou, pelo menos, intermediária entre a constatação empírica da realidade e a produção de mensagens compreensíveis para o público".

A RAC se refere não apenas ao apoio de mais uma ferramenta para o jornalista mas também à integração do profissional a um equipamento e a novos processos de produção. É notória a facilidade que a ferramenta computacional oferece diariamente ao jornalista. Além disso, conforme Lage (2004), uma das principais características dessa relação reside na produção de matérias com maior profundidade e análise, possibilitadas graças à combinação da imensidão de informações presentes na internet e aos métodos de uso restritos aos acadêmicos para compilação, combinação e leitura de dados.

Frequentemente, na literatura sobre jornalismo, surgem autores que tratam RAC e jornalismo de precisão como conceitos similares. De fato, há muitos pontos em comum entre eles, o que possibilita a esses autores até mesmo afirmar que a RAC é uma extensão ou uma especialização do jornalismo de precisão.

Outros situam a RAC como uma parte do jornalismo de dados, cuja preocupação não necessariamente está em ressaltar as técnicas científicas na análise, mas ampliar o formato de pesquisa com o auxílio de computadores conectados à internet e facilitar e aprimorar as conexões das informações por meio de cruzamentos de grandes bases de dados.

Sob essa lógica, podem-se identificar dois níveis de profundidade na RAC: i) no mais básico, o conceito permeia o uso de bases de dados públicas e de programas de planilhas na assistência às análises das informações que embasarão as reportagens; ii) no mais complexo, ampliam-se as tarefas de cruzamento e de análise estatística das informações, com vistas à formulação de reportagens com visualizações complexas.

Outro jornalista e pesquisador que aponta níveis diferenciados entre básico e avançado para o uso da RAC é Brant Houston (2009), para quem, na versão mais simples, a RAC atua no apoio ao uso de bases de dados, na facilitação com *softwares* de planilha e na empregabilidade de gerenciamento de bases; por sua vez, no nível avançado, há emprego de mapas e de sistemas de georreferenciamento, aplicação de sistemas de estatísticas e utilização dos mais avançados *softwares* de leituras sociológicas, ou seja, de análise de redes sociais e de dados relacionados a comportamentos, entre outros (Houston, 2009).

Desde os anos 1980, a RAC vem se destacando nas redações, não só por facilitar muito mais a realização de reportagens mas também por ampliar as investigações de reportagens de fôlego. Se as premissas que norteiam o uso dos métodos científicos sociais e estatísticos por jornalistas foram construídas com base na concepção do jornalismo, ao longo dos anos, elas foram se adaptando conforme a evolução das ferramentas tecnológicas.

Embora os computadores fossem "apenas ferramentas que facilitavam a aplicação de um novo método" (Léchenet, 2014, p. 9, tradução nossa) para a coleta de dados e o reforço na construção de um modelo teórico, a função e o papel deles foi sendo aprimorada, bem como as formas de apropriação dos computadores no jornalismo.

Não à toa, o trabalho do jornalismo de precisão foi retomado na década de 1980, reeditado como RAC, e o número de jornalistas e de redações que passaram a empregar as novas técnicas começou a aumentar cada vez mais, atuando em rede, sobretudo nos Estados Unidos, em volta do Instituto Nacional de Informática Assistida (em inglês, National Institute for Computer-Assisted Reporting – Nicar), criado em 1989.

Focando em um caráter bem mais investigativo, nessa época a RAC tornou-se principalmente uma forma de "recolhimento de dados e análise estatística descendente do jornalismo de precisão de Meyer. [...]. Mas o ambiente mudou de maneira fundamental. Enquanto a informação era então rara, hoje os dados são tão difundidos que se tornaram um desafio de dar conta da imensidão de informações" (Léchenet, 2014, p. 10, tradução nossa).

A perspectiva empregada por alguns repórteres atuantes em RAC demonstra a importância da técnica para o jornalismo investigativo, ou seja, aquele em que o jornalista atua na apuração de informações obtidas por meio de denúncias, tanto na investigação de condutas de determinadas empresas quanto para "avaliar a evolução patrimonial de um parlamentar. Uma nobre linha de uso de RAC é o monitoramento de políticas públicas" (Kraemer; Nascimento, 2013, p. 2).

∴ A cultura da transparência

Em meados do século passado, o jornalismo sofreu forte influência em sua forma de produção por meio da apropriação de métodos e de técnicas emprestados das ciências sociais e da estatística. Tais processos auxiliaram na compreensão das grandes mudanças estruturais da sociedade, mediante a análise de dados e a percepção de padrões.

Na sequência, a técnica e a metodologia receberam auxílio de ferramentas metodológicas que potencializaram suas aplicações no jornalismo. Dados antes tabulados manualmente, por exemplo, por meio de *softwares* de planilhas, foram facilmente transpostos para o mundo digital, possibilitando o cruzamento de tabelas com outras informações. O advento da internet e a consolidação de estruturas de pesquisas *on-line* também aumentaram a agilidade e o alcance das buscas pela informação.

Obviamente, as mudanças tecnológicas impactaram não apenas a pesquisa e a análise de dados, mas toda a produção jornalística, bem como a forma de apresentação e de interação do jornalismo, desde o final do século passado.

Atualmente, portanto, dispõe-se de metodologia e de rigor científico necessários para as análises, além de tecnologia e de domínio de base de dados e formatação de grandes conjuntos de informações. Mas nessa conta ainda faltam dois elementos para que o resultado da expressão recaia no jornalismo de dados: a transparência e a oferta de dados na internet.

Apesar de não estar necessariamente vinculado à investigação e ao acompanhamento de questões públicas, o jornalismo de dados vem se instalando justamente nesse espaço de exploração de informações públicas. E as culturas de exposição e de disponibilidade de informações e a política de transparência vêm se ampliando cada vez mais em vários países, desde a segunda metade do século passado até o início deste século, enriquecendo a área de atuação do jornalismo de dados.

No entanto, assim como o uso de dados no jornalismo, a transparência e a publicidade de atos do Poder Público também é remota. Já em Immanuel Kant, no século XVIII, encontram-se nos debates sobre a maioridade do homem e a emancipação da humanidade ideias sobre a liberdade pública de expressão do pensamento sem censura.

Dessa forma, os princípios da publicidade e do "poder visível" são apontados como uma condição fundamental para a democracia, e o "que distingue o poder democrático do poder autocrático é que apenas o primeiro [...] pode desenvolver em si mesmo os anticorpos e consentir formas de desocultamento" (Notari, 2016, p. 3). Denúncias de escândalos envolvendo questões públicas, por exemplo, seriam uma forma de desocultamento, ou seja, uma ação que impede a concretização de segredos.

De fato, o princípio da publicidade está inscrito no art. 37 da Constituição Federal de 1988 (Brasil, 1988), que aponta a obrigatoriedade dos Poderes da União, dos estados e dos municípios a obedecer, dentre outros, aos princípios da publicidade, bem como a atos, programas, serviços, orientações sociais e a uma série de outras ações públicas (Brasil, 1988).

Outro exemplo referente à publicitação das ações públicas era a *Acta Senatus*, que compreendia as atas do senado romano e continha as principais deliberações dos legisladores da época publicadas a partir do século II a.C. Inicialmente, o conteúdo de uma ata era restrito ao senado, e alguns atos eram tornados públicos apenas "quando o Senado entendia que deviam ser levadas ao conhecimento da generalidade da população" (Sousa, 2008, p. 34). No entanto, Júlio César, em 59 a.C., tornou públicas as atas com os resumos das sessões do senado romano.

Atualmente, como documentos públicos contendo as decisões e os atos governamentais, há os diários oficiais, que, no Brasil, são publicações periódicas dos Poderes Legislativo, Executivo e Judiciário nos âmbitos federal, estadual e municipal. A transparência obtida por meio do acesso a esses documentos possibilita a participação pública e o acompanhamento das ações dos governos, além de conferir aos cidadãos subsídios para o pleno exercício de sua cidadania.

Outro formato de transparência cada vez mais crescente no mundo é o que possibilita o acesso à informação por meio de questionamentos individuais. Obviamente, a *transparência* é compreendida aqui como a qualidade de um governo ou de uma administração abertos a consultas.

Aliás, a transparência não está necessariamente restrita ao Poder Público, mas é nesse bojo em que há maior desenvolvimento de ações e, por conseguinte, maior relevância à sociedade. Com isso, especificamente no Poder Público, a transparência é considerada um elemento primordial para a responsabilidade da gestão, além de proporcionar uma "maior eficiência e melhores perspectivas de crescimento econômico em geral" (Transparency, 2018, tradução nossa).

A transparência exige, portanto, a adoção de medidas acessíveis e que a gestão pública disponha de "informações suficientes para que outras agências e o público em geral possam avaliar se os procedimentos pertinentes são cumpridos, de acordo com o mandato" (Transparency, 2018, tradução nossa).

Nos governos participativos e eletrônicos, a transparência é o elemento basilar para a garantia do acesso da sociedade às informações, ou seja, a participação dela na gestão (Pontes, 2008). Não que a transparência ou quaisquer outros dispositivos de controle sociais sejam determinantes para a garantia da real atuação cidadã, mas eles incentivam essa cultura na medida em que dão ao indivíduo a possibilidade de participar efetivamente da esfera pública.

Essa forma de controle por meio de prestação de contas e da transparência é um dos elementos do conceito de *accountability*, que se caracteriza por uma forma de "sujeição do Poder Público a estruturas formais e institucionalizadas de constrangimento de suas ações" (Pontes, 2008, p. 37). Ainda sem correlato no português, o termo é abrangente no que tange à participação e à fiscalização do Poder Público, relacionando-se à sensibilidade das autoridades ao direito de participação e ao acompanhamento da sociedade na gestão da esfera pública (Pontes, 2008).

Dessa forma, o termo *accountability* designa uma qualidade intrínseca a um modelo de regime político mais horizontalizado, em que os governantes substituíram a prestação de contas por um sistema tríptico que prevê a obrigação de se abrir ao público, de dar explicação e justificativa para as ações tomadas, bem como a subordinação à possibilidade de sanções (Pinho; Sacramento, 2009).

:: Transparência ativa e transparência passiva

Destacam-se ao menos duas categorias de transparência de acordo com a vinculação à ação ou à falta de ação por parte do Poder Público: a **transparência ativa** e a **transparência passiva**. Em ambas as situações, a relação de atividade ou de passividade reside no Poder Público.

A transparência ativa consiste na divulgação por iniciativa da própria gestão ou do próprio órgão, mesmo que não tenha havido qualquer questionamento ou solicitação nesse sentido. Obviamente, as divulgações que integram a transparência ativa nem sempre são feitas de bom grado pelo Poder Público – algumas delas são publicitadas por força legal ou por pressão, estando relacionadas ao dever de divulgação.

Alguns itens orçamentários, por exemplo, são comunicados por obrigatoriedade legal. O art. 48 da Lei de Responsabilidade Fiscal – Lei Complementar n. 101, de 4 de maio de 2000 (Brasil, 2000) –, que estabelece normas para as finanças públicas, estipula:

> Art. 48. São instrumentos de transparência da gestão fiscal, aos quais será dada ampla divulgação, inclusive em meios eletrônicos de acesso público: os planos, orçamentos e leis de diretrizes

orçamentárias; as prestações de contas e o respectivo parecer prévio; o Relatório Resumido da Execução Orçamentária e o Relatório de Gestão Fiscal; e as versões simplificadas desses documentos. (Brasil, 2000)

Às prestações de contas do Poder Executivo analisadas pelos tribunais de contas, por exemplo, segundo a mesma lei, devem ser dadas "ampla divulgação dos resultados da apreciação das contas, julgadas ou tomadas" (Brasil, 2000, art. 56, § 3º).

A obrigatoriedade de divulgação de informações públicas, independentemente de solicitação ou de requerimento, também é prevista em outros dispositivos legais federais, como o art. 8º da Lei de Acesso à Informação (LAI) – Lei n. 12.527, de 18 de novembro de 2011 (Brasil, 2011) –, que obriga entidades e órgãos públicos a promover divulgação "em local de fácil acesso" (Brasil, 2011, art. 8º) de informações de interesse coletivo, como repasses e transferências financeiras, dados sobre a estrutura organizacional, registros de despesas, processos licitatórios e editais, respostas e perguntas mais recorrentes da sociedade relacionada ao Poder Público, entre outras informações.

Portanto, vale destacar que a transparência, mesmo ativa, ou seja, de iniciativa do Poder Público, não ocorre necessariamente por interesses da gestão ou para incentivar a participação popular, mas, apenas, para atender ao requisito legal.

Não obstante a lei determinar a publicação em local de fácil acesso público, ocorre que, muitas vezes, a transparência é utilizada como uma forma de acobertamento das ações públicas. Assim, informações que poderiam estar disponíveis em páginas de fácil visualização, por exemplo, acabam escondidas em textos internos. Além disso, os dados podem ser publicados em "estado bruto", ou seja, apresentados em formatos quase ininteligíveis, trincados em tabelas quebradas em várias páginas, ou em configurações que dificultam a edição, como uma imagem dentro de um arquivo em *portable document format* (PDF), por exemplo. Isso significa que a publicação dos dados cumpre as exigências da lei, pois está disponível em formato digital, mas não está acessível, ou seja, não é claro e, às vezes, sequer legível pelos leitores. Por isso, existem iniciativas de jornalismo de dados que acompanham sistematicamente as ações públicas, com o intuito de esclarecer as informações e os arquivos disponibilizados para a população.

Uma delas é o portal Livre.jor (2018a), composto por um coletivo de jornalistas que atuam no acompanhamento das ações do Poder Público paranaense. O ideal é que o grau de transparência chegue a um nível em que o indivíduo, independentemente de sua relação com a máquina pública e de seu conhecimento das ações governamentais, consiga facilmente acessar a informação desejada e participar da esfera pública, podendo exercer com plenitude sua cidadania.

Contudo, também existem os desejos de publicitar informações e de compartilhar bases de dados que possam enriquecer estudos e análises da sociedade. Nesse sentido, o Portal Brasileiro de Dados Abertos (Brasil, 2018w), do Governo Federal, é um exemplo. Nele, vários órgãos da administração federal e entidades estaduais e de outras instâncias administrativas públicas podem compartilhar informações sobre os mais variados assuntos. Atualmente, a plataforma conta com aproximadamente 5 mil conjuntos de dados[3] (Brasil, 2018x) relativos a vários ministérios e diversos governos estaduais sobre distintos temas, como trabalho, plano plurianual, transporte, educação, equipamentos públicos, saúde, política etc.

Outros espaços de transparência ativa são os portais e as seções de transparência encontradas nas páginas dos Poderes Legislativo, Executivo e, em certa medida, Judiciário. Em todos esses espaços, circulam documentos e informações governamentais, com a devida indicação da fonte, que são diariamente utilizados como base de matérias e de análises jornalísticas.

Existem ainda outras bases de dados, a serem apresentadas nos próximos capítulos, como o Datasus (Brasil, 2018m) – plataforma do Departamento de Informática do SUS (Sistema Único de Saúde) – por exemplo, que oferecem excelentes pautas para

---

3   Informação obtida no ano de publicação desta obra.

reportagens sobre saúde, trânsito e vários outros temas relacionados à esfera pública.

No Datasus, as informações do Ministério da Saúde (MS) são compiladas anualmente com base nas estruturas dos níveis nacional, estadual e municipal da saúde, segundo uma gama gigantesca de parâmetros, dados e categorias, que abrangem desde acidentes e surtos de doenças até atendimentos ambulatoriais de pequenos municípios. Algumas das informações dão conta, por exemplo, de repasses e de valores de investimentos no setor, que podem render análises e cruzamentos sobre a situação da saúde brasileira.

Como visto anteriormente, além da transparência ativa, há também a transparência passiva, na qual, ressalte-se, a ação é de responsabilidade do Poder Público. Pressupõe-se, então, que na transparência passiva as informações são fornecidas em razão de questionamento ou de incitação da população. E o principal instrumento de transparência passiva que existe no Brasil é a Lei de Acesso à Informação (LAI) – Lei n. 12.527/2011 (Brasil, 2011) –, que regulamenta o acesso às informações públicas. Em virtude dessa lei, podem ser criados mecanismos e dispositivos que possibilitem ao cidadão – pessoa física ou jurídica – receber dados e informações públicas de entes dos Poderes Legislativo, Executivo e Judiciário, nos âmbitos federal, estadual e municipal.

Abordaremos as especificações da LAI de forma mais aprofundada no segundo capítulo deste livro. Porém, com o objetivo de apontar a amplitude do movimento pela transparência pública em vários outros países e a preparação para um terreno propício ao jornalismo de dados, cabe indicar que a iniciativa do acesso à informação, apesar da recente expansão e do aprofundamento que vem tendo, não é nova.

Na Suécia, por exemplo, há registros de dispositivos legais que possibilitavam acesso a informações públicas já em 1766. Em 1951, o segundo caso de uma norma semelhante à LAI ocorreu na Finlândia, e, exatamente 200 anos após a criação da lei sueca, foi desenvolvida, nos Estados Unidos, em 1966, a Freedom of Information Act (Foia) (Angélico, 2012).

Atualmente, existem leis e outros dispositivos legais e sociais de acesso à informação em vários países do mundo. Conforme aponta Angélico (2012) em sua dissertação sobre a legislação de acesso à informação, na América Latina, existe legislação com esse propósito em pelo menos 19 países, entre os quais, além do Brasil, México, Chile, Equador, Peru e Uruguai. Na África, há leis de acesso à informação instituídas na África do Sul, em Angola, na Etiópia, na Libéria, em Uganda e no Zimbábue. Na Europa, são inúmeros os países que dispõem de legislação semelhante, como Irlanda, Reino Unido e Alemanha. Fora desse eixo, a Índia também apresenta uma lei de acesso à informação.

Voltando ao Brasil, a Lei n. 12.527/2011 foi implantada em 2012. Uma linha do tempo elaborada pela Controladoria-Geral da União (CGU), órgão público federal que encabeçou a apresentação da lei para aprovação do Congresso Nacional e principal incentivador da política de transparência ativa e passiva no país, pode dar uma ideia mais clara sobre o trâmite da criação da lei (que também esmiuçaremos mais adiante). Observe-a na Figura 1.1, a seguir.

Figura 1.1 – Linha do tempo sobre a criação da LAI

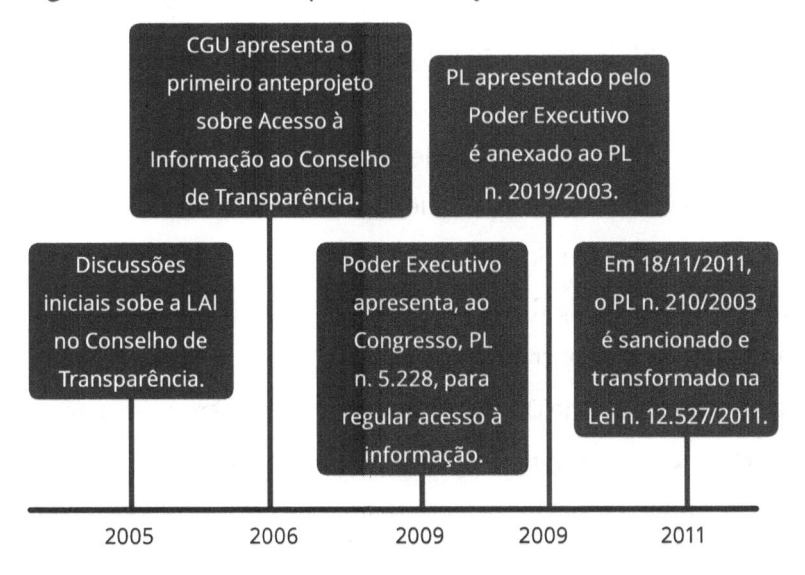

2005	2006	2009	2009	2011
Discussões iniciais sobe a LAI no Conselho de Transparência.	CGU apresenta o primeiro anteprojeto sobre Acesso à Informação ao Conselho de Transparência.	Poder Executivo apresenta, ao Congresso, PL n. 5.228, para regular acesso à informação.	PL apresentado pelo Poder Executivo é anexado ao PL n. 2019/2003.	Em 18/11/2011, o PL n. 210/2003 é sancionado e transformado na Lei n. 12.527/2011.

Fonte: Brasil, 2018d.

Pela observação da Figura 1.1, em 2005, iniciaram-se as discussões sobre a LAI no âmbito do Conselho de Transparência e Combate à Corrupção, órgão colegiado ligado à CGU.

Um ano depois, em 2006, a CGU apresentou as primeiras linhas do anteprojeto da LAI. Em 2009, o Poder Executivo encaminhou ao Congresso um projeto de lei para regular o acesso à informação, o qual foi aprovado em 2011 e, depois, sancionado e transformado em lei em 2011. Vigente em território nacional, a Lei n. 12.527/2011 foi regulamentada em centenas de municípios e estados brasileiros, e é uma das principais ferramentas da população na busca por informações públicas. Para o jornalismo, ela revela grande utilidade, na medida em que se transforma em uma poderosa ferramenta de entrevista do Poder Público sem a necessidade de mediação de uma assessoria de imprensa.

Um exemplo de um excelente trabalho jornalístico feito com documentos e informações adquiridas por meio da LAI, em um processo de RAC e jornalismo investigativo, é o projeto "Arquitetura da gentrificação" (Duran; Repórter Brasil, 2018), da jornalista Sabrina Duran, promovido em parceria com a organização não governamental (ONG) Repórter Brasil.

O objetivo desse projeto é mapear os processos de *gentrificação* ("higienização") na região central da capital paulista adotados durante as administrações municipais de José Serra – do Partido da Social Democracia Brasileira (PSDB) – e Gilberto Kassab – então no Partido da Frente Liberal, em 2006; de 2007 a 2011, fez parte do Democratas (DEM); após 2011, mudou para o Partido Social Democrático (PSD). Além desse mapeamento, serão investigados não somente os impactos do processo de gentrificação e as formas de resistência relativos às épocas das gestões de Serra e de Kassab, mas também aos que ocorrem nos dias de hoje. Inúmeros documentos que sustentam o trabalho foram recebidos com o auxílio da LAI.

Outro exemplo, já na área do jornalismo de dados, é do coletivo de jornalistas Gênero e Número (2018), que atua na análise de dados sob a perspectiva da discussão de gênero. Com base na LAI, os jornalistas dessa organização conseguiram as bases de dados da Central de Atendimento à Mulher (Ligue 180), canal do Governo Federal de suporte às vítimas de violência contra a mulher. De posse dessas informações, eles puderam mapear os atendimentos e fazer uma série de reportagens sobre o tema.

Ainda com o auxílio da LAI, em 2016, o Livre.jor (Ribeiro, 2016) repercutiu uma reportagem sobre o valor pago pela Câmara dos Deputados em horas-extras para os servidores que trabalharam nas sessões nas quais foi votada a proposta de encaminhamento do *impeachment* da ex-Presidente Dilma Rousseff, do Partido dos Trabalhadores (PT), ao Senado.

Claro que, para além de ser uma ferramenta valiosa para os jornalistas e, sobretudo, para os profissionais que atuam com análise de base de dados, a LAI – logo, a transparência passiva – deve ser encarada pela sociedade como um direito do qual ela deve apropriar-se e aprimorar.

Uma forma de ampliar e desenvolver esse direito é, justamente, utilizar a LAI para questionar a esfera pública sobre as mais diversas informações produzidas por ela. Com isso, além de promover investimentos nos setores que atendem às demandas da LAI, como o aumento do quadro funcional e as melhorias na estruturação da informação, a constante inquirição pode, na medida em que houver questionamentos recorrentes sobre um mesmo assunto, ampliar a transparência ativa, levando o governo a incluir as respostas nas páginas de transparência.

Portanto, a transparência deve ser enfrentada, como indica Angélico (2012, p. 26), não como um fim em si mesma, mas como "um meio utilizado para que se conheça melhor o que se passa no interior das organizações. Ou seja: a transparência será tão mais útil quanto maior for sua contribuição a um sistema de prestação de contas efetivo, que resulte em interferências corretas".

Outra questão relacionada a esse tema se refere à mudança de cultura da transparência na própria estrutura funcional, ou seja, o fato de o servidor (computador) que armazena os dados não "quebrar" ao ter que responder a todos os questionamentos dos cidadãos.

Por fim, o que se busca promover com a cultura da transparência e a massificação do uso dos dispositivos de acesso à informação é justamente a naturalização do reconhecimento a esse direito pela população.

∴ Jornalismo de dados: da base ao protagonismo

O caminho percorrido até agora desemboca no que atualmente é conhecido como *jornalismo de dados*. Há aqui um conceito ainda em construção, uma forma ainda em debate e em constante mudança, em um mercado cada vez mais volátil, que é o da informação no século XXI. Isso ocorre, sobretudo, pelo surgimento de inúmeras iniciativas de pequenos grupos de jornalistas ou de empresas jornalísticas que ainda buscam definir um modelo de negócio e uma forma de se sustentar produzindo informação.

O rigor científico e as metodologias sociais ajudam a compreender quantidades significativas de dados e de padrões. A tecnologia também é importante para trabalhar com as bases de dados e apresentar formas arrojadas e de fácil compreensão para diversos tipos de leitores. Além disso, dispositivos legais e espaços de transparência possibilitam acesso a informações públicas e de relevância social. Percebe-se, portanto, que há um ambiente fértil para a expansão de um jornalismo que atue na convergência de todos esses elementos.

As transições, obviamente, não são claras, e também não é possível cravar uma data para a mudança de um conceito para outro. Na verdade, existem autores que afirmam que a RAC é o jornalismo de dados. Outros apontam a evolução de um para outro. E há, ainda, os que defendem a existência concomitante de ambos, sendo que a RAC estaria vinculada ao apoio às reportagens investigativas, e o jornalismo de dados, mais envolvido com o uso completo da tecnologia e de bases de dados em todo o seu processo. Nesse sentido, o jornalismo de dados se apropria da tecnologia em todas as suas fases de produção e faz do caminho dos dados sua narrativa.

Por um lado, pelo recente debate na sociedade, tanto no Brasil quanto em outros países, o jornalismo de dados ainda carece de aprofundamento quanto à discussão sobre suas bases teóricas e, principalmente, sobre suas limitações e conceitos, uma vez que "os estudos sobre o Jornalismo Guiado por Dados ainda não foram capazes de constituir um conhecimento claro sobre o uso dessa técnica nas redações no país" (Vasconcellos, 2014, p. 11).

Por outro, pode-se arriscar a definir o perfil de atuação e de algumas rotinas produtivas em voga no jornalismo de dados, as quais compreendem o emprego de técnicas de busca e de análise de dados com o objetivo de "transformá-los em notícia e apresentá-los na web com o uso de recursos que podem ser fatores decisivos na disseminação do conhecimento produzido, bem como de redução do esforço cognitivo necessário que o cidadão deve empreender para compreender a mensagem" (Vasconcellos, 2014, p. 7-8).

Acerca do conceito de *jornalismo de dados*, destacam-se ao menos três nomenclaturas na literatura estrangeira: *data journalism*, *database journalism* e *data-driven journalism*. Enquanto a primeira está mais relacionada ao uso de dados como apoio às reportagens – quase como uma extensão das definições da RAC –, a perspectiva referente à terceira nomenclaturas pressupõe os dados como elementos centrais nas narrativas, ou seja, são definidores do fluxo do trabalho jornalístico. O jornalismo, portanto, centra-se em analisar dados e produzir visualizações a fim de, com essas informações, contar histórias (Lorenz, 2012).

Já Holovaty (2006) atesta a importância da primazia dos dados no jornalismo, em uma defesa da centralidade da informação estruturada, prevista na definição de *data-driven journalism*, pela qual os jornais devem sair da essencialidade das histórias, em um estilo que condiciona o papel do jornalista a "coletar informações e escrever a história" (Holovaty, 2006, tradução nossa).

Enquanto, nesse conceito, a história com foco nos dados reside na centralidade da narrativa, o *database journalism* radicaliza no enfoque da base de dados, colocando-a como "ferramenta essencial para disponibilizar produtos em formatos que tradicionalmente não estão ligados às práticas jornalísticas. Por exemplo, simuladores com atualizações em tempo real, filtros de dados dinâmicos, etc." (Martinho, 2014, p. 68).

De fato, independentemente da perspectiva adotada para o enfrentamento do conceito jornalístico, é indiscutível que há competências a serem apreendidas pelos profissionais da área no trabalho com os dados. Em qualquer uma das tentativas de definição do jornalismo de dados, há a necessidade de uma mudança de postura na rotina produtiva, partindo-se de uma produção voltada para o acolhimento de declarações e consultas a especialistas para a própria pesquisa imersa em documentos e em dados.

A elaboração de um mapeamento dessas rotinas pode auxiliar a definir o próprio conceito de jornalismo de dados, partindo-se da produção para a essência, na forma sistemática e replicante do trabalho com as informações, e baseando-se na tecnologia e nas metodologias de análise. Além disso, pode-se considerar, também, uma perspectiva de mudança no processo de confecção de reportagens – do que toma os dados como informação agregada para aquele que assume os dados como conteúdo fundamental.

Com isso, assume-se que há uma diferença entre "reportagens *COM* e reportagens *DE* dados" (Vasconcellos; Mancini; Bittencourt, 2015, p. 15, grifos do original), na medida em que a primeira situação indica um jornalismo que "emprega" dados como ilustração, enquanto, na segunda, "os dados seriam a própria razão da reportagem" (Vasconcellos; Mancini; Bittencourt, 2015, p. 15), ou seja, a origem, o caminho e o desfecho da narrativa e da história.

Síntese

Neste capítulo, analisamos alguns tópicos relacionados ao jornalismo de dados, uma forma de jornalismo que ainda está à procura de um conceito, mas que já se apresenta, na prática, em vias de consolidação. Nesse sentido, vimos que ele vem ganhando espaço em grandes e em pequenas redações em razão de tratar-se de uma atividade que tem nos dados e nas bases documentais e de informações todo o seu processo de produção, que envolve pesquisa, análise e apresentação.

Mais adiante, observamos que o jornalismo de dados é fruto de uma série de evoluções e de mudanças nas rotinas produtivas do jornalismo, que ocorreram, sobretudo, a partir de meados do século XX, mediante o emprego de metodologias emprestadas do meio científico para a análise de comportamentos sociais no trabalho de acordo com a complexidade da sociedade.

Também, analisamos que a adoção do jornalismo de dados por muitas redações deve muito ao impacto causado pela tecnologia e pelo mundo interconectado nas rotinas de produção jornalística. Assim, a mistura de transformações tecnológicas, que propiciou a cultura de oferta de dados na internet e a promoção de transparência na Administração Pública, contribuiu de maneira significativa para a consolidação dessa forma de jornalismo.

Nos próximos capítulos, verificaremos como o jornalismo de dados se realiza na prática, ou seja, como se deve começar uma reportagem e quais são os passos para trabalhar com as informações e as grandes bases de dados vinculadas ao feitio jornalístico.

Perguntas & respostas

Tudo o que for perguntado ao Poder Público deve ser respondido?

Não necessariamente. De fato, uma resposta, mesmo que seja de negação ao que foi perguntado, deve ser publicada. Porém, o que deve ser levado em consideração é se existe ou não sigilo dos dados solicitados. Assim, o Poder Público deve informar se há impedimento de divulgação daquela informação.

Outros pedidos que podem gerar respostas negativas são aqueles genéricos, desproporcionais ou desarrazoados, ou ainda os que exijam trabalhos de análise, interpretação ou consolidação de dados. Isso está previsto no Decreto n. 7.724, de 16 de maio de 2012 (Brasil, 2012), que regulamenta a LAI no Poder Executivo.

São entendidos como *genéricos* os pedidos que não são específicos, que não delimitam o objeto (como a quantidade ou o período), quem deve responder etc. *Desproporcionais* são pedidos que podem carretar trabalhos adicionais do órgão, como disponibilizar um servidor para fazer levantamento de informações e compilação de dados apenas para responder à solicitação, interferindo nas rotinas do setor. *Desarrazoados*, segundo o Poder Público, são pedidos que não estão amparados na LAI, que ferem a Constituição Federal de 1988 ou que apresentam desconformidades com os interesses públicos e do Estado em prol da sociedade.

Questões para revisão

1. Qual é a principal contribuição do jornalismo de precisão para o campo profissional?

2. Segundo Houston (2009), quais são os níveis de profundidade referentes à reportagem assistida por computador (RAC)?

3. Entre os benefícios trazidos pelas alterações e os impactos dos avanços tecnológicos no meio jornalístico, sobretudo nas RACs, é **incorreto** apontar:
    a) Aumento da agilidade no processo produtivo.
    b) Ampliação das capacidades de filtrar e de ler grandes bases de dados.
    c) Introdução de metodologias científicas na pesquisa.
    d) Intensificação da memória e do resgate de fatos.
    e) Extensão da amplitude de busca por fontes especializadas.

4. Podemos apontar pelo menos dois tipos de transparência. Levando em consideração suas diferenciações, analise as afirmativas a seguir:

I) A transparência nativa é relacionada aos dados que são originários do governo, e a transparência inativa se refere à apresentação de dados vencidos e fora de circulação.

II) A transparência ativa é aquela em que o Poder Público fornece informações sem precisar ser questionado, ou seja, por força de lei ou por iniciativa própria, torna públicos dados referentes a suas ações.

III) A transparência ativa se refere àquela em que o Poder Público envia em ofícios os dados para todos os cidadãos.

IV) A transparência passiva é aquela em que o Poder Público fornece informações mediante manifestações e questionamentos de cidadãos ou da sociedade civil.

V) A transparência participativa diz respeito àquela em que o cidadão integra o Poder Público e atua de forma a indicar melhorias.

Agora, assinale a alternativa certa:

a) Somente as afirmativas I e II estão corretas.
b) Somente as afirmativas III e IV estão corretas.
c) Somente as afirmativas I e IV estão corretas.
d) Todas as afirmativas estão corretas.
e) Somente a afirmativa V está correta.

5. Indique a alternativa que apresenta as nomenclaturas utilizadas na literatura estrangeira a respeito do jornalismo de dados:
   a) *Journalism gonzo, data journalism e precision journalism.*
   b) *Precision journalism, database news e hard drive.*
   c) *Data journalism, database journalism e data-driven journalism.*
   d) *News data journalism, database journalism e data-driven journalism.*
   e) *Data-driven journalism, data journalism e precision journalism.*

Capítulo
02

Jornalismo de dados: caminhos e práticas

Conteúdos do capítulo:

- Conceituação de dados.
- Dados na reportagem: aplicação na prática.
- Lei de Acesso à Informação: o que é e como usá-la na atividade jornalística.
- Bases de dados: quais são as principais e como usá-las.
- Quais informações buscar em diários oficiais, balanços e editais.

Após o estudo deste capítulo, você será capaz de:

1. identificar o que são *dados* e como eles podem ser usados em reportagens;
2. interpretar a Lei de Acesso à Informação (LAI) e quais mudanças ela introduz no setor público brasileiro;
3. realizar um requerimento via Serviço de Informações ao Cidadão;
4. buscar e encontrar informações em algumas das principais bases de dados públicas;
5. discriminar quais notícias podem ser encontradas em diários oficiais e balanços de empresas.

Neste segundo capítulo, vamos nos debruçar sobre a prática do jornalismo de dados. Antes, porém, discutiremos sobre o conceito de dados, acompanhando alguns bons exemplos práticos de sua aplicação.

Em seguida, trataremos da Lei de Acesso à Informação (LAI), que permite a jornalistas solicitar acesso a dados de várias instituições governamentais, e das bases de dados que essa legislação obriga governos, parlamentos e tribunais a publicar na internet. Finalmente, verificaremos que diários oficiais e balanços empresariais são uma mina de ouro de informações para jornalistas dispostos a encarar suas áridas leituras.

2.1
Mas de que dados estamos falando?

Antes de abordarmos o jornalismo de dados, é pertinente relembrar o que são os *dados* de que estamos tratando.

Quando ouve falar em *dados*, a maioria das pessoas costuma pensar em números apresentados em planilhas usadas em programas como o Microsoft Excel ou Google Planilhas. Sim, estes também são dados, mas existem muitos outros.

O endereço em que uma pessoa mora, por exemplo, é um dado. Assim como o da casa de um político suspeito de enriquecimento ilícito. Ambos os endereços podem ser mapeados na internet e visualizados em serviços como o Google Street View. No caso do político, uma casa de luxo, que custa muito mais do que ele recebe, é um indício veemente de que pode haver algo errado – nesse caso, uma foto da casa, ao lado da escritura que comprova a propriedade, é um trabalho de jornalismo mais consistente do que um texto longo.

O mundo atual é fundamentalmente digital. Isso significa que quase tudo ao nosso redor pode ser descrito com números (Gray; Bounegru; Chambers, 2012).

Músicas em formato MP3[1] em computadores ou *smartphones*, documentos que o governo armazena (e oferece) na internet,

---

1   O nome *MP3* vem de "Mpeg-1/2 audio layer 3"; *Mpeg*, por sua vez, vem de "Motion Picture Experts Group".

fotos, vídeos, informações de resultados eleitorais, prestação de contas de candidatos, números de homicídios ou de mortes por dengue reunidos pelo Ministério da Saúde – todas essas informações apresentam, em comum, o fato de serem armazenadas em arquivos digitais, os quais podem ser lidos por computadores.

Suponhamos, por exemplo, que alguém deseja analisar em formulários de papel as prestações de contas de um candidato a governador. Para começar, não seria simples obter os documentos – demandaria, pelo menos, uma visita ao Tribunal Regional Eleitoral (TRE) e o transporte de um volume considerável de documentos e notas fiscais. Além disso, exigiria, também, um trabalho penoso de análise de dados, feito manualmente, com uma chance bastante considerável de que erros em cálculos ou em anotações fossem cometidos.

Agora, se digitar em qualquer navegador de internet o endereço <divulgacandcontas.tse.jus.br>, do portal Divulgação de Candidaturas e Contas Eleitorais, do Tribunal Superior Eleitoral (TSE), essa pessoa encontrará as prestações de contas e as declarações de bens de todos os candidatos que concorreram às eleições municipais de 2016. Bem mais fácil, não é? Nesse portal, pode-se pesquisar por determinada cidade e, em seguida, verificar os gastos dos candidatos. Em seguida, pode-se perceber, então, que as receitas (isto é, quanto uma campanha arrecadou em doações e quem fez essas doações) estão listadas ali e podem, ainda, ser baixadas em formato *comma-separated values* (CSV), que é facilmente aberto em qualquer programa de planilhas. Assim, ficou bem mais simples, não?

A rigor, a facilidade trazida pela revolução digital na obtenção e na análise de qualquer tipo de dado está por trás do notável crescimento do que é chamado *jornalismo de dados*. Como explicam Gray, Bounegru e Chambers (2012), o jornalismo de dados combina o "faro" dos bons jornalistas – a capacidade de identificar boas histórias que valham a pena ser contadas – à imensa quantidade de informação digital disponível em nossos dias. E é muita coisa mesmo.

Hoje, o mundo está submerso em quantidades sem precedentes de dados e uma rede em expansão de fontes de notícias. A partir de 2012, havia cerca de 2,5 quintilhões de bytes de dados sendo criados diariamente, ou 2,5 exabytes (isso é o suficiente para lotar 115 milhões de iPhones de 16 gigabytes). E essa quantidade de dados dobra de tamanho a cada 40 meses. (Howard, 2014, p. 4, tradução nossa)

Essa avalanche de dados disponíveis traz bônus e ônus aos jornalistas que deles lançarem mão. Como lembra Pena (2005), trabalhar com dados significa que o repórter tem à disposição a informação primária, original, e não a que é franqueada a ele por uma fonte, um interlocutor. Por exemplo: se o jornalista tem acesso direto a uma base de dados do Ministério da Saúde que inclua informações sobre mortes ocorridas em confrontos com policiais militares, ele não precisará solicitar tais números às autoridades de segurança pública de seu estado – que podem mascará-los ou, até mesmo, negá-los. O repórter pode, ainda, perceber dados conflitantes fornecidos por essas autoridades com outros, disponibilizados por entidades de defesa dos direitos humanos.

Referindo-se à reportagem assistida por computador (RAC), Pena (2005, p. 178) lembra que "se espera então de um jornalista inserido no contexto da RAC é [...] a substituição da objetividade baseada em depoimentos contraditórios pela objetividade baseada em investigação contextualizada".

No entanto, Pena (2005) faz a ressalva de que a fartura de dados exige do repórter um rigor talvez inédito, bem como uma familiaridade indispensável com ferramentas tecnológicas que poderão ajudá-lo a destrinchar e a descobrir onde estão as boas histórias na multiplicidade de informações que tem à disposição.

∴ **Dados na reportagem**

Mais do que o registro de um fato (a notícia), a reportagem é um trabalho amplo e detalhado. Como ressalta Juarez Bahia (1990), é na reportagem que o jornalista mergulha no detalhamento, nas causas e nos efeitos de um fato e em seu impacto: "A reportagem é uma notícia, mas não é qualquer notícia. Ela impõe ao jornalismo um avanço na medida em que só se realiza com a multiplicidade de versões, de ângulos, de indagações. Nela, o repórter é o agente autodelegado da sociedade para questionar todas as dúvidas possíveis" (Bahia, 1990, p. 50).

Isso quer dizer que, ainda que seja possível usar bases de dados públicas para produzir notícias ou notas curtas – por exemplo, buscar no Diário Oficial de nossa cidade qual será o salário de um político que não conseguiu se eleger vereador, mas foi nomeado assessor pelo prefeito eleito –, é no momento de produzir grandes reportagens que elas podem ser úteis como ponto de partida ou como forma de facilitar o trabalho do leitor na hora de entender um conjunto mais complexo de informações.

Como explica Pena (2005, p. 178), graças às bases de dados, os jornalistas contextualizam

> informações, conferem números, encontram novos indícios, ilustram reportagens com gráficos e tabelas, checam dados e até produzem pesquisas qualitativas. Essas técnicas [...] formam o que o professor Philip Meyer chama de jornalismo de precisão, cuja base conceitual é considerar o profissional da informação não apenas intérprete e transmissor, mas administrador e analista de dados.

Além disso, dados são um elemento fundamental no trabalho de jornalistas investigativos, desta forma descritos por Pena (2005, p. 201): "O jornalismo investigativo busca a informação primária. Não se contenta com as versões ou com as fontes secundárias. [...]. Investigar significa pesquisar, confrontar, verificar, analisar, insistir".

A seguir, vamos acompanhar três bons exemplos de como isso funciona na prática.

:: **A farra do Fies**

O mais tradicional prêmio do jornalismo brasileiro, o ExxonMobil de Jornalismo – criado em 1955 e conhecido, até recentemente, como *Prêmio Esso* –, teve como grande vencedora, em 2015, uma reportagem inteiramente baseada em dados públicos, abertos e disponíveis em um *site* governamental.

Os jornalistas José Roberto de Toledo e Rodrigo Burgarelli (da equipe de jornalismo de dados do jornal *O Estado de S. Paulo*) e o repórter Paulo Saldaña venceram o prêmio com a reportagem "A farra do Fies[2]", sobre o sistema de financiamento estudantil criado durante o governo de Fernando Henrique Cardoso (FHC), do Partido da Social Democracia Brasileira (PSDB), e "anabolizado" na presidência de Luiz Inácio Lula da Silva, do Partido dos Trabalhadores (PT).

• • • • •

2   Fies – Fundo de Financiamento Estudantil.

Os jornalistas mostraram que, a partir de 2010, o gasto do Governo Federal com o Fies cresceu 13 vezes, chegando a R$ 13,4 bilhões. Entre 2010 e 2013, o número de alunos com financiamento federal saltou 448%, de 150 mil para 827 mil. Mas o total de estudantes do ensino superior na rede privada brasileira subiu apenas 13% no mesmo período – de 3,9 milhões para 4,4 milhões (Toledo; Saldaña; Burgarelli, 2015b).

Isso aconteceu porque, como demonstraram os repórteres, usar o Fies era lucrativo para alunos (inclusive os que disporiam de dinheiro para arcar com as mensalidades) e as instituições, já que os juros eram mais baixos até mesmo do que a inflação. Informam os autores da reportagem: "Em 2010, não havia nenhuma empresa de educação entre as 70 que mais recebiam do governo federal. Já no ano passado [2014], sete empresas figuraram nessa lista milionária" (Toledo; Saldaña; Burgarelli, 2015a).

Toda a reportagem usou como base o Portal da Transparência do Governo Federal (Brasil, 2018q) e dados do Censo da educação superior (Brasil, 2018l). "Coletamos dados disponíveis no site de transparência do Governo Federal. Foram muitas bases consultadas e eu precisei escrever um código para organizá-las. Essa matéria do Fies só confirma o potencial de trabalho com dados, há muitos dados disponíveis que ainda não foram explorados", falou Rodrigo Burgarelli, em 2015, em entrevista ao blogue *Jornalismo nas Américas* (Knight Center, 2015).

:: **As barragens e o risco de um novo "caso Samarco"**

Em 5 de novembro de 2015, o país assistiu, chocado, ao maior acidente ambiental da história brasileira – e o maior do mundo, nos últimos 100 anos: 62 milhões de metros cúbicos de rejeitos de mineração vazaram após o rompimento de uma barragem, matando 18 pessoas, varrendo do mapa um distrito da cidade de Mariana, em Minas Gerais (MG), e contaminando, em seguida, o rio Doce, cuja bacia é fundamental para 230 municípios mineiros e capixabas, inclusive para a captação de água para consumo humano. A barragem pertencia à Samarco Mineração S.A., uma mineradora que, por sua vez, é propriedade da empresa brasileira Vale e da anglo-australiana BHP Billiton.

Poucos dias após o acidente, um projeto independente de jornalismo com base em dados, o Volt Data Lab (2015a), do jornalista Sérgio Spagnuolo, publicou uma reportagem revelando que existiam, no Brasil, 598 barragens de mineração similares à que havia se rompido em Mariana. Delas, 29 eram classificadas como de alta categoria de risco. O levantamento do Volt Data Lab, feito em parceria com um serviço independente de checagem de dados chamado Aos Fatos, usou dados públicos, de 2014, do Departamento Nacional de Produção Mineral (DNPM), que é subordinado ao Ministério de Minas e Energia.

Na página do Volt Data Lab (2015a) que traz a reportagem, há um *link* para acessar a planilha com os dados que embasaram toda a investigação[3] (Volt Data Lab, 2015b). Sem a preocupação de destrinchar as informações (vamos trabalhar com dados como esses mais adiante), é preciso entender de que forma eles estão distribuídos na planilha.

Pode-se reparar que ela contém 599 linhas, ou seja, a primeira para o cabeçalho e as restantes para cada uma das 598 barragens cadastradas pelo DNPM. Analisando brevemente as colunas, percebe-se que elas identificam o proprietário ou o responsável pelas barragens (listados como *empreend,* de "empreendedor"), a altura delas, de que minério são os rejeitos de cada uma, suas coordenadas geográficas (latitude e longitude, fundamentais para algo que mostraremos mais à frente) e o estado da Federação e o município em que elas se localizam.

Observando as colunas O, P e Q, nota-se que nelas estão as informações que deram origem à afirmação que está no lide da reportagem: a classificação de risco (CR), o dano potencial associado (DPA) e a classificação (categorias de A a E).

---

3   O endereço em que estão os dados é: <https://docs.google.com/spreadsheets/d/11lkCxmYkE27wr_xhKg59G1jygBkmbadt9exHspGRuwo/edit#gid=0>. Acesso em: 21 jun. 2018.

Com base nessa planilha e em seus dados, a reportagem do Volt Data Lab produziu o Gráfico 2.1, a seguir.

Gráfico 2.1 – Porcentagem de barragens por classificação de risco, por estado

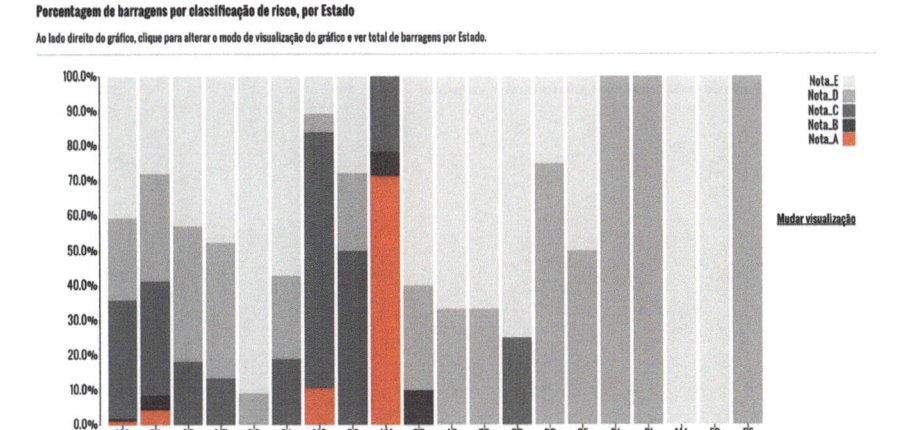

Porcentagem de barragens por classificação de risco, por Estado

Ao lado direito do gráfico, clique para alterar o modo de visualização do gráfico e ver total de barragens por Estado.

Fonte: Volt Data Lab, 2015a.

Nesse gráfico, pode-se perceber que as barras mostram o percentual de barragens por nota. Cada uma delas é referente a um grau de risco: *A* significa "alto risco e alto dano"; *E* representa "baixo risco e baixo dano associado". Assim, fica fácil perceber em quais estados havia, em 2015, o maior percentual de barragens de risco.

O gráfico exposto na página do Volt Data Lab é interativo: a sua direita, há a opção "Mudar visualização", pela qual é possível obter outro gráfico, conforme exposto a seguir.

Gráfico 2.2 – Porcentagem de barragens por classificação de risco, por estado – visualização alternativa

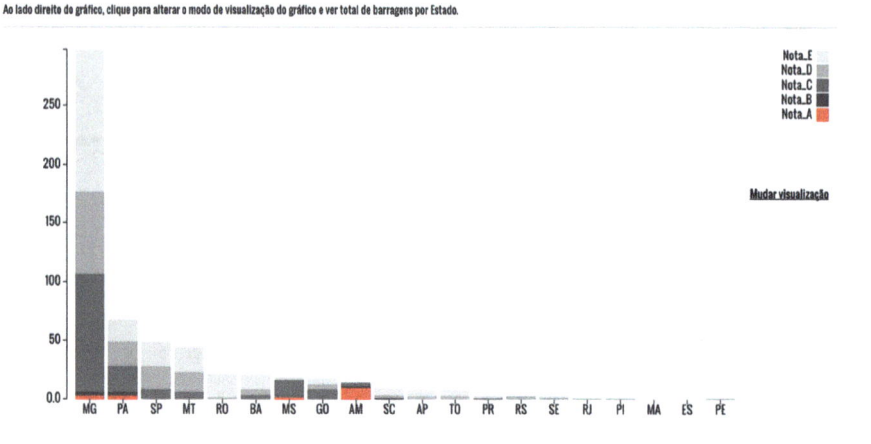

Porcentagem de barragens por classificação de risco, por Estado
Ao lado direito do gráfico, clique para alterar o modo de visualização do gráfico e ver total de barragens por Estado.

Fonte: Volt Data Lab, 2015a.

O que se vê agora não é mais a distribuição percentual de barragens por estado, mas o número total delas por unidade da Federação. Porém, novamente, há a separação por notas decrescentes, com *A* indicando as barragens de maior risco.

Por fim, a Figura 2.1, a seguir, mostra o mapa que existe logo no alto da página com a reportagem do Volt Data Lab.

Figura 2.1 – Localização das 598 barragens de mineração em território brasileiro

Fonte: Volt Data Lab, 2015a.

O mapa indica a localização de cada uma das 598 barragens do território brasileiro. Para produzi-lo, foram usadas as coordenadas geográficas mencionadas anteriormente. Na página com a reportagem, é possível navegar pelo mapa e procurar por barragens que estejam próximas a determinada cidade.

Antes de seguirmos ao terceiro exemplo, chamamos a atenção para um ponto: o coletivo de jornalistas do Volt Data Lab, além de fornecer a base de dados em que apoiou sua reportagem, também incluiu no texto *links* de *sites* do Governo Federal em que tais dados estão disponíveis, direcionando os leitores para legislações e manuais de segurança que regulamentam barragens de mineração e para o código-fonte da programação usada na página.

A transparência na divulgação das fontes da reportagem – as quais, afinal de contas, são públicas – é uma característica do jornalismo de dados independente – inclusive para permitir que, de posse dos mesmos dados, outros profissionais aprofundem o trabalho e cheguem a novas conclusões.

:: Na conta dos deputados

Por lei, os Poderes Legislativos dos âmbitos federal, estadual e municipal devem tornar públicos todos os pagamentos feitos aos parlamentares, inclusive as *verbas de representação parlamentar* ou *de ressarcimento*. Esse é o nome usual dado ao dinheiro que senadores, deputados e vereadores recebem, além dos salários, para o exercício da atividade – ou seja, para pagar atividades de divulgação do mandato, correspondências enviadas a eleitores, combustível de veículos usados no exercício parlamentar e uma série de outras despesas.

No caso da Assembleia Legislativa do Paraná (Alep), os dados estão, como manda a lei, públicos. Mas isso não significa que sejam exatamente acessíveis (o que não é incomum, na verdade). Para começar, eles são divulgados em arquivos em *portable document format* (PDF) bloqueado – isto é, em que não é possível selecionar e copiar textos. Por conta disso, é preciso extrair as informações manualmente, gasto a gasto, ou com o uso de programas que conseguem desbloquear esse tipo de arquivo, embora isso nem sempre seja feito de forma satisfatória.

Além disso, há um grande volume de arquivos para relativamente poucos dados. As informações são publicadas com dois arquivos para cada um dos 54 deputados eleitos no Paraná. Assim, quem quiser comparar os dados terá de enfrentar, mensalmente, 108 arquivos no formato PDF. Também há outro problema: não é possível comparar os dados de utilização de verbas entre os parlamentares nem fazê-lo ao longo de vários meses. Ainda que o sistema permita baixar e visualizar os arquivos, ele não permite agrupar os gastos mensais, nem mesmo para um único parlamentar.

Por fim, ao contrário da Câmara dos Deputados, que publica as notas fiscais de cada gasto dos deputados, na Alep só é possível visualizar o Cadastro Nacional de Pessoa Jurídica (CNPJ) ou o Cadastro de Pessoa Física (CPF) dos credores. No entanto, para analisar as notas ou os recibos, só fazendo uma solicitação à Casa Legislativa.

Para dar transparência a algo que já deveria ser transparente, o jornalista Alexsandro Ribeiro (um dos autores deste livro, integrante do projeto de jornalismo de dados Livre.jor) resolveu tornar a tarefa mais fácil para quem desejar fiscalizar o que é pago aos deputados da Alep.

Assim, as informações sobre os pagamentos estão agrupadas no observatório de acompanhamento de gastos realizados pelos deputados com a cota parlamentar (Livre.jor, 2018d). Utilizando-se de um dos diversos programas gratuitos disponíveis na internet para visualização de dados (de que trataremos ainda neste capítulo), os gastos, antes escondidos em arquivos PDF, podem, agora, ser vistos e comparados, conforme a Figura 2.2, a seguir.

Figura 2.2 – Na conta dos deputados

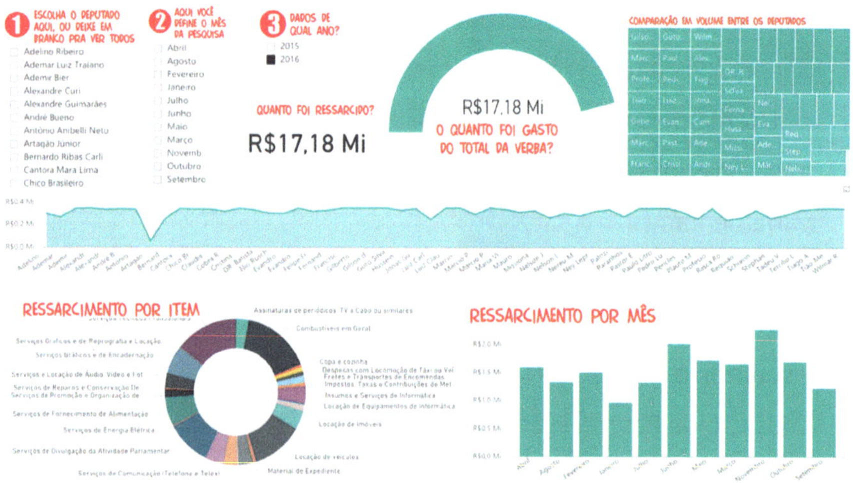

Fonte: Livre.jor, 2018c.

Na página do Livre.jor[4], ao clicar no item "Observatório", pode-se comparar os gastos de cada parlamentar. Em seguida, para entender de onde vieram os dados, basta acessar o Portal da Assembleia Legislativa do Estado do Paraná[5] (Paraná, 2018a), clicar em "Transparência" (no canto superior direito da tela) e, em seguida, no item "Fiscalize", clicar na opção "Despesa de custeio dos deputados". Ali estão os arquivos PDF, bloqueados, com as informações de cada um dos 54 parlamentares do estado (Paraná, 2018b).

Esse último exemplo foi escolhido propositalmente para introduzir o tema da próxima seção: a transparência pública no Brasil, regida pela Lei n. 12.527, de 18 de novembro de 2011 (Brasil, 2011), mais conhecida como *Lei de Acesso à Informação* (LAI). Ela representa um divisor de águas na exposição de informações públicas e, por conseguinte, no trabalho dos jornalistas que fazem a investigação do setor público com base em dados.

Afinal, como aponta Pena (2005, p. 201-202) a esse respeito:

Uma das grandes bandeiras desse tipo de reportagem é lutar pelo direito a informações públicas. Deputados, senadores, governadores, presidente e todos os funcionários das mais

- - - - -

4   A página pode ser acessada no seguinte *link*: <livre.jor.br/nacontadodeputado>. Acesso em: 21 jun. 2018.
5   A página pode ser acessada no seguinte *link*: <http://www.alep.pr.gov.br>. Acesso em: 21 jun. 2018.

variadas repartições são, em última instância, empregados da população. E devem satisfações a ela. Não podem nem sonegar nem dificultar o acesso às informações. Há um clamor por transparência no setor público e essa é uma das missões mais importantes do jornalismo investigativo.

2.2
A busca pela informação

A informação é a matéria-prima da notícia e, em maior grau, profundidade e quantidade, também da reportagem. Como já foi dito na introdução deste capítulo, com a revolução digital e a internet, há uma grande quantidade de dados e informações em estado bruto, e o número só tende a aumentar. Trata-se de uma mina de ouro para repórteres investigativos ou que trabalham com dados – cada vez mais, as duas classificações se confundem, pois os dados têm sido considerados de extrema importância e muito utilizados nas investigações jornalísticas.

Como estamos tratando, neste livro, do jornalismo de dados, buscar a informação significa ir atrás de dados que possam embasar as reportagens. Mas onde buscá-los? Em portais de entidades governamentais ou não governamentais, diários oficiais, editais públicos de licitação e balanços de empresas públicas ou privadas. Se não estiverem públicos, pode-se consultá-los por meio de solicitação ao Serviço de Informações ao Cidadão (SIC).

Boa parte disso é possível graças à LAI, uma regulamentação fundamental para o desenvolvimento do jornalismo de dados no Brasil. Por isso, ela deve ser conhecida em profundidade.

∴ A Lei de Acesso à Informação (LAI)

Comecemos com um exemplo que ilustra a dificuldade de obterem-se informações públicas: um processo[6] movido contra o Estado brasileiro.

Em 1982, um grupo de familiares de ex-integrantes da Guerrilha do Araguaia, que lutou entre o fim dos anos 1960 e o início dos anos 1970 contra a ditadura militar, foi à Justiça pedir que o Governo Federal lhes entregasse informações sobre as operações do exército que exterminaram o foco guerrilheiro, matando boa parte de seus integrantes. Apenas em 2003, 21 anos após a ação chegar ao Judiciário, foi proferida a sentença na primeira instância. A decisão dava ao Estado o prazo de 12 dias para entregar às famílias das vítimas as informações que elas solicitavam. Porém, o Estado recorreu. Mais 4 anos se passaram até que a primeira sentença foi confirmada. No entanto, apenas em 2009 foi exigido que a sentença fosse cumprida, e aproximadamente 21 mil

---

6   A petição que deu origem à ação judicial contra o Estado brasileiro pode ser lida na internet, no *site* da Publica – Agência de Jornalismo investigativo: <http://apublica.org/2011/06/acao-que-deu-origem-ao-processo-do-araguaia-1982>. Acesso em: 21 jun. 2018.

documentos do Arquivo Nacional começaram a ser entregues às famílias (Comissão da Verdade do Estado de São Paulo "Rubens Paiva", 2018).

O caso chegou à Corte Interamericana de Direitos Humanos (CIDH), tribunal internacional da Organização dos Estados Americanos (OEA). Coube a ela decidir, entre outros itens, se a negação do Estado em entregar as informações existentes em arquivos militares representava uma violação ao direito de acesso à informação dos familiares das vítimas da operação que exterminou a guerrilha (Comissão Interamericana de Direitos Humanos, 2011).

Conforme a Comissão Interamericana de Direitos Humanos (2011, p. 44): "Como consequência, [...] exortou o Brasil a adotar todas as medidas legislativas, administrativas ou de qualquer outra natureza necessárias para fortalecer o marco normativo de acesso à informação, em conformidade com os padrões interamericanos".

No fim de 2010, quando a CIDH tomou tal decisão, já tramitava no Congresso Nacional brasileiro um projeto de lei que teria dispensado do périplo judicial as famílias de vítimas do exército no Araguaia para obter as informações. Contudo, a LAI só se tornaria realidade em 2011 – não por coincidência, como lembra Angélico (2015), ela foi sancionada na mesma solenidade em que foi instituída a Comissão da Verdade, criada para tornar públicos os crimes cometidos pelo Estado durante a ditadura militar.

Não obstante, leis como essa não eram mais novidade no mundo.

∴ Desde a China imperial

A primeira lei que garantiu aos cidadãos o direito de pedir informações a seus governantes foi publicada na Suécia e é muito antiga: foi sancionada em 1766, ou seja, antes da Revolução Francesa e da independência dos Estados Unidos, dois grandes marcos do avanço da democracia e das liberdades individuais no mundo. Não por acaso, como aponta Angélico (2015), ela é produto da chamada *Era da Liberdade*, período em que os cidadãos do reino sueco (que então abrangia a Finlândia) conheceram um notável aumento das liberdades civis.

A inspiração para a essa lei sueca é bem mais antiga que a própria Suécia: a China do imperador Tai Zhong (627-649), como explica Angélico (2015, p. 6-7):

> Nessa época, foi criado na China um grupo de oficiais altamente qualificados, que tinha a atribuição de registrar as decisões e correspondências oficiais e fazer críticas à atuação do governo e do imperador. Além de analisar atos do governo e expor falhas e corrupção, devia assessorar pessoas comuns, as quais eram incentivadas a expor suas queixas.

Após a implantação da lei de acesso à informação na Suécia, quase 200 anos se passaram até o surgimento de uma segunda lei, implementada justamente na Finlândia. Em seguida, apareceram as leis dos Estados Unidos – a Freedom of Information Act (Foia), ou "Ato de Liberdade de Informação" –, da Dinamarca e da Noruega. Angélico (2015) nota que, das cinco primeiras leis, quatro são de países nórdicos, conhecidos por serem os menos corruptos e mais socialmente desenvolvidos e responsáveis do mundo; a outra pertence ao país considerado a maior democracia do planeta.

Entretanto, ainda seriam necessários mais alguns anos para que leis dessa natureza começassem a se espalhar pelo mundo. Em 1990, havia 13 países com legislações franqueando informações governamentais a seus cidadãos. Em 2010, eram 85. Em 2011, quando a então presidente Dilma Rousseff sancionou a LAI brasileira, tornamo-nos o 89º país a contar com essa legislação. A explosão de leis de acesso coincide – novamente, não por acaso – com o fim das ditaduras latino-americanas e do Leste Europeu e com o desenvolvimento acentuado das comunicações e da tecnologia da informação (Angélico, 2015).

Sim, democracia e o acesso à informação têm tudo a ver. Então, chegou a hora de analisar outro conceito fundamental nessa história.

∴ **Accountability e transparência**

Accountability, palavra em inglês para a qual ainda não há uma tradução exata para o português, significa, de maneira simplificada, que o Estado e seus agentes têm "obrigação de abrir-se ao público, obrigação de explicar e justificar suas ações e subordinação à possibilidade de sanções", nos dizeres do cientista político argentino Guillermo O'Donnell (citado por Angélico, 2015, p. 8).

No prefácio da obra de Eneida Desiree Salgado (2015), em que ela analisa a LAI brasileira, o jurista Clèmerson Merlin Clève assim define *accountability*:

> A *accountability* deve ser compreendida como um conceito racional que envolve, de um lado, a disponibilização de meios, dados e informações por parte do poder público e a criação de procedimentos que permitam a participação dos cidadãos na ação política e no controle dos resultados e, de outro lado, estímulos ao robustecimento da cidadania ativa. (Clève, 2015)

Resumidamente, a LAI é um instrumento que dá transparência aos atos do Poder Público, tornando os agentes públicos – tanto os ocupantes de cargos políticos, como deputados, prefeitos e governadores, quanto servidores de carreira, como juízes e promotores – puníveis por eventuais erros ou delitos.

Para conceituarmos o que é *transparência* (objetivo final da LAI), vamos acompanhar o que diz Angélico (2015, p. 26-27):

> Pode-se definir transparência como o conjunto de mecanismos que permitem o acesso a informações públicas (produzidas ou detidas pelo Estado) – seja por meio de publicação proativa por parte da administração pública ou por meio de procedimentos formais de solicitação de informação – capazes de esclarecer sobre o funcionamento das instituições governamentais.

Constantemente, ouvimos dizer que as prefeitura ou as câmaras municipais, os governos estaduais ou determinado ministério são uma "caixa-preta". A LAI surgiu para mostrar que isso não é bem verdade. Vejamos agora a importância dessa ferramenta para a profissão de jornalista.

:: **Breve histórico do debate sobre a LAI no Brasil**

Como já observamos, a elaboração e a aprovação da LAI brasileira não se constituíram em processos fáceis, tampouco rápidos. Angélico (2015) relembra que a discussão sobre uma LAI brasileira começou em 26 de fevereiro de 2003 (nos primeiros dias do primeiro mandato do ex-presidente Luiz Inácio Lula da Silva), quando chegou à Câmara dos Deputados o Projeto de Lei (PL) n. 219/2003 (Brasil, 2003), de autoria do então deputado federal em primeiro mandato, Reginaldo Lopes, do PT de Minas Gerais. A ementa do texto informava a disposição de regulamentar "o inciso XXXIII do art. 5º da Constituição Federal, dispondo sobre prestação de informações detidas pelos órgãos da Administração Pública" (Brasil, 2003). Sim, isto mesmo: a transparência dos órgãos governamentais foi mais um dos avanços da Constituição Federal de 1988 (Brasil, 1988).

Vejamos, resumidamente, com base em dados compilados por Angélico (2015), como foi a tramitação dessa iniciativa no Congresso, para mostrar o grau de disputa que houve – e, como discutiremos adiante, ainda há – sobre a proposta de que os órgãos públicos sejam transparentes aos cidadãos.

- **Maio de 2003** – Projeto de Lei foi aprovado na Comissão de Trabalho, de Administração e de Serviço Público (Ctasp).
- **Outubro de 2003** – Parecer favorável do deputado relator, Mendes Ribeiro, do Partido do Movimento Democrático Brasileiro do Rio Grande do Sul (PMDB-RS), morto em 2015, na Comissão de Constituição e Justiça e Cidadania (CCJ), a mais importante da Câmara.
- **Dezembro de 2004** – O projeto é aprovado pela CCJ.
- **Maio de 2009** – Quase cinco anos após ser aprovado na CCJ, o projeto finalmente volta a correr na burocracia legislativa. Para cumprir promessa feita na campanha de reeleição, o Presidente Lula encaminha outra proposta de LAI à Câmara, que foi anexada ao projeto de Reginaldo Mendes.

- **Setembro de 2009** – A Câmara cria uma comissão especial para discutir a proposta de uma LAI.
- **Fevereiro de 2010** – Mendes Ribeiro, novamente relator, emite parecer favorável à aprovação da LAI.
- **Abril de 2010** – O plenário da Câmara aprova o relatório de Mendes Ribeiro, que reúne os projetos de Reginaldo Lopes e do Poder Executivo. Assim, o texto vai para o Senado.
- **Junho de 2010** – O senador Demóstenes Torres, do Democratas do Distrito Federal (DEM-DF), depois envolvido em denúncias que o ligavam ao bicheiro Carlinhos Cachoeira, dá parecer favorável ao projeto. A comissão aprova o relatório e envia o texto à Comissão de Ciência, Tecnologia, Inovação, Comunicação e Informática (CCT) do Senado.
- **Abril de 2011** – Walter Pinheiro (então no PT da Bahia) dá parecer favorável na CCT, e o projeto é aprovado e remetido para a Comissão de Direitos Humanos e Minorias (CDHM). Lá, ele também é aprovado e, dessa vez, enviado à Comissão de Relações Exteriores e de Defesa Nacional (CRE). O ex-presidente e senador Fernando Collor de Mello, do Partido Trabalhista Brasileiro de Alagoas (PTB-AL), então presidente da CRE, autonomeia-se relator do projeto.
- **Agosto de 2011** – Collor propõe substitutivo (isto é, um novo projeto de lei, baseado no original, mas com algumas mudanças) que altera drasticamente a ideia original da LAI. Conforme Angélico (2015, p. 55):

Cotejando-se os princípios de um regime de direito à informação com as argumentações do ex-presidente Collor, conclui-se que o substitutivo apresentado viola ao menos dois princípios: obrigação de publicar e divulgação máxima. A forte oposição de Collor à aprovação da Lei de Acesso nos termos em que fora aprovada na Câmara dos Deputados, gesto que contou com o apoio do também senador e ex-presidente José Sarney, colocou o Executivo contra as cordas: o [então] vice-presidente Michel Temer chegou a declarar que o projeto não era prioridade.

- **Outubro de 2011** – O plenário do Senado rejeita o substitutivo de Collor em votação no dia 25 e aprova o texto enviado pela Câmara. No dia 31, a Lei n. 12.527/2011 é enviada para sanção presidencial.

- **Novembro de 2011** – Mais de oito anos e meio depois de começar a tramitar, a LAI brasileira se torna oficial, após sanção da então Presidente Dilma Rousseff, no dia 18.

∴ Aspectos da LAI brasileira

A LAI brasileira, a 89ª de âmbito nacional a ser aprovada no mundo, é considerada uma das mais avançadas – Angélico (2015) lembra que ela está na 16ª colocação no *ranking* internacional que avalia e compara aspectos das legislações dessa natureza em vários países.

Conforme o texto legal, os procedimentos previstos na lei destinam-se a assegurar o direito fundamental de acesso à informação e devem ser executados em conformidade com os princípios básicos da Administração Pública e seguir as seguintes diretrizes (Brasil, 2011):

> Art. 3º [...]
> I – observância da publicidade como preceito geral e do sigilo como exceção;
> II – divulgação de informações de interesse público, independentemente de solicitações;
> III – utilização de meios de comunicação viabilizados pela tecnologia da informação;
> IV – fomento ao desenvolvimento da cultura de transparência na administração pública;
> V – desenvolvimento do controle social da administração pública.

Segundo a LAI, informações são "dados, processados ou não, que podem ser utilizados para produção e transmissão de conhecimento, contidos em qualquer suporte ou formato" (Brasil, 2011, art. 4º, I).

Salgado (2015, p. 41) resume a intenção dos legisladores ao criarem a LAI:

A Lei de Acesso à Informação procura compatibilizar a realidade com a normatividade, por meio de normas voltadas à modificação das práticas sociais. A possibilidade de requerimento de informações de interesse público sem exigência de motivação, a imposição de transparência ativa (com divulgação de informações independentemente de solicitação, incentivo à cultura da transparência e o desenvolvimento do controle social sobre a Administração Pública, previstos no artigo 3º), combinados com a previsão de prazos para o fornecimento da informação bem como de recurso em caso de negativa de acesso, fixam novos parâmetros de funcionamento dos órgãos públicos e de sua estrutura funcional. [...] A intenção [...] é afastar a opacidade da gestão e da coisa pública e permitir que os indivíduos participem efetivamente da tomada de decisões e do controle de sua execução. É dar mais sentido às noções de democracia, república e interesse público.

:: **Quem deve respeitar a LAI?**

A LAI determina que estão sob sua abrangência os órgãos públicos integrantes da administração direta dos Poderes Executivo, Legislativo – incluindo os Tribunais de Contas – e Judiciário, bem como do Ministério Público, nas três esferas de poder (isto é, União, estados, Distrito Federal e municípios). Também devem respeitar a LAI autarquias, fundações públicas, empresas públicas, sociedades de economia mista e demais entidades controladas direta ou indiretamente pela União, pelos estados, pelo Distrito Federal e municípios.

Além disso, a LAI incide sobre as entidades privadas sem fins lucrativos que recebem, para a realização de ações de interesse coletivo, recursos públicos diretamente do orçamento federal ou mediante subvenções sociais, contratos de gestão, termos de parceria, convênios, acordos, ajustes ou outros instrumentos congêneres.

∴ Transparência ativa

A LAI estipula que uma série de informações é de publicação compulsória a órgãos públicos, ou seja, não é necessário que elas sejam solicitadas para que ganhem publicidade. A isso chama-se *transparência ativa*, conforme visto no capítulo anterior.

Segundo a página Acesso à Informação (Brasil, 2018b) do Governo Federal, transparência ativa

> É a divulgação de dados por iniciativa do próprio setor público, ou seja, quando são tornadas públicas informações, independente de requerimento, utilizando principalmente a internet. Um exemplo de transparência ativa são as seções de acesso à [sic] informações dos sites dos órgãos e entidades. Os portais de transparência também são um exemplo disso.

A LAI cita que é dever de órgãos e entidades públicos divulgar na internet informações públicas de interesse geral. Os *sites* ou os portais da transparência devem conter, pelo menos (Brasil, 2018b):

a. estrutura organizacional e competências dos órgãos, além dos endereços e telefones de suas unidades e horários de atendimento ao público;
b. programas, projetos, ações, obras e atividades, indicando a unidade responsável, principais metas e resultados e indicadores (se existirem);
c. repasses ou transferências de recursos financeiros;
d. execução orçamentária e financeira detalhada;
e. procedimentos licitatórios, com os contratos celebrados e notas de empenho emitidas;
f. remuneração recebida por servidores e empregados públicos de maneira individualizada;
g. respostas a perguntas mais frequentes da sociedade;
h. contato da autoridade de monitoramento da LAI na instituição e informações sobre o Serviço de Informações ao Cidadão;
i. informações classificadas e desclassificadas, nos termos do art. 45, I e II do Decreto 7.724/2012.

Os *sites* de órgãos públicos também devem apresentar uma ferramenta de pesquisa e meios de contato por via eletrônica ou telefônica, além de permitir o *download* das informações em formato eletrônico (planilhas e texto), inclusive por mecanismos automáticos de recolhimento de informações – isto é, devem ser legíveis por máquinas.

Entretanto, há uma exceção: as cidades com menos de 10 mil habitantes não precisam cumprir todos os requisitos da LAI.

:: **Não encontrou na internet? Solicite informações!**

Caso determinada informação desejada pelo cidadão não esteja disponível no *site* do órgão responsável por ela, é possível realizar um pedido, via SIC (tanto pela internet como pessoalmente). É o que se chama de *transparência passiva*, ou seja, aquela demandada por uma solicitação, em contraposição à transparência ativa de que falamos no item anterior. Ambos os tipos de transparência foram trabalhados no primeiro capítulo deste livro.

Sobre os pedidos de informação, alguns aspectos fundamentais devem ser considerados. O primeiro deles é que qualquer interessado pode fazer uma solicitação. A lei usa o termo *interessado*, em vez de *cidadão*, por exemplo. Para Salgado (2015), isso mostra uma intenção dos legisladores de tornar a abrangência da lei a mais ampla possível, já que, por *interessado*, pode-se entender qualquer pessoa, física ou jurídica, brasileira ou estrangeira.

A LAI deixa claro que é proibido exigir que o interessado informe os motivos de sua solicitação (ou seja, não é necessário dizer por que determinada informação está sendo solicitada nem o que será feito com ela).

O pedido pode ser feito por qualquer meio legítimo, isto é: *e-mail*, fax, carta e telefone, por exemplo. Mas a LAI também determina que as instituições do Poder Público devem "viabilizar alternativa de encaminhamento de pedidos de acesso por meio de seus sítios oficiais na internet" (Brasil, 2011, art. 10, § 2º).

Embora haja exceções – principalmente em *sites* de governos estaduais e municipais, nos quais, não raro, é preciso vasculhar para se encontrar o *link* –, geralmente, o Serviço Eletrônico de Informações ao Cidadão está identificado pelo logotipo da Figura 2.3.

Figura 2.3 – Logotipo que identifica o Serviço Eletrônico de Informações ao Cidadão

Acesso à Informação

Fonte: Brasil, 2018g.

O serviço de busca e de fornecimento de informações é gratuito. Só pode haver cobrança nas hipóteses de reprodução de documentos pelo órgão ou pela entidade pública consultada, situação em que poderá ser recolhido exclusivamente o valor necessário ao ressarcimento do custo dos serviços e dos materiais utilizados, conforme frisa a LAI (Brasil, 2011).

A LAI fixa um prazo para que determinado pedido de informações seja atendido: 20 dias, no máximo (Brasil, 2011). É possível, segundo a lei citada, que o órgão demande mais 10 dias para atender à solicitação. Contudo, nesse caso, ele deverá informar por escrito que o prazo foi estendido, apresentando uma justificativa para a necessidade do tempo adicional.

É possível que o pedido de informações seja negado. Nesse caso, o interessado pode recorrer da decisão em até dez dias – o prazo para a resposta ao recurso é de cinco dias. Para entidades do Governo Federal, se a negativa for mantida, cabem ainda recursos ao Ministério da Transparência, Fiscalização e Controladoria-Geral da União – antiga Controladoria-Geral da União (CGU) – e à Comissão Mista de Reavaliação de Informações (CMRI). Ambos, ministério e comissão, têm também prazo de cinco dias para se manifestar.

Adiante, ainda neste capítulo, acompanharemos em detalhes como fazer um pedido de informações usando a LAI.

∴ **Informação classificada**

A LAI prevê que, "observado o seu teor e em razão de sua imprescindibilidade à segurança da sociedade ou do Estado"

(Brasil, 2011, art. 24), certos documentos ou dados podem ser considerados sigilosos. Nesse caso, eles não são alcançados pelas regulamentações da LAI. Esses documentos podem ser classificados como *ultrassecretos* (sigilo por 25 anos a partir de sua produção, renovável por igual período), *secretos* (sigilo de 15 anos) e *reservados* (cinco anos). Podem entrar nessa classificação informações que coloquem em risco a defesa e a soberania nacionais, que prejudiquem as negociações ou as relações internacionais, que ponham em risco a vida, a segurança ou a saúde da população ou que ofereçam elevado risco à estabilidade financeira, econômica ou monetária do país (Brasil, 2011).

Além disso:

Art. 24. [...]

§ 2º As informações que puderem colocar em risco a segurança do Presidente e Vice-Presidente da República e respectivos cônjuges e filhos(as) serão classificadas como reservadas e ficarão sob sigilo até o término do mandato em exercício ou do último mandato, em caso de reeleição. (Brasil, 2011)

A LAI determina que todos os órgãos e entidades públicas devem divulgar, todo ano, uma lista com a quantidade de documentos classificados como reservados, secretos e ultrassecretos naquele período.

∴ **As fraquezas da LAI**

Ainda que possa ser classificada como revolucionária, a LAI apresenta alguns pontos fracos, entre os quais trataremos brevemente, a seguir, daqueles que interessam a jornalistas em busca de dados para suas reportagens.

Se a solicitação de um dado não estiver vinculada à informação classificada, o motivo mais comum para a negativa é o previsto no art. 13 do Decreto n. 7.724, de 16 de maio de 2012 (Brasil, 2012), que regulamentou a LAI:

> Art. 13. Não serão atendidos pedidos de acesso à informação:
> I. genéricos;
> II. desproporcionais ou desarrazoados; ou
> III. que exijam trabalhos adicionais de análise, interpretação ou consolidação de dados ou informações, ou serviço de produção ou tratamento de dados que não seja de competência do órgão ou entidade.

Como bem observa Angélico (2015, p. 73), "tal redação abre muito espaço para a subjetividade. Quem define se uma determinada solicitação é 'genérica' ou 'desproporcional'? Não seria o termo 'genérico' demasiadamente genérico?".

No art. 32, a LAI apregoa que o agente público que se recusar a fornecer informação requerida, retardar o acesso a ela ou fornecer dados incorretos deliberadamente comete uma infração administrativa, punível com, no mínimo, suspensão, e poderá ser passível de processo por improbidade administrativa (Brasil, 2011). Contudo, Angélico (2015, p. 75) questiona a "ausência de mecanismo legal relativo à não resposta".

O autor também chama a atenção para o fato de que, embora a LAI tenha abrangência nacional e se imponha a estados e municípios, na prática, não há como fazê-la ser cumprida em locais nos quais não exista o SIC ou as instâncias para apresentação de recursos quando uma solicitação for negada ou simplesmente ignorada.

Salgado (2015) levanta outro problema da LAI: a falta de clareza no que tange a entidades privadas que recebam dinheiro público. No art. 2º, a lei cita que suas disposições se aplicam,

> Art. 2º. [...] no que couber, às entidades privadas sem fins lucrativos que recebam, para realização de ações de interesse público, recursos públicos diretamente do orçamento ou mediante subvenções sociais, contrato de gestão, termo de parceria, convênios, acordo, ajustes ou outros instrumentos congêneres. (Brasil, 2011)

Segundo Salgado (2015, p. 70): "Se a regra [...] é que 'o que é pago com dinheiro público deveria ser objeto de atenção da lei' e [...] 'havendo dinheiro público, a regra é a publicidade', todas as entidades que recebem recursos públicos deveriam se submeter às obrigações da transparência". Todas, inclusive as com fins lucrativos, argumenta a autora. Porém, não é bem assim que acontece. "A redação da lei brasileira não é tão clara. [...]. O texto normativo traz a ressalva 'no que couber', e aí cabe uma grande discussão sobre quais disposições cabem na obrigação de transparência de entidades privadas" (Salgado, 2015, p. 72).

Ela vai adiante, ao tratar dos partidos políticos, que recebem recursos públicos do fundo partidário, mas descumprem a LAI:

> Em relação aos partidos políticos, a leitura é ainda mais refratária. As agremiações partidárias se julgam excluídas da aplicação da Lei, inclusive quanto à aplicação de recursos do Fundo Especial de Assistência Financeira aos Partidos Políticos. [...] Dois anos e meio após a plena vigência da Lei de Acesso à Informação, nenhum partido político apresenta em sua página na internet informações relacionadas ao direito de acesso à informação ou à transparência. [...]. Os partidos políticos, destinatários de recursos públicos [...], submetem-se à Lei de Acesso à Informação, inclusive aos ditames de transparência ativa. Devem dar plena publicidade, em linguagem acessível, à aplicação dos recursos públicos e, ainda, às doações recebidas. (Salgado, 2015, p. 74-75)

∴ Pedindo informações com a LAI

Agora que já analisamos a fundo a LAI e sua importância para os jornalismo – principalmente, o jornalismo de dados, tema deste livro –, chegou a hora de colocar a mão na massa: veremos o passo a passo para elaborar um pedido de informações ao Governo Federal.

Em nosso exemplo, mostraremos a você como solicitar à Polícia Federal o número de operações policiais realizadas em 2016, separadas por estado, e o nome de cada uma dessas operações e suas fases, seguindo a mesma separação.

Atividade aplicada: prática

O primeiro passo é descobrir onde realizar a solicitação. Para isso, digite "LAI e Governo Federal" em um buscador de internet – o Google, por exemplo. O primeiro *link* a aparecer é referente ao portal de Acesso à Informação do Governo Federal (Brasil, 2018a). Pode acessá-lo (Em outro momento, daremos mais atenção ao *site*. Por ora, vamos nos concentrar no pedido de informações). No alto da página, à direita, há um menu com algumas opções. A primeira delas é "Faça seu pedido"[7]. Ao clicar nela, você será

---

[7] Quando você for acessar o portal de Acesso à Informação do Governo Federal, pode ser que ele tenha passado por alguma alteração ou atualização e tenha sofrido uma mudança de *layout*. Nesse caso, será preciso procurar pela opção "Faça seu pedido". Porém, ela deverá, provavelmente, estar em destaque, afinal, é a razão de o portal existir.

levado ao *site* do Sistema Eletrônico do Serviço de Informações ao Cidadão (e-SIC) do Governo Federal (Brasil, 2018g). Nessa página, há uma caixa com o título "Faça seu pedido", que solicita o preenchimento de um cadastro simples.

Uma vez realizado o cadastro e após ter entrado no sistema, você será transportado para uma página com as opções apresentadas na Figura 2.4.

Figura 2.4 – Captura da tela da página do e-SIC após o *login*

e-SIC
SISTEMA ELETRÔNICO DO SERVIÇO DE INFORMAÇÃO AO CIDADÃO
Versão 2.3.1

Registrar Pedido | Consultar | Dados Cadastrais | Início

Bem vindo ao e-SIC

Registrar Pedido
Registre um Pedido de Informação.

Consultar Pedido
Consulte os Pedidos de Informações.

Consultar Recurso
Consulte os Recursos de Pedidos.

Fonte: Brasil, 2018h.

Clicando na opção "Registrar Pedido", você verá a tela mostrada na Figura 2.5.

Figura 2.5 – Captura da tela da página para registro de pedido de informação I

Preencher dados do pedido	
Dicas para o seu pedido	1) O e-SIC não é o canal adequado para apresentação de reclamações, solicitação de serviços, consultas sobre interpretação de normativos ou denúncias. 2) Informações pessoais, inclusive identificação, não devem ser inseridas no detalhamento da solicitação a não ser que sejam essenciais para a caracterização do seu pedido. 3) Especifique detalhadamente sua demanda, seja claro e objetivo. É importante que o órgão compreenda corretamente qual é o seu pedido para lhe enviar uma resposta adequada. Para conhecer mais sobre a Lei de Acesso à Informação acesso http://www.acessoainformacao.gov.br
* Solicitante	
* Órgão Superior / Vinculado	
*Forma de Recebimento da Resposta	Pelo sistema (com avisos por email)
*Resumo da Solicitação	
	O campo "Resumo Solicitação" deverá indicar o(s) principal(is) tema(s) abordado(s) neste pedido. A especificação detalhada do pedido deverá ser realizada no campo "Detalhamento da Solicitação", abaixo.
*Detalhamento da Solicitação	
Adicionar anexos	Incluir Anexos

[Limpar] [Próximo]

Fonte: Brasil, 2018i.

Após o primeiro campo, que contém dicas úteis para orientar o interessado nas informações, há o quadro "Solicitante", que traz o nome de quem está acessando o portal – neste caso, você –, inserido automaticamente pelo sistema.

Em seguida, há o menu "Órgão Superior/Vinculado". Aqui, é preciso selecionar o órgão ao qual a Polícia Federal está vinculada, que é o Ministério da Justiça.

Figura 2.6 – Captura da tela da página para registro de pedido de informação II

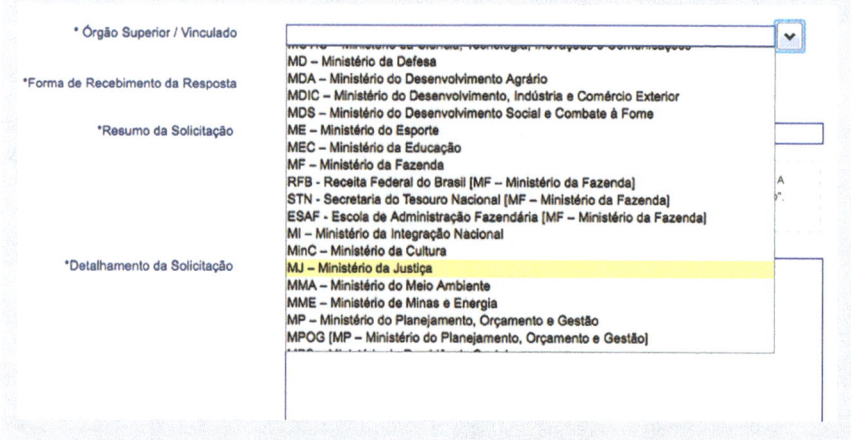

*Órgão Superior / Vinculado	
	MD – Ministério da Defesa
*Forma de Recebimento da Resposta	MDA – Ministério do Desenvolvimento Agrário
	MDIC – Ministério do Desenvolvimento, Indústria e Comércio Exterior
	MDS – Ministério do Desenvolvimento Social e Combate à Fome
*Resumo da Solicitação	ME – Ministério do Esporte
	MEC – Ministério da Educação
	MF – Ministério da Fazenda
	RFB - Receita Federal do Brasil [MF – Ministério da Fazenda]
	STN - Secretaria do Tesouro Nacional [MF – Ministério da Fazenda]
	ESAF - Escola de Administração Fazendária [MF – Ministério da Fazenda]
	MI – Ministério da Integração Nacional
	MinC – Ministério da Cultura
*Detalhamento da Solicitação	MJ – Ministério da Justiça
	MMA – Ministério do Meio Ambiente
	MME – Ministério de Minas e Energia
	MP – Ministério do Planejamento, Orçamento e Gestão
	MPOG [MP – Ministério do Planejamento, Orçamento e Gestão]

Fonte: Brasil, 2018i.

O campo seguinte pede para assinalar a "Forma de Recebimento da Resposta". A opção pré-selecionada, "Pelo sistema (com avisos por e-mail)", é a que interessa neste exemplo.

O próximo passo é escrever um resumo da solicitação. A instrução presente no *site* recomenda que sejam indicados os principais temas para os quais está sendo realizada a busca de informações. Para seguir com a solicitação, digite: "operações da Polícia Federal em 2016".

Por fim, é preciso detalhar o pedido. Nesse ponto, cabe uma regra que vale para pedidos feitos em qualquer SIC, de qualquer instância – federal, estadual, municipal, do Poder Executivo, Legislativo ou Judiciário: o texto deve ser claro e objetivo, sem vaguezas, com a precisa delimitação sobre qual é a informação desejada.

Nesse caso, sugerimos o seguinte detalhamento: "Solicito, com base na Lei de Acesso à Informação, qual é o número de operações realizadas pela Polícia Federal em 2016, separadas por nome, unidade da operação e mês de realização. Muito obrigado".

A última opção disponível na página é para adicionar anexos à solicitação, o que não vem ao caso neste exemplo. Então, clique em "Próximo" para ser direcionado a uma página que apresenta seus dados. Se eles estiverem corretos, selecione "Concluir". O sistema indicará que o pedido foi registrado com sucesso, gerará um número de protocolo (que deve ser anotado) e enviará, por *e-mail*, um aviso de que o pedido foi gravado.

Com o número de protocolo, é possível acompanhar o andamento do pedido. Para isso, basta, na tela inicial (exposta na Figura 2.4), clicar em "Consultar Pedido". Caso a resposta recebida seja considerada insatisfatória, você poderá recorrer (a opção será aberta, automaticamente, assim que houver uma resposta).

Agora que conhece o modo de solicitar informações ao Governo Federal, você pode aproveitar e fazer pedidos para outros órgãos do Poder Executivo. Procure, também, pelo SIC de seu estado e de sua cidade. *Grosso modo*, eles devem funcionar como o do Governo Federal. Porém, não espere que a apresentação seja a mesma. Por isso, procure pela opção que lhe interessa: fazer pedidos de informação. Busque pelo logotipo mostrado na Figura 2.3, que identifica o Serviço Eletrônico de Informações ao Cidadão.

Pode ser, contudo, que ele não esteja lá. Nesse caso, o Google poderá auxiliá-lo. Digite, por exemplo, *serviço de informações ao cidadão* e *governo de Alagoas*. Você será direcionado para a página correta. Navegue pelos *sites* e procure aspectos em comum. Logo, você terá desenvoltura para navegar por diferentes *sites* de SIC.

Mãos à obra?

∴ Como evitar que um pedido seja recusado

Como já estudamos, a LAI tem seus pontos fracos. Um deles (acreditamos que talvez seja o principal) é o definido pelo art. 13 do Decreto n. 7.724/2012, que regulamentou a LAI, segundo o qual:

> Art. 13. Não serão atendidos pedidos de acesso à informação:
> I. genéricos;
> II. desproporcionais ou desarrazoados; ou
> III. que exijam trabalhos adicionais de análise, interpretação ou consolidação de dados e informações, ou serviço de produção ou tratamento de dados que não seja de competência do órgão ou entidade. (Brasil, 2012)

Como proceder, então, para que um pedido não seja rejeitado por esses motivos? Não há uma regra definitiva, mas há algumas dicas que podem ajudar a evitar essa situação:

- **Ser humilde** – Não é motivo de vergonha iniciar o pedido perguntando ao órgão quais dados, informações, relatórios ou estudos ele tem sobre o assunto pesquisado. Em seguida, é de bom tom pedir que o órgão indique como acessar tais dados. Em nosso exemplo de solicitação de informação à Polícia Federal, se houvesse alguma dúvida sobre se a corporação armazena dados sobre as operações que realiza, isso poderia ser questionado. Nesse caso, o detalhamento poderia ser o seguinte: "Com base na Lei de Acesso à Informação, pergunto se a Polícia Federal tem informação de todas as operações realizadas em 2016. Caso positivo, requisito que me seja informado como acessar esses dados, separados por unidade da Federação, nome e mês de realização".

- **Ser claro** – Quais seriam as chances de o pedido de nosso exemplo ser considerado genérico ou desproporcional se ele fosse escrito da seguinte maneira: "Solicito, com base na Lei de Acesso à Informação, todas as atividades realizadas pela Polícia Federal em 2016?" Grandes, não é mesmo? Pedidos claros, fáceis de ser compreendidos por quem os recebe, têm bem mais chances de ser atendidos. Aqui, o segredo é o seguinte: antes de pedir uma informação, deve-se questionar sobre o que se deseja saber. Se a pergunta for clara e objetiva para o emissor, também o será para o destinatário.

- **Solicitar bases de dados** – Afinal, é nas bases de dados que as respostas aos pedidos se encontram. Ainda considerando nosso exemplo, é fácil imaginar que a Polícia Federal tenha, em seus sistemas de informática, planilhas com as operações realizadas, separadas por estados, mês a mês. Assim, pedindo por bases de dados, há poucas chances de receber uma negação como resposta com a alegação de que a requisição exige trabalhos adicionais de análise, interpretação ou consolidação de informações.

- **Demonstrar que a existência da base de dados é conhecida** – Se, antes do pedido, o interessado leu um *release* da assessoria de imprensa da Polícia Federal com um balanço das atividades da corporação em 2016, ele pode mencionar esse documento em seu pedido: "Com base na Lei de Acesso à Informação, solicito a base de dados com informações das operações da Polícia Federal em 2016, separadas por nome, unidade da Federação e mês de realização, que embasou a produção do release 'Polícia Federal...', divulgado pela assessoria de imprensa da instituição na data de xx/xx". Cabe ressaltar que, sempre que forem solicitadas bases de dados, deve-se pedir que elas sejam entregues em formato CSV. Por quê? Disso trataremos mais adiante, ainda neste capítulo.

∴ **Será que já não perguntaram isso antes?**

Desde que a LAI foi sancionada, quase 500 mil pedidos de informação haviam sido feitos, apenas ao Governo Federal, até o início de 2017. Boa parte das solicitações foi respondida. Isso quer dizer que há grandes chances de que alguém já tenha perguntado a mesma coisa que se deseja saber.

Por conta disso, a partir de 1º de julho de 2015, foi publicada uma página[8] por meio da qual é possível fazer pedidos via o e-SIC do Poder Executivo, bem como acessar as respostas de solicitações anteriores (Brasil, 2018c). Estão disponíveis para pesquisa todos os pedidos cadastrados, com exceção dos que contêm informações restritas ou pessoais.

Nesse *site*, ao se clicar em "Acesse a Busca" e digitar, no campo de busca, os termos *polícia federal* e *operações*, obtém-se uma série de respostas que podem interessar ao pesquisador. Uma delas, por exemplo, relaciona quantas operações de combate à corrupção, à lavagem de dinheiro e aos demais crimes correlatos foram deflagradas pela Polícia Federal nos governos de Fernando Henrique Cardoso, Luiz Inácio Lula da Silva e Dilma Rousseff (Brasil, 2018f).

Outra resposta refere-se à requisição do número de presos em flagrante classificados por cumprimento de mandado, crime, estado e mês ao longo de 2014 (Brasil, 2018e).

•••••

---

8   A página pode ser acessada no seguinte *link*: <http://www.acessoainformacao.gov.br/assuntos/busca-de-pedidos-e-respostas>. Acesso em: 21 jun. 2018.

2.3
Bases de dados: aproveitando o que já está na rede

Quando tratamos da transparência ativa, vimos que a LAI determina uma série de informações que órgãos e entidades públicas são obrigados a publicar. Graças à transparência ativa, uma impressionante quantidade de dados, que podem ser – e, como já demonstramos, são – matéria-prima para grandes reportagens já está disponível, pública e gratuitamente, na internet.

Na verdade, embora neste livro tenhamos tratado inicialmente dos pedidos de informação, eles não são necessariamente o primeiro passo quando se busca por conteúdos públicos. Antes disso, vale consultar as cada vez mais numerosas bases de dados disponíveis na internet.

Seria impossível tratar, em um livro, de todas as bases de dados existentes, porque elas são muitas e estão em constante mutação. Contudo, é preciso, ainda assim, que os jornalistas tomem conhecimento das principais delas, pois são ferramentas indispensáveis ao seu trabalho.

Para tanto, os profissionais da área devem se familiarizar com essas bases e com as diferentes maneiras de navegar em cada uma delas. Assim, à medida que adquirirem experiência, estarão habituados a pesquisar nesse tipo de registro e desenvolverão as habilidades de buscar e de encontrar novas fontes ou novas bases que contenham as informações desejadas.

∴ Contas eleitorais

O portal do Tribunal Superior Eleitoral (TSE) contém uma seção dedicada à prestação de contas de todos os candidatos, eleitos ou não, nas eleições mais recentes realizadas no país (Brasil, 2018a'). Além disso, há um repositório de dados eleitorais, permanentemente atualizado (Brasil, 2018h'). Com eles, é possível analisar com precisão quem foram os doadores que financiaram as campanhas dos políticos brasileiros.

Para demonstrarmos como pesquisar as prestações de contas de um candidato, tomemos como exemplo as eleições municipais de 2016, cujas prestações de contas estão no *site* do TSE.

Atividade aplicada: prática

Acesse a página[9] do TSE (Brasil, 2018d'), na qual você irá deparar-se com a tela mostrada na Figura 2.7.

Figura 2.7 – Captura da tela da página de busca sobre as eleições municipais de 2016

Fonte: Brasil, 2018d'.

Para fazer uma pesquisa, inicialmente selecione um município, clicando na região – em nosso exemplo, "Sul". Em seguida, posicione o cursor em cima de "Paraná" e, depois, selecione "Candidatos". Então, você será direcionado a um menu com um campo de pesquisa no qual deve digitar o nome da capital do

---

9   Acesse o *site* pelo seguinte *link*: <http://divulgacandcontas.tse.jus.br/divulga>. Acesso em: 17 maio 2018.

estado – "Curitiba". Em seguida, clicando no *link* com o nome da cidade, aparecerá a página mostrada na Figura 2.8.

Figura 2.8 – Lista de concorrentes a prefeito de Curitiba em 2016

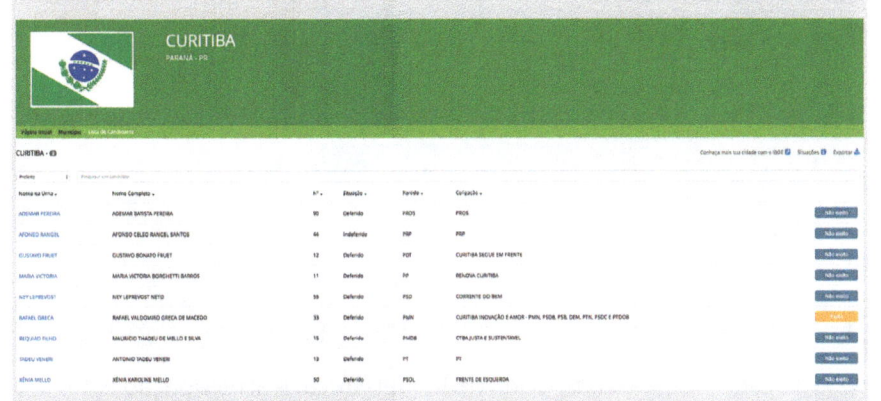

Fonte: Brasil, 2018c'.

Nessa lista, constam os nomes de todos os concorrentes à prefeitura de Curitiba em 2016. No menu localizado no alto da página, à esquerda, é possível selecionar, ainda, os candidatos a vice-prefeito e a vereador. Por hora, vamos focar apenas nos políticos que concorreram à prefeitura. Clicando no nome do vencedor da eleição, Rafael Greca, do Partido da Mobilização Nacional (PMN), e rolando a página para baixo, você verá o conteúdo apresentado na Figura 2.9.

Figura 2.9 – Dados sobre a campanha de Rafael Greca à prefeitura de Curitiba, em 2016, disponíveis no *site* do TSE – I

Fonte: Brasil, 2018e'.

No centro da página, em azul-claro, há o total de recursos arrecadados pela campanha de Rafael Greca. A arrecadação está dividida em "Recursos financeiros", "Doação de pessoas físicas" – ressaltamos que a minirreforma eleitoral de 2015[10] vedou as doações de pessoas jurídicas, ou seja, de empresas –, "Doação de partidos", "Doação pela internet", entre outros (Brasil, 2018e').

No menu à esquerda, em azul-escuro, ao clicar no primeiro *link*, "Receitas", surgirá o resultado mostrado na Figura 2.10.

• • • • •

10   Caso queira saber mais sobre a Lei n. 13.488, de 6 de outubro de 2017, que regulamentou a reforma do ordenamento político-eleitoral, acesse o *link*: <http://www.planalto.gov.br/ccivil_03/_ato2015-2018/2017/lei/L13488.htm>. Acesso em: 21 jun. 2018.

Figura 2.10 – Doações para campanha de Rafael Greca nas eleições municipais de 2016

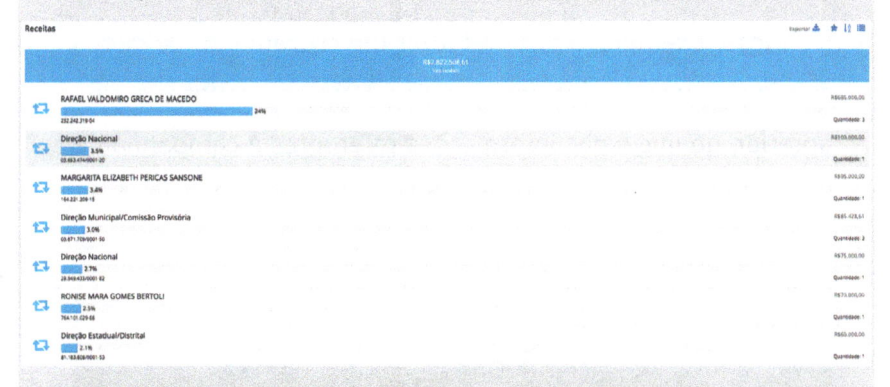

Fonte: Brasil, 2018g'.

A lista é apresentada em ordem decrescente por valor, ou seja, quem mais doou aparece em primeiro lugar. Nesse exemplo, o primeiro nome da lista é o do próprio candidato, "Rafael Valdomiro Greca de Macedo", pessoa física. Assim, você verá que ele doou, à própria campanha, nada menos do que R$ 685 mil.

No canto superior direito dessa tela, no *link* "Exportar", é possível fazer o *download* da tabela em formato CSV, absolutamente adequado para programas de planilhas como Excel ou Google Planilhas (ou *Google Sheets*, em inglês). Mais adiante, ainda neste capítulo, você verá como importar um documento CSV para uma planilha e como tratá-lo de forma a tornar os dados mais amigáveis para visualização e para cruzamentos, procedimentos que permitirão encontrar fatos ou levantar suspeitas que possam dar origem a reportagens.

Neste exemplo, é possível fazer um cruzamento de dados sem nem mesmo usar uma planilha. Para isso, volte à página anterior, do início das informações referentes à campanha de Rafael Greca, conforme a Figura 2.11.

Figura 2.11 – Dados sobre a campanha de Rafael Greca à prefeitura de Curitiba, em 2016, disponíveis no *site* do TSE – II

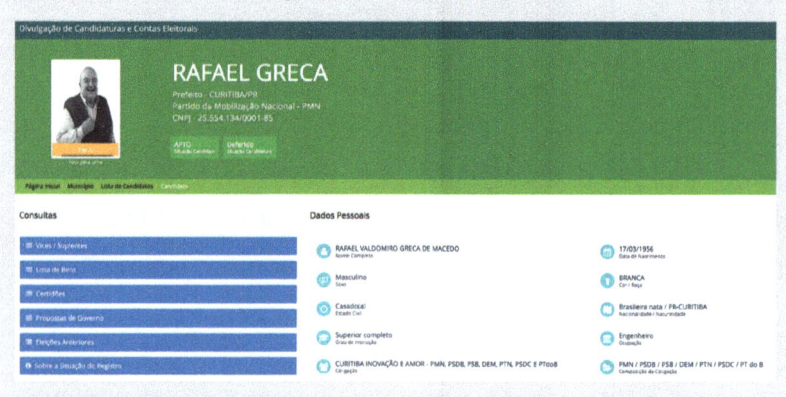

Fonte: Brasil, 2018e'.

Selecionando o segundo item do menu em azul-escuro à esquerda, "Lista de Bens", surgirá uma página com uma longa lista contendo os bens e as propriedades declarados por Rafael Greca à Justiça Eleitoral. Rolando a página até o final, você verá o somatório dos bens declarados do candidato: R$ 573.442,75 (Brasil, 2018f').

Analisando esses dados, perceba que os bens declarados por Rafael Greca à época eram inferiores ao montante que ele doou à própria campanha eleitoral (R$ 685 mil, como já vimos). Não há, a princípio, nenhuma irregularidade nisso, mas essa comparação foi feita por jornalistas, durante a campanha, e incomodou o político, que justificou a divergência alegando ter recebido uma herança após ter entregue sua declaração de bens – que, em geral, é baseada na Declaração de Imposto de Renda de pessoa física apresentada naquele ano à Receita Federal.

Esse é apenas um exemplo do que é possível fazer com os dados da Justiça Eleitoral. Contudo, muitas outras análises são possíveis. Pode-se examinar, por exemplo, quais foram os grandes doadores de um candidato e os principais fornecedores de uma campanha, para, com base em tais informações, verificar se se tratam, depois, dos fornecedores de serviços à administração do político eleito. Além disso, é possível procurar, entre as pessoas físicas doadoras (cujos CPF constam no *site* da Justiça Eleitoral), se há grandes empresários ou sócios de empresas – o que pode significar uma doação empresarial (que é proibida) disfarçada.

Também é válido trilhar o caminho inverso: pesquisar pelos financiadores. Nesse caso, é possível investigar, por exemplo, se determinado doador deu dinheiro para apenas um candidato ou para vários, e quanto forneceu a cada um. Sem problemas! O TSE também permite esse tipo de consulta (Brasil, 2018b'). O limite de pesquisas, enfim, é o faro do repórter.

:: **Outras bases de dados sobre políticos**

A organização não governamental (ONG) Transparência Brasil (2018) mantém uma importante base de dados sobre políticos brasileiros, chamado "Às Claras 2012", que utiliza dados do TSE para monitorar as doações e o patrimônio dos políticos, bem como suas votações nas diferentes eleições que disputaram.

O *site* conta com uma ferramenta muito interessante, que oferece a opção de se corrigirem monetariamente os montantes históricos de doações eleitorais pelo Índice de Preços ao Consumidor Amplo (IPCA), do Instituto Brasileiro de Geografia e Estatística (IBGE). Infelizmente, o serviço não teve atualizações após as eleições de 2012, mas permanece uma fonte importante para se acompanhar a evolução patrimonial de políticos.

Os próprios portais da Câmara dos Deputados (Brasil, 2018j) e do Senado Federal (Brasil, 2018z) contêm informações sobre, por exemplo, o gasto da cota parlamentar dos congressistas – isto é, o dinheiro pago a cada um deles para despesas com o exercício do mandato – e os gastos deles com auxílio-moradia. A assembleia legislativa de cada estado e a câmara municipal das cidades brasileiras também devem cumprir a LAI e publicar dados dessa natureza. Caso eles não estejam disponíveis, é possível fazer um pedido de informações.

∴ Governo Federal

O Governo Federal mantém o Portal da Transparência (Brasil, 2018q) com conteúdo bastante completo. Nele, é possível monitorar as transferências de recursos da União a estados e municípios, acompanhar os gastos do Governo Federal (por tipo de despesa, ação, programa ou órgão executor), extrair dados de programas sociais como o Programa Bolsa Família ou acompanhar quais empresas e entidades estão sancionadas ou impedidas de firmar acordos com o Poder Público.

Vejamos, agora, o passo a passo de uma consulta no Portal da Transparência (Brasil, 2018q).

Atividade aplicada: prática

Ao acessar o portal, você encontrará a página exposta na Figura 2.12.

Figura 2.12 – Página inicial do Portal da Transparência

Fonte: Brasil, 2018q.

Na página principal do Portal da Transparência, na coluna da direita, clique em "Benefícios ao cidadão". No alto, selecione

"2016". Ao rolar para baixo a página, ao lado do mapa, na coluna da esquerda, selecione a opção "Bolsa Família". Ao passar o mapa por cima dos estados, o valor pago a cada unidade da federação é mostrado.

Figura 2.13 – Transferências de recursos referentes ao Programa Bolsa Família, por estado

Fonte: Brasil, 2018u.

A seguir, é possível visualizar, clicando em "Tabela referente ao gráfico acima", os números por estado. Copie essa tabela para uma planilha eletrônica e organize a coluna "Total disponibilizado", de forma a mostrar os estados que mais receberam recursos do programa social Bolsa Família (Não sabe como fazer isso? Consulte a atividade prática da página 196). Veja que Bahia, São Paulo, Maranhão e Pernambuco são os quatro estados que mais receberam recursos do programa em 2016, e que Roraima, Distrito Federal e Rondônia tiveram os menores repasses. No próprio portal, basta clicar no estado desejado para obter o valor pago a cada município.

Figura 2.14 – Tabela das transferências de recursos referentes ao Programa Bolsa Família, por estado

LOCALIDADE	BOLSA FAMÍLIA			PROGRAMA DE ERRADICAÇÃO DO TRABALHO INFANTIL - PETI		GARANTIA-SAFRA	
	QUANTIDADE DE BENEFICIÁRIOS	TOTAL DISPONIBILIZADO		QUANTIDADE DE BENEFICIÁRIOS	TOTAL DISPONIBILIZADO	QUANTIDADE DE BENEFICIÁRIOS	TOTAL DISPONIBI...
Acre	87.825	R$ 247.542.449,00		5	R$ 4.315,00	0	
Alagoas	433.939	R$ 853.967.995,00		60	R$ 42.825,00	22.061	R$ 18.9...
Amapá	67.233	R$ 150.755.264,00		2	R$ 450,00	0	
Amazonas	396.664	R$ 948.076.561,00		13	R$ 7.925,00	0	
Bahia	1.936.044	R$ 3.775.538.470,00		240	R$ 176.580,00	227.632	R$ 137.8...
Ceará	1.135.860	R$ 2.148.373.689,00		91	R$ 59.010,00	263.128	R$ 163.3...
Distrito Federal	96.950	R$ 150.499.707,00		0	R$ 0,00	0	
Espírito...	206.010	R$ 227.111.102,00		122	R$ 111.070,00		

Fonte: Brasil, 2018u.

Por fim, salientamos que há algumas boas histórias para serem contadas com base nesses dados.

∷ Cartões corporativos

O Portal da Transparência do Governo Federal também permite a verificação dos gastos do Poder Executivo com cartões corporativos. Na página inicial, no menu "Consultas temáticas", deve-se selecionar a opção "Cartão de Pagamento do Governo Federal – CPGF". A busca pode ser feita por órgão ou pelo nome do portador do cartão. Em seguida, deve ser escolhido o exercício.

∴ População e indicadores sociais

Os portais do IBGE (2018a), das Séries Históricas e Estatísticas (IBGE, 2018b) e do Sistema IBGE de Recuperação Automática (Sidra) (IBGE, 2018c) são repositórios precioso de dados de todos os estudos, como estatísticas, pesquisas e levantamentos, produzidos pelo instituto. Neles, podem ser consultadas diversas publicações, com dados sobre população, trabalho, renda e uma série grande de indicadores sociais presentes na Pesquisa Nacional por Amostragem de Domicílios (Pnad).

No *site* do IBGE (2018a), há indicadores sobre trabalho e rendimento (como a já citada Pnad, as pesquisas mensais de empregos, dados sobre agropecuária), população (indicadores sociais como educação, cultura, mercado de trabalho, mobilidade social, mortalidade), economia (estatísticas sobre indústria, serviços, agropecuária, inovação, empreendedorismo, finanças públicas e muito mais) e geociências.

Já o Sidra (IBGE, 2018c) armazena tabelas com dados agregados das pesquisas que o IBGE realiza. O próprio portal explica que um dado agregado pode ser obtido, por exemplo, por meio do somatório dos valores de quesitos contidos em um questionário respondido pelos informantes da pesquisa (quanto se produziu de determinado produto agrícola, por exemplo) e está associado às unidades de um nível territorial (unidade da Federação, município etc.), a um período e, muitas vezes, a um conjunto de classificações que o qualificam (tipo de produto, condição do produtor etc.). Além disso, um dado agregado pode ser obtido mediante cálculos estatísticos, como no caso dos indicadores econômicos. O *site* dispõe de um campo de ajuda que explica como utilizar os dados que ele contém (IBGE, 2018d).

Por fim, a página das Séries Históricas e Estatísticas do IBGE (2018b) guarda informações provenientes de dados oficiais oriundos de pesquisas do instituto, em sua maior parte, bem como de outras fontes governamentais.

∴ Comparações entre países

Dois repositórios importantes com dados populacionais, sociais e econômicos sobre diferentes países do mundo são os portais do Banco Mundial (The World Bank, 2018) e do Índice de Desenvolvimento Humano (UNDP, 2018) – este último mantido pela Organização das Nações Unidas (ONU). Ambos estão em inglês, idioma cujo domínio, ressaltamos, é fundamental não apenas para jornalistas que desejam trabalhar com dados mas também para qualquer um que quer ser bem-sucedido nessa profissão.

∴ Saúde

O Datasus (Brasil, 2018m) é um banco de dados mantido pelo Governo Federal com base em dados coletados no Sistema Único de Saúde (SUS). Nesse sistema, são encontradas informações sobre causas de mortalidade da população brasileira, incidências de doenças no país (por exemplo, a dengue) e várias outras informações sobre a rede de atendimento à saúde no país.

Uma das principais utilidades do Datasus é a checagem de dados sobre mortes decorridas de homicídios – não raro, os dados divulgados pelas polícias ou pelas secretarias de segurança pública são inferiores aos reais, na tentativa de expor um cenário melhor do que o real para a opinião pública.

Mais adiante, no próximo capítulo, vamos navegar no Datasus e extrair dele alguns dados para limpar e analisar.

∴ Outras bases de dados

Listamos, no Quadro 2.1, algumas das inúmeras bases de dados disponíveis na internet, as quais podem ser consultadas para realizar pesquisas.

Quadro 2.1 – Lista com bases de dados disponíveis na internet

O quê?	Onde?	Que dados oferece?
Aeplan: Assessoria de Economia e Planejamento	<http://www.aeplan.unicamp.br>	Portal da Universidade Estadual de Campinas (Unicamp).
Base de Dados do Estado – BDEweb	<http://www.ipardes.pr.gov.br/imp/index.php>	Base de dados do Instituto Paranaense de Desenvolvimento Econômico e Social (Ipardes), com indicadores de diversos órgãos públicos sobre os municípios do Paraná.
Brasil: Nunca Mais	<http://bnmdigital.mpf.mp.br/#!/pesquisar-no-acervo>	Arquivos referentes à época da ditadura militar no Brasil.
Emissão de comprovante de inscrição e de situação cadastral	<https://www.receita.fazenda.gov.br/pessoajuridica/cnpj/cnpjreva/cnpjreva_solicitacao.asp>	Página da Receita Federal para checagem do CNPJ de empresas, inclusive com os nomes dos sócios.

(continua)

Jornalismo de dados: caminhos e práticas

(Quadro 2.1 - continuação)

O quê?	Onde?	Que dados oferece?
Google Trends Datastore	<http://googletrends.github.io/data>	Série de bases de dados com tendências de buscas do Google sobre diferentes assuntos.
Index Mundi	<http://www.indexmundi.com>	Estatísticas sobre economia, geografia, política, entre outros, de todos os países do mundo.
Indicadores e dados básicos do HIV/Aids	<http://svs.aids.gov.br/aids>	Dados do Departamento de doenças sexualmente transmissíveis (DST), Aids e hepatites virais da Secretaria de Vigilância em Saúde do Ministério da Saúde.
Infralatam	<http://infralatam.info>	Dados sobre a infraestrutura na América Latina e no Caribe, organizados pelas seguintes instituições: Comissão Econômica para a América Latina e o Caribe (Cepal), Banco de Desenvolvimento da América Latina (CAF) e Banco Interamericano de Desenvolvimento (BID).
Ipea Data	<http://www.ipeadata.gov.br>	Base de dados para consulta de dados econômicos e financeiros mantida pelo Instituto de Pesquisa Econômica Aplicada (Ipea).
Our World in Data	<http://ourworldindata.org>	Dados mundiais sobre população, saúde, educação, acesso a serviços, política, corrupção, entre outros.

(Quadro 2.1 - continuação)

O quê?	Onde?	Que dados oferece?
Plataforma Aquarius	<http://aquarius.mcti.gov.br/app>	Dados sobre produção científica no Brasil.
Portal Meu Município	<http://www.meumunicipio.org.br>	Finanças municipais.
QEdu	<http://www.qedu.org.br>	Compilação de dados do Ministério da Educação (MEC) – como o Índice de Desenvolvimento da Educação Básica (Ideb), o Censo Escolar, a Prova Brasil e Exame Nacional do Ensino Médio (Enem) –, em uma apresentação amigável.
Relação Anual de Informações Sociais (Rais)	<http://www.rais.gov.br/sitio/index.jsf>	Portal com informações sobre o mercado de trabalho brasileiro, mantido pelo Ministério do Trabalho.
Salic: Sistema de Apoio às Leis de Incentivo à Cultura	<http://salic.cultura.gov.br/autenticacao/index/index>	Sistema de consulta a dados de projetos culturais apoiados pela Lei Rouanet[1].
Siconfi – Sistema de Informações Contábeis e Fiscais do Setor Público Brasileiro: Tesouro Nacional	<https://siconfi.tesouro.gov.br/siconfi/index.jsf>	Dados sobre orçamento de estados e municípios brasileiros.
Todos pela Educação	<http://www.todospelaeducacao.org.br>	Dados sobre a qualidade e a evolução da educação por regiões do Brasil.
Trata Brasil: saneamento é saúde	<http://www.tratabrasil.org.br>	Pesquisas e estudos que mostram a situação do saneamento no Brasil.

Nota: [1] Lei n. 8.313, de 23 de dezembro de 1991 (Brasil, 1991).

Jornalismo de dados: caminhos e práticas

(Quadro 2.1 – conclusão)

O quê?	Onde?	Que dados oferece?
USP Digital	<http://uspdigital.usp.br/portaltransparencia>	Portal da Transparência da Universidade de São Paulo (USP)
World Health Organization: Publications	<http://www.who.int/publications/en>	Dados da Organização Mundial da Saúde (OMS) sobre saúde global.

2.4 Diários oficiais, editais e balanços

Apesar de a LAI ter tornado obrigatória a publicação de uma série de dados de governos e entidades públicas, já havia uma parte substancial de informações que já era compulsoriamente de conhecimento de todos – ainda que quase sempre publicada com discrição em diários oficiais, editais de licitação ou balanços de empresas públicas e privadas.

Falamos, aqui, dos diários oficiais, de editais de licitação e de concorrência para compras públicas, bem como de balanços de empresas. O veterano e premiado repórter Frederico Vasconcelos (2007, p. 20), do jornal *Folha de S. Paulo*, resume bem a importância da leitura desse tipo de documento:

> Nas reuniões diárias dos editores [...], chamavam-me a atenção as intervenções de um jornalista. Ele [...] sabia a origem dos fatos mais relevantes e indicava aos colegas onde era possível

buscar boas histórias, boas fontes de informação. Geralmente, ele antevia os desdobramentos das notícias. [...]. Ele lia o Diário Oficial. Aquela literatura formal, insípida, era fonte inesgotável de pautas. Oficiais, seus registros costumam ser incontestáveis. Adquiri o hábito de ler balanços, editais e atas de empresas [...]. Muitas decisões formalizadas nesses atos só têm repercussão meses depois. Quando envolvem decisões estratégicas, costumam surpreender departamentos das companhias, incluindo as assessorias de imprensa. [...]. Desenvolvi o gosto pela busca de documentos, a preferência pelo registro oficial, pela comprovação dos fatos no papel, nos autos dos processos. [...]. Isso vale para a investigação jornalística sobre fatos envolvendo empresas, governos e tribunais.

∴ **Diários oficiais**

Podemos definir um *diário oficial*[11] como um jornal que reúne os atos oficiais de uma administração ou de um órgão público, sejam federais, sejam estaduais, sejam municipais. O princípio constitucional da publicidade, expresso na Constituição Federal de 1988, apregoa que os governos devem torná-las públicas (Brasil, 1988).

Em um diário oficial, são encontradas informações sobre leis, decretos, resoluções, instruções normativas, portarias e

---

11   Apesar do nome, um diário oficial não tem necessariamente periodicidade diária.

quaisquer outros atos normativos do governo. Nele, também são publicadas nomeações, exonerações, promoções, férias ou aposentadorias de servidores públicos – sejam os de carreira, que ingressaram via concurso, sejam os que ocupam cargos de nomeação política.

Também é compulsória a publicação, em diário oficial, de contratos ou distratos firmados pela Administração Pública referentes a editais de licitação e concorrência para compras governamentais, aberturas de inscrições ou convocação de aprovados em concursos públicos.

Em resumo, tudo o que o Poder Público (Executivo, Legislativo e Judiciário) decide precisa ser publicado para ter valor. E os veículos destinados a essa publicação são os diários oficiais.

O Governo Federal, com o **Diário Oficial da União**, os estados, os municípios, a Câmara dos Deputados, o Senado Federal, as assembleias legislativas, as câmaras municipais e o Poder Judiciário (em suas diversas instâncias) mantêm publicações dessa natureza.

A polêmica – e rapidamente derrubada – nomeação de Luiz Inácio Lula da Silva como Ministro da Casa Civil da então Presidente Dilma Rousseff, em março de 2016, foi, como toda medida do tipo, publicada no Diário Oficial da União (Brasil, 2016) – nesse caso, em uma edição extra, conforme mostram as Figura 2.15 e 2.16.

Figura 2.15 – Edição extra do Diário Oficial da União, contendo a nomeação de Luiz Inácio Lula da Silva como Ministro da Casa Civil

Fonte: Brasil, 2016.

Figura 2.16 – Edição extra do Diário Oficial da União, sobre a nomeação de Luiz Inácio Lula da Silva como Ministro da Casa Civil – detalhe

---

Atos do Poder Executivo

CASA CIVIL

DECRETO DE 16 DE MARÇO DE 2016

A PRESIDENTA DA REPÚBLICA, no uso da atribuição que lhe confere o art. 84, **caput**, inciso I, da Constituição, resolve

NOMEAR

LUIZ INÁCIO LULA DA SILVA, para exercer o cargo de Ministro de Estado Chefe da Casa Civil da Presidência da República.

Brasília, 16 de março de 2016; 195º da Independência e 128º da República.

DILMA ROUSSEFF

Fonte: Brasil, 2016.

Antes da revolução digital, acompanhar essas publicações era um processo trabalhoso – demandava buscar suas edições, nem sempre facilmente disponíveis – usualmente, os diários oficiais são distribuídos apenas em órgãos públicos –, esquadrinhá-las e, se fosse necessário, tomar notas sobre seu conteúdo.

Atualmente, o processo é bem mais simples: todos os principais diários oficiais do país estão disponíveis na internet, para leitura e *download*. Além disso, ferramentas de busca textual presentes em qualquer leitor de arquivos do tipo PDF e de cópia de texto permitem a extração fácil e rápida das informações relevantes.

∴ Balanços

Qualquer empresa pública ou privada de capital aberto – cujas ações são negociadas em bolsas de valores – é obrigada pela legislação e pela Comissão de Valores Mobiliários (CVM) a prestar informações a acionistas e ao mercado financeiro via balanços periódicos.

Sobre isso, Vasconcelos (2007, p. 25) explica:

> Resultados (lucros ou prejuízos), aquisições, associações, novos investimentos etc. Pelo menos duas vezes por ano elas [as empresas] publicam o balanço patrimonial e o demonstrativo de resultados. Prestam informações trimestrais à Comissão de Valores Mobiliários, o chamado xerife do mercado de capitais. [...]. Como são informações públicas, estão disponíveis aos acionistas, aos analistas de mercado, aos investidores e também aos jornalistas. Fusões, aquisições, ampliações de unidades devem ser divulgadas ao mercado de forma ampla por meio de "fatos relevantes", notas e editais publicados na grande imprensa. [...]. Outras peças relevantes arquivadas nas bolsas são os acordos de acionistas, material valioso quando

há uma disputa societária, e as atas dos conselhos de administração. [...]. As grandes decisões das companhias são tomadas ouvindo-se esse colegiado. Há também o conselho fiscal, formado por especialistas para analisar as contas da empresa e recomendar a aprovação dos demonstrativos financeiros.

Grandes empresas, principalmente as que se envolveram em escândalos financeiros ou de corrupção, como a Petrobras ou a Odebrecht, por exemplo, têm serviços de assessoria de imprensa ou de relações públicas que costumam impor uma série de dificuldades a jornalistas interessados em descobrir informações sobre essas organizações. Nesse caso, os balanços podem ser um caminho muito mais rápido para repórteres apurarem os dados que buscam.

As empresas também devem dispor de diretores de relações com o mercado, ou de relações com investidores, cujo papel é assegurar informações relevantes, fidedignas e transparentes sobre a organização aos acionistas – e que podem, também, ser fontes para a coleta de dados por jornalistas.

No caso de empresas de capital fechado, que não são obrigadas a ter tal transparência, o caminho são as juntas comerciais. Vasconcelos (2007) lembra que, nas juntas, é possível obter dados como data de criação, endereço, área de atuação, nomes dos sócios e diretores, capital e alterações no quadro societário, entre outros. Em geral, as consultas a juntas comerciais são presenciais e pagas. Contudo, na internet, a Receita Federal oferece um sistema de consulta[12] rápida (Brasil, 2018y) que revela algumas dessas informações – inclusive com os nomes dos sócios –, desde que o interessado tenha o número do CNPJ da empresa pesquisada.

:: **O que procurar em um balanço?**

O balanço é um retrato da situação financeira de uma empresa em determinado momento, como define Vasconcelos (2007, p. 27-29):

> Os resultados do exercício são apresentados em quadro especial (demonstrativo de resultados). De um lado, estão as contas que representam bens e direitos (ativos). No outro lado, as contas que representam obrigações (dívidas) e o patrimônio dos acionistas. O balanço apresenta os capitais empregados pela empresa segundo sua origem: recursos de terceiros (passivo exigível) e os recursos próprios (patrimônio líquido). Os números retratam a situação econômico-financeira da empresa. [...]. A leitura atenta dessas peças permite identificar, ainda, situações de insolvência. A título de exemplo: no Brasil, várias

12 A página pode ser acessada no seguinte *link*: <https://www.receita.fazenda.gov.br/PessoaJuridica/CNPJ/cnpjreva/cnpjreva_solicitacao2.asp>. Acesso em: 22 jun. 2018.

companhias de aviação operaram durante muitos anos apesar de registrarem "patrimônio líquido negativo" ou "passivo a descoberto" em valores elevados. Ou seja, se fossem somados todos os ativos (bens, imóveis, mercadorias, máquinas, veículos, investimentos e valores em bancos), ainda assim esses recursos seriam insuficientes para pagar as dívidas.

É importante notar que balanços de companhias com capital aberto sempre trazem pareceres de auditores independentes, que examinam e validam as contas da instituição antes da publicação. Por isso, é preciso ficar atento ao que os pareceres dizem: em especial, se fazem ressalvas sobre fatos que podem ter impacto na situação financeira da companhia.

No entanto, as auditorias independentes nem sempre são capazes de identificar problemas na contabilidade de uma empresa. Isso aconteceu no caso de corrupção na Petrobras, por exemplo, como explicou reportagem do jornal on-line *Nexo* (Lupion, 2016).

Conforme o repórter Bruno Lupion (2016), autor da reportagem, a empresa PwC "audita as contas da Petrobras desde 2012, mas apenas em outubro de 2014, quando diversas denúncias de crimes já eram públicas, se recusou a aprovar o balanço do 3º trimestre daquele ano da companhia".

Em outro caso, registrado pelo *Estadão*, a empresa de auditoria KPMG foi condenada pela justiça a "pagar cerca de R$ 3,5 milhões a um investidor do banco BVA, que alegava ter aplicado no banco por confiar no balanço auditado da instituição" (Goulart, 2015).

Síntese

Neste capítulo, mergulhamos na análise da LAI brasileira e acompanhamos sua origem, suas muitas virtudes e seus poucos, mas incômodos, problemas. Graças a esse estudo, podemos nos defrontar com órgãos públicos e extrair deles os dados necessários para a elaboração de reportagens.

Também discutimos sobre o que devemos buscar em portais de transparência e como proceder para fazer um pedido de informações eficiente a determinado órgão. Além disso, analisamos que diários oficiais e balanços de empresas trazem muitas informações valiosas para os jornalistas produzirem uma imensa gama de reportagens.

Nosso próximo passo é aprender a lidar com toda essa informação, de forma a organizá-la e analisá-la com rigor. É o que veremos no próximo capítulo.

Perguntas & respostas

A Lei de Acesso à Informação (LAI) é uma panaceia para os problemas da transparência pública no Brasil? Podemos considerar que ela resolve um problema histórico do setor público nacional?

Como analisamos neste capítulo, a criação de uma LAI já consiste em um grande avanço para o país. Entretanto, como tantas outras leis brasileiras, ela é posta em prática de forma bastante heterogênea pelos diversos entes que compõem o Estado. Há quem a cumpra à risca (a União e a Prefeitura de Curitiba são bons exemplos disso), mas há quem deixe a desejar. Agora que você está familiarizado com a LAI, esperamos que passe a utilizá-la em seu cotidiano, tornando-se um usuário dessa ferramenta, observando e percebendo a importância dela, bem como suas fraquezas.

Para saber mais

DIÁRIOS secretos. **Gazeta do Povo**. Vida Pública. Especiais. Disponível em: <http://www.gazetadopovo.com.br/vida-publica/especiais/diarios-secretos>. Acesso em: 22 jun. 2018.

Uma das maiores séries de reportagens investigativas da história recente do Brasil – realizada pelo jornal *Gazeta do Povo* e pela emissora de televisão Rede Paranaense de Comunicação (RPC-TV), no Paraná –, intitulada "Diários secretos", tratou de diários oficiais que não eram de fato publicados e continham decretos de contratação de servidores fantasmas na Assembleia Legislativa do Paraná, para desvio de dinheiro público. A apuração rendeu aos jornalistas que participaram da investigação alguns prêmios importantes, dentre eles o Prêmio ExxonMobil de Jornalismo (antigo Prêmio Esso), o mais importante da categoria no Brasil.

HUFF, D. **Como mentir com estatística**. Rio de Janeiro: Intrínseca, 2016.

A obra de Darrell Huff, escrita e ilustrada com muito bom humor, apresenta exemplos de como números, gráficos e dados podem ser manipulados ou simplesmente mal-entendidos se forem lidos com pouca atenção ou vistos como verdades divinas. A lição valiosíssima para qualquer jornalista, ensinada no livro, é desconfiar de tudo. Além disso, o texto mostra e explica conceitos estatísticos fundamentais para quem deseja se aventurar pelo jornalismo de dados, como *média*, *mediana* e *moda*. A leitura desse livro é indispensável.

Questões para revisão

1. De acordo com o Portal da Transparência do Governo Federal, quais foram os órgãos e os servidores que mais realizaram gastos com o cartão corporativo em 2015 e em 2016? (indique os cinco maiores)

2. Com base nas respostas da questão anterior, indique quais órgãos aumentaram e quais reduziram os gastos com o cartão corporativo, percentualmente.

3. Sobre a Lei de Acesso à Informação (LAI) brasileira, é **incorreto** afirmar:

    a) Qualquer cidadão, mesmo que estrangeiro, pode requisitar informações ao Poder Público.

    b) Ao fazer um pedido, é necessário indicar que uso será feito dos dados que serão entregues pelo Poder Público.

    c) Todos os órgãos públicos, sem exceção, estão obrigados a respeitar o que diz a LAI.

    d) Só é permitido haver cobrança pelas informações quando for necessário ao Poder Público fazer gastos com impressão ou produção de documentos.

    e) É preciso que o requerente indique dados pessoais como nome, endereço e CPF para fazer um pedido de informações.

4. É um objetivo da LAI brasileira:

    a) Desenvolver o controle social da Administração Pública.

    b) Divulgar informações de interesse público, desde que solicitadas via pedidos específicos.

    c) Manter o sigilo de dados como regra dentro das diversas instâncias do Poder Público.

d) Evitar que órgãos públicos tenham gastos desnecessários com a publicidade compulsória de suas informações.

e) Constranger servidores públicos, dando publicidade a seus salários em portais da internet.

5. **Não** é apontada como uma fraqueza da LAI brasileira:

a) A redação de decreto regulatório afirmando que não serão aceitos pedidos genéricos ou desproporcionais.

b) A ausência de mecanismo legal que puna, efetivamente, órgãos ou servidores públicos que não respondam aos pedidos de informações.

c) A desigualdade no cumprimento da lei entre União, estados e municípios.

d) A falta de clareza sobre qual é o impacto da lei em entidades privadas que utilizam dinheiro público.

e) A falta de mecanismos que permitam ao público requisitar dados a determinado órgão público.

Atividade aplicada: prática

Exercite seu apetite por informações públicas. Faça outras buscas no sistema do Governo Federal relacionadas à Polícia Federal. Busque fatos da Operação Lava Jato. Pesquise por dados sobre operações em seu estado e em sua cidade.

Capítulo
03

Organizando e trabalhando os dados

Conteúdos do capítulo:

- Rotinas de organização e de raspagem de dados.
- Técnicas de reportagem assistida por computador (RAC).
- Noções de estatística e planilhas eletrônicas.
- Exemplos de visualização de dados.

Após o estudo deste capítulo, você será capaz de:

1. organizar dados de maneira a elaborar reportagens longas;
2. extrair, com a ajuda do computador, informações de páginas na internet;
3. analisar planilhas eletrônicas, relacionando informações e números com temas de interesse público;
4. traduzir os dados achados em notícias e em visualizações (gráficos, mapas etc.) que completem o sentido de reportagens.

Neste capítulo, apresentaremos algumas técnicas básicas de raspagem, tabulação e apuração de dados de planilhas eletrônicas. Com as informações sintetizadas desses documentos, mostraremos como utilizar planilhas para gerar gráficos e mapas, por exemplo. Além disso, analisaremos outros bancos de informações, bem como contaremos um pouco do histórico relacionado à visualização de dados.

3.1
Organizando os dados

De nada adianta um jornalista saber onde encontrar informações, como identificar padrões ou reunir grandes quantidades de dados se não souber também lidar com esse conteúdo de forma adequada. Corre-se o risco de desperdiçar tempo de trabalho ou, pior, deixar passar uma grande reportagem em uma falha de procedimento banal – apesar de ter realizado uma apuração correta, em linhas gerais. Portanto, os detalhes são importantes. Por isso, a regra de ouro ao começar uma longa reportagem investigativa baseada em dados é a **organização**. Desde o início, é preciso manter o foco no que já foi obtido, onde os dados estão e o que falta conseguir antes de publicá-los.

Há um capítulo inteiro sobre isso na obra *A investigação a partir de histórias: um manual para jornalistas investigativos*, escrito para a Unesco por Mark Lee Hunter e outros autores (Hunter et al., 2013), que elaboraram um passo a passo para a organização de dados composto por sete etapas. Os autores aconselham começar o processo reunindo os documentos associados ao assunto: de uma planilha de dados a fotografias, de recortes de jornais antigos a entrevistas exclusivas, de relatórios oficiais a *links* da internet.

À medida que essas evidências forem recolhidas, deve-se fazer anotações nelas para demarcar exatamente o que interessa. Caso se trate de um relatório impresso, pode-se utilizar uma caneta marca-texto para ressaltar os trechos fundamentais. No caso de um cartão de visitas, é importante anotar o porquê de ele ser relevante para a investigação. Para não se perder em detalhes, uma dica é enumerar os itens e cadastrá-los em um arquivo, que pode ser digital. Nesse registro, além da descrição das evidências, deve-se anotar as ações que elas demandaram, como data e horário em que determinada entrevista por telefone foi realizada ou quando foram solicitados dados por *e-mail* a alguém. Essas informações serão úteis no momento de estruturar a notícia, checar alguma situação e estabelecer relações entre os itens. Como o *link* de uma empresa suspeita na internet, cujo *site* foi consultado em uma segunda-feira, mas que três dias depois estava fora do ar.

A forma de organizar esses elementos também é importante. Digamos, por exemplo, que a intenção do repórter seja formar uma linha do tempo. Conforme surjam espaços em branco, ele saberá de onde extrair os dados para completar a reportagem, graças a sua organização. Se estiver organizando os dados em ordem de importância, talvez determinado aspecto relevante do caso, cujas evidências não estão localizadas no topo de sua hierarquia, precise de mais esforço de apuração.

Existem duas partes nesse processo.

- A parte óbvia é que você está construindo uma base de dados – um arquivo ou biblioteca pesquisável e ordenada da sua documentação.
- De modo menos óbvio, à medida que você estrutura a sua base de dados, você está estruturando a sua própria história e construindo a sua confiança nela. (Hunter; Svith, 2013, p. 55)

É importante criar o hábito de revisar as anotações, tanto para questioná-las e encontrar falhas em sua apuração quanto para ter a certeza de que os dados e os documentos coletados foram corretamente arquivados. Caso um documento diga respeito também a outros arquivos da seleção, a sugestão de Hunter e Svith (2013) é que sejam feitas cópias do original, de forma que itens relacionados estejam próximos uns dos outros, ainda que duplicados. A intenção com essa ação é ampliar as chances de estabelecer relações entre as peças. Por fim, é aconselhável sempre ter cópias de segurança de todo o material.

Por que começar o trecho mais técnico deste livro com dicas de organização para jornalistas? A resposta é que, ao lidar com grandes quantidades de dados, não se pode derrapar no essencial. O problema é que nem sempre que um dado for solicitado ao Poder Público via Lei de Acesso à Informação (LAI) – Lei n. 12.527, de 18 de novembro de 2011 (Brasil, 2011), por exemplo, ele será recebido pronto para o uso jornalístico. Na maior parte das vezes, será preciso gastar bastante tempo analisando planilhas de dados, páginas de documentos ou anotações dispersas sobre acontecimentos que aparentemente estão conectados. No entanto, geralmente, é nas aparências (melhor dizendo, hipóteses) a serem confrontadas com os dados que residem boas histórias.

Por exemplo: e se alguém fosse inquirido sobre como reduzir as mortes dos soldados ingleses na Guerra da Crimeia? Como usaria o jornalismo de dados para salvar vidas? Ao fazermos essas perguntas, não estamos de brincadeira: um relatório da época dessa guerra, publicado na Europa em 1858, hoje é reconhecido como um dos primeiros exemplos de jornalismo de dados. Ele explicava aos políticos britânicos aquilo que Florence Nightingale havia compreendido após trabalhar como enfermeira em um hospital na Turquia, onde eram tratados soldados ingleses feridos nessa guerra (Data Journalism Handbook, 2018).

Usando conhecimentos de estatística, Nigthingale coletou dados do local e notou que a maior parte das mortes dos soldados era decorrente das péssimas condições sanitárias da instalação médica, e não em razão dos ferimentos de guerra. Essa era uma constatação que ia contra o senso comum da época. Além de ser pioneira na estatística e na profissionalização da enfermagem, Florence Nightingale inovou também na visualização da informação (Data Journalism Handbook, 2018).

Ela elaborou infográficos, que, dentro de seu relatório, foram enviados ao parlamento britânico para convencer os políticos sobre a situação das tropas. De cada quatro mortes no *front* de batalha, ela estimou que apenas uma era decorrente dos ferimentos. A seguir, um dos infográficos elaborados por ela, reproduzido na Figura 3.1, em que cada fatia representa um mês. Em azul, estão os mortos em decorrência das condições sanitárias; em vermelho, os óbitos derivados de feridas de batalha; em preto, os mortos por outras razões (Data Journalism Handbook, 2018).

Figura 3.1 – Diagrama sobre causas de mortalidade, de Florence Nightingale

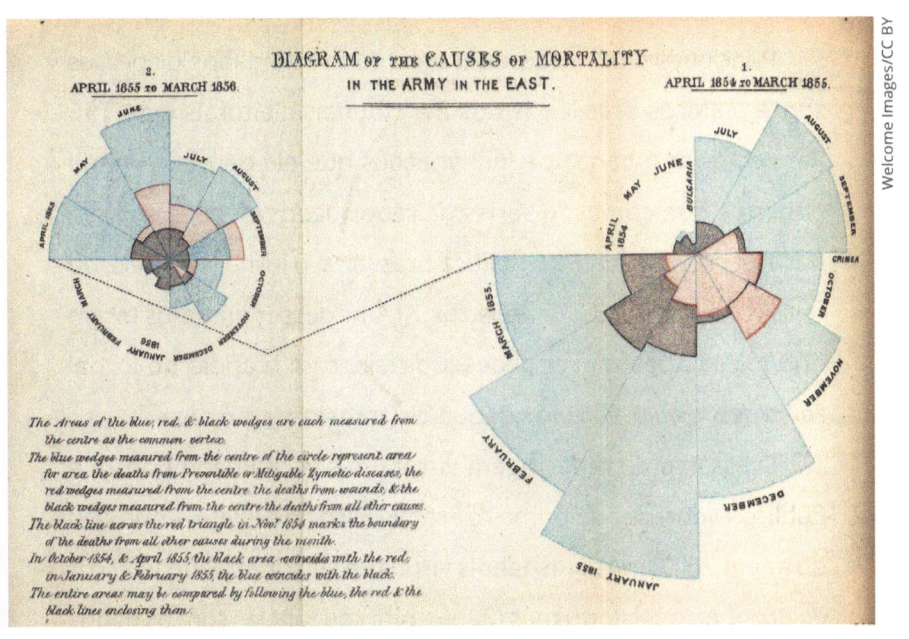

É verdade que o avanço da estatística na gestão pública, aliado à racionalização da burocracia e dos negócios, dificilmente colocará um repórter cara a cara com uma situação dessas, em que é preciso literalmente contar o número de mortos. Porém, é igualmente verdade que informações de interesse público continuam protegidas por autoridades.

No Brasil, um caso famoso foi o vivido pelo jornalista Fernando Rodrigues, um dos principais repórteres de política no país. Ele venceu dois Prêmios Esso (atual Prêmio ExxonMobil de Jornalismo), em 2002 e 2006, coletando informações sobre a renda de políticos antes de o Tribunal Superior Eleitoral (TSE) padronizar a divulgação dessas informações.

Rodrigues (2006) passou 5 anos reunindo dados dispersos sobre políticos brasileiros nos 27 tribunais eleitorais e no TSE. Para compor o banco de informações que ele depois tornaria público e que embasou séries de reportagens inéditas sobre o perfil econômico da elite política brasileira, o jornalista precisou revisar e organizar 3.570 registros. Alguns desses números foram obtidos só após mover ações judiciais, com o apoio do jornal *Folha de S. Paulo*, veículo em que ele trabalhava à época.

O esforço de reportagem virou um *site* chamado Controle Público – vencedor do primeiro Prêmio Esso do projeto –, que saiu do ar em 2003, mas que depois virou um livro intitulado *Políticos do Brasil*, no qual Rodrigues (2006) publicou tabelas com os dados socioeconômicos dos indivíduos pesquisados, e que em 2006 lhe rendeu a primeira colocação na categoria "Melhor Contribuição à Imprensa" do Prêmio Esso daquele ano.

Nesse livro, encontra-se a informação de que, no período analisado, "os políticos brasileiros conseguiram em quatro anos aumentar o patrimônio em 14,6 pontos percentuais acima da inflação" (Mendonça, 2006, citado por Rodrigues, 2006). Ainda, comparando dados da Receita Federal, o patrimônio médio declarado pelos políticos era de R$ 1,4 milhão, muito acima dos contribuintes, cujos bens relatados na Declaração de Imposto de Renda, em média, chegavam a R$ 123 mil (Rodrigues, 2006).

No livro de Rodrigues (2006), esses e outros dados estão pormenorizados, com toda a metodologia utilizada pelo autor descrita em detalhes. Para quem deseja se aventurar pelo jornalismo de dados, a leitura dessa obra vale como aula de organização e de tratamento cuidadoso das informações – além de dar acesso a 3.570 números de Cadastro de Pessoa Física (CPF) dos políticos que tiveram as declarações analisadas. Basta essa informação para checar se algum deles ainda tem problemas a resolver com a Receita Federal. Só em 2008, essas informações passaram a ser regularmente fornecidas pelo TSE, tornando a obra de Rodrigues uma importante peça de consulta para comparações entre os períodos.

3.2
Raspagem de dados

A partir deste ponto do texto, trataremos de um assunto complicado, para o qual nós estamos preparando você desde o início deste livro.

Cada vez mais, o mercado de trabalho do jornalismo espera de seus profissionais conhecimento em linguagens de computador. Dominar programação significa poupar horas de trabalho manual e, em um mundo cada vez mais conectado pela internet, estar à frente na apuração de uma história.

Com os conceitos do jornalismo de precisão em mente e familiarizados com o funcionamento dos principais bancos de dados públicos, levando em conta também a importância da organização pessoal no curso de uma investigação, passaremos, agora, a demonstrar como se buscam grandes reportagens baseadas em dados. Nesse sentido, o conteúdo que apresentaremos a seguir diz respeito a colocar a tecnologia para trabalhar a favor do jornalista. Assim, neste momento, é importante que você se conecte à internet por meio de um computador.

Na maior parte do tempo, os profissionais de jornalismo lidam ou com documentos que querem organizar, para buscar relações entre as informações, ou com dados já estruturados em planilhas eletrônicas, mas que precisam ser trabalhados até darem origem a uma notícia. Os dois procedimentos pressupõem um conhecimento básico desse tipo de *software*. O mais conhecido de todos é o Microsoft Excel, que vem no pacote de programas básicos do Windows. Outras duas opções em *software* livre são o Calc da plataforma LibreOffice e o Calc da OpenOffice. Nós sugerimos que você se habitue a usar uma outra opção: o Google Planilhas, que funciona também na nuvem (*cloud computing*).

A ideia por trás do *cloud computing* já era conhecida no meio desde o início da computação, quando foi cogitado dividir o processamento de dados entre dois ou mais terminais. Porém, ela só ganhou força nos anos 2000, quando a bolha das empresas de tecnologia da informação (TI) estourou, e a inovação passou a ser vista como tendência para os negócios da área.

Dessa forma, se é permitido alugar o processamento e a armazenagem de dados, para que pagar por supercomputadores? Usar determinados programas por um tempo limitado custará menos do que comprá-los, certo? Essas perguntas, voltadas para a racionalização de custos dentro das empresas, logo chegaram também aos usuários comuns. Para que armazenar músicas e fotografias em computadores físicos se, na nuvem, elas estão à disposição quando se precisa delas? Basta acessar um *site* e usar esses recursos dentro da internet, pois eles estão na nuvem – armazenados em algum grande *datacenter*, cujo endereço real é desconhecido.

Com certeza muitos já ouviram falar do Dropbox, um serviço de armazenamento e compartilhamento de arquivos na nuvem, que ainda oferece a possibilidade de sincronizá-los com o computador pessoal – uma cópia do material em uma unidade física à escolha do usuário. Trata-se, portanto, de uma custódia consentida, na qual quem cede a posse das informações busca determinadas vantagens. Além disso, falhas de segurança nas empresas que oferecem esse serviço podem comprometer clientes, o que torna a segurança dos dados um ponto crucial no desenvolvimento da tecnologia.

Então, é importante ressaltar que é necessário abrir uma conta nos serviços do Google (YouTube ou Gmail, por exemplo) para poder acessar o Google Planilhas[1]. Na página dessa plataforma (Google Planilhas, 2018) no canto inferior direito, basta clicar na bola vermelha com um sinal de *mais* (+) para abrir uma nova planilha de dados. Entretanto, pode ser que o *link* tenha sido direcionado para o Google Drive, em vez de cair na página com a planilha. Nesse caso, a opção é clicar no botão azul "Novo". O resultado, no fim das contas, será o mesmo em ambos os casos.

---

1   A página pode ser acessada no seguinte *link*: <https://docs.google.com/spreadsheets>. Acesso em: 17 maio 2018.

Figura 3.2 – Captura das telas iniciais do Google Planilhas e do Google Drive

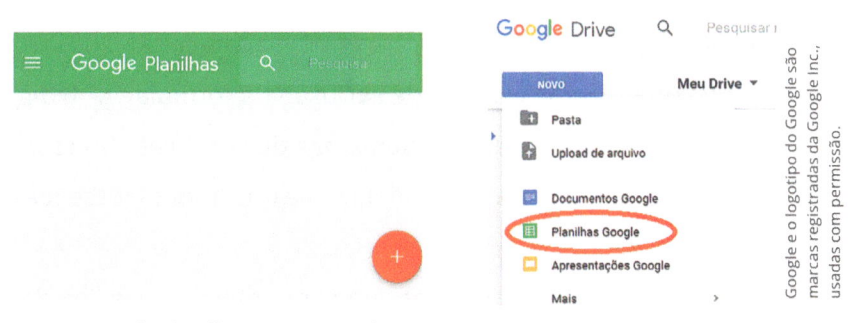

Google e o logotipo do Google são marcas registradas da Google Inc., usadas com permissão.

Fonte: Google Planilhas, 2018; Google Drive, 2018.

Ressaltamos a importância de os profissionais de jornalismo de dados se acostumarem a utilizar essas plataformas, pois trabalhar com elas garante que as tabelas elaboradas fiquem armazenadas *on-line*, isto é, poderão ser acessadas não somente de casa mas também de outros locais. No Google Drive, as informações ficam salvas na nuvem, com a possibilidade de compartilhá-las em tempo real com quaisquer pessoas – como uma equipe de jornalistas envolvida em uma reportagem, por exemplo. A lógica é a mesma nos outros aplicativos de edição de planilhas: há um documento organizado em colunas verticais, nomeadas pelas letras do alfabeto (A, B, C, D...) e linhas horizontais numeradas em ordem crescente (1, 2, 3...). O encontro de uma coluna com uma linha forma uma célula, que é identificada pela união das coordenadas, por exemplo: A1, C12, F347.

O conteúdo disposto dentro de cada célula está atado a essa identificação, possibilitando a criação de relações. Por exemplo: em A4 está o valor "R$ 100,00" e, em B4, aparece "R$ 200,00". Em qualquer outra célula, pode ser usada a fórmula "=A4+B4" para se obter o resultado da soma das duas células. No caso exposto na Figura 3.3, a seguir, definiu-se que a conta fosse realizada em C7.

Acima das colunas, há uma linha em branco, precedida da expressão "fx" – ali, sempre aparecerá a fórmula, caso haja alguma, correspondente à célula selecionada. É até mesmo possível marcar o retângulo com o *mouse* e escrever, na linha "fx" e a operação desejada.

Figura 3.3 – Exemplos de operações matemáticas usando o Google Planilhas

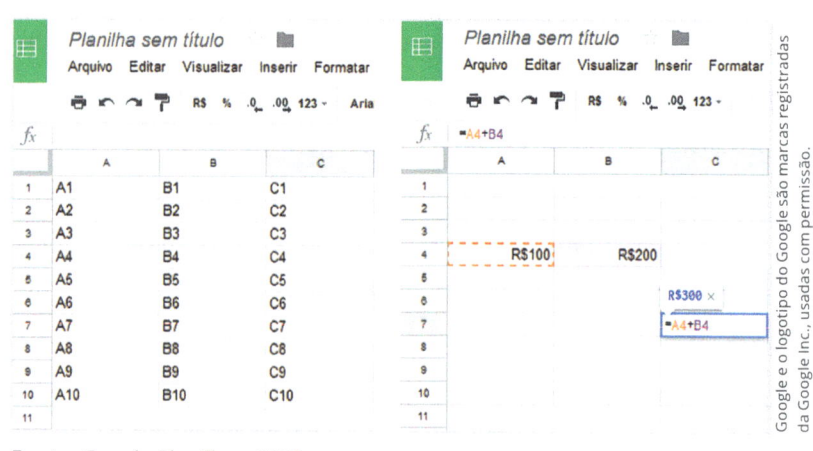

Fonte: Google Planilhas, 2018.

Por ora, isso é suficiente para realizar uma primeira raspagem de dados. A "mágica" que mostraremos agora faz parte dos cursos básicos oferecidos gratuitamente na internet pela Escola de Dados (2018). Esse projeto é um desdobramento das atividades da Open Knowledge Foundation (OKR), uma organização não governamental (ONG) internacional focada em capacitar cidadãos a obter e compartilhar informações. No Brasil, a OKR funciona desde 2013, sendo também conhecida pelo nome *Rede pelo Conhecimento Livre*.

Atividade aplicada: prática

Em uma aba de seu navegador, acesse a página em que a Empresa Brasileira de Infraestrutura Aeroportuária (Infraero) expõe a quantidade, por aeroportos, de voos com problemas no país (Brasil, 2018k). A tabela é atualizada várias vezes por dia, e muitas emissoras de rádio, por exemplo, usam-na para transmitir boletins sobre a situação dos aeroportos.

Agora, altere o nome da primeira planilha para "Atrasos por aeroporto – Infraero". Depois, na primeira célula, A1, insira a fórmula "=IMPORTHTML(url; consulta; índice)". Nesse momento, a própria planilha lhe dará dicas de como preencher corretamente a opção. No lugar de "url", coloque entre aspas o endereço do relatório da Infraero: <http://www.infraero.gov.br/portal/

index.php/us/situacao-dos-voos/por-aeroporto.html>. Depois, utilize a expressão *table* ("tabela", em inglês; *list*, para "listas", também funciona em alguns casos). Por fim, no índice, como só há uma tabela na página final, você deverá digitar o número 1. Se fossem quatro tabelas, mas só a terceira nos interessasse, o número a ser digitado seria 3.

Figura 3.4 – Uso do Google Planilhas para acompanhar andamento em tempo real de planilhas *on-line*[1]

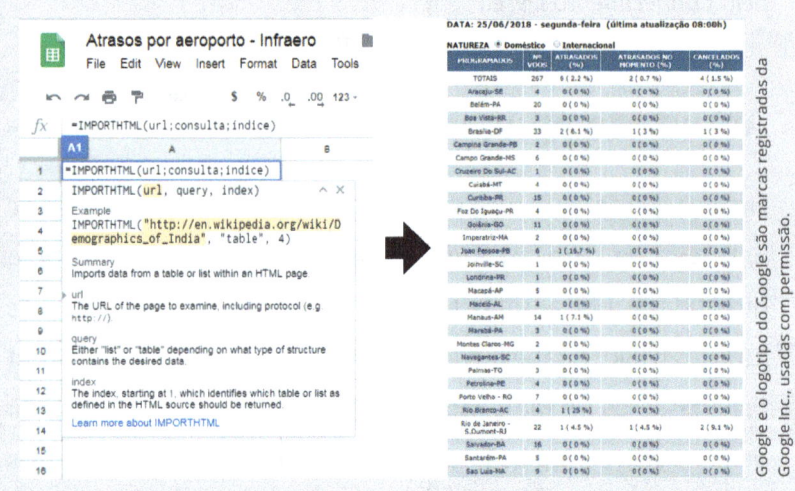

Fonte: Elaborado com base em Brasil, 2018k.
Nota: [1] Os dados da planilha modificam-se diariamente. As informações utilizadas datam de 25 jun. 2018.

Se você repetiu esse exercício em seu computador, conforme orientamos, deve estar, agora, com um sorriso no rosto. Parabéns! Anote esse dia em sua agenda, pois é provável que essa tenha sido sua primeira raspagem de dados – *data scrapping*, em inglês. É lógico que isso foi bastante simples, mas muitas pessoas usam o Google Planilhas para obter informações de redes sociais, mapear reportagens de *sites* jornalísticos ou acompanhar atualizações em páginas privadas. Em geral, usam para isso outras atribuições do comando "=IMPORT". Caso você tenha curiosidade em descobrir mais sobre a plataforma, existem muitos tutoriais sobre ela na internet, alguns com fórmulas complexas prontas para uso e outros que exigem noções de programação. A diferença é que, aos poucos, à medida que a dinâmica da raspagem for mais bem compreendida, ficará mais fácil trabalhar com esses procedimentos.

Outro tema relacionado à coleta de informações compreende os robôs que caçam dados na internet, os famosos *bots*, também chamados de *spiders* ou *data-crawlers*. Pois bem, acabamos de mostrar a construção de um *bot*: toda vez que a planilha sobre os voos com problemas no Brasil for atualizada, a fórmula será acionada, e os dados da Infraero serão substituídos pelos mais recentes. Há diversas formas de realizar esse processo, inclusive integrando à planilha ferramentas de visualização de dados, para gerar mapas inteligentes. Contudo, um livro não é o suporte correto para ensinar passo a passo essas ferramentas. Por isso, além de indicar fontes *on-line* para aperfeiçoar as técnicas, também mostraremos o básico necessário para que você navegue por esse novo oceano de conhecimentos.

A lógica que faz os *bots* funcionarem é bastante semelhante. Por conta disso, acompanharemos essa lógica empregada em um dos muitos aplicativos disponíveis, o Web Scraper (2018), a fim de obter as noções necessárias para, no futuro, desenvolver atividades mais avançadas. Sugerimos que, assim que souber programar em Python, por exemplo, você acesse o Scrapy (2018) e construa seu robô do jeito que quiser. Enquanto isso não acontece, opte pelo Google Chrome como navegador (em inglês, *browser*) para utilizar a internet e, na loja de complementos, localize o Web Scraper.

Se encontrar dificuldades, basta utilizar o buscador, procurando pelo nome do aplicativo, para ser direcionado ao seu *link*. Uma vez na página, selecione o botão azul no canto esquerdo da tela e siga as instruções. Existem várias opções ao Web Scraper, como mostra a Figura 3.5. O funcionamento delas é parecido.

Figura 3.5 – Captura da tela da loja do Google para *download* do Web Scraper

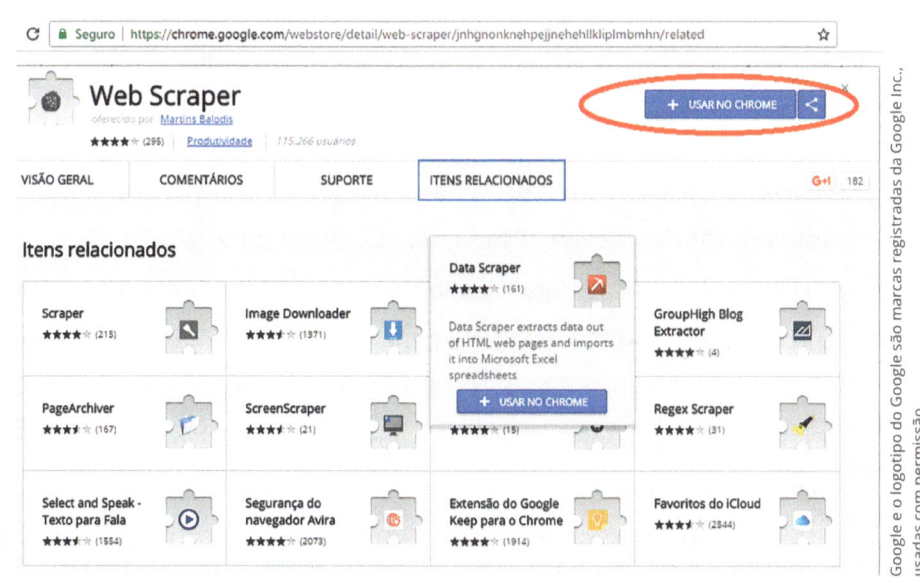

Fonte: Chrome Web Store, 2018.

Quando a instalação for concluída, um símbolo cinza, semelhante a uma teia de aranha, aparecerá no canto direito superior de seu navegador.

Aproveitando um tipo diferente de banco de dados, por meio de um exemplo bastante simples, mostraremos como utilizar o Web Scraper para fazer parecido com o comando "=IMPORT". A intenção é familiarizar quem estuda o assunto com a ferramenta, de forma que o estudante aprofunde o uso dessa aplicação depois, com os tutoriais disponíveis na internet.

Atividade aplicada: prática

Acesse o *site* do Ministério Público do Paraná (MP-PR) (Paraná, 2018c). Na lateral direita da página, acesse o *banner* com a inscrição "Transparência Ministério Público". Você será direcionado à página da Transparência do MP-PR (Paraná, 2018d). No menu à esquerda, opte por "Atividade Fim". Feito isso, aparecerá uma relação, da qual a escolha que nos interessa se chama "Inquéritos civis e seus andamentos no MP". Aqui vale a pena fazer um parêntese, pois se você será jornalista precisa estar acostumado a esses termos.

Nos estados e na União, vinculados aos Poderes Executivos, mas com autonomia financeira e de ação, há os Ministérios Públicos. Existe o Federal, os Estaduais, o do Trabalho, o Eleitoral, os MPs de Contas etc. Mas não se preocupe em decorar isso, o importante é entender que todos funcionam de forma mais ou menos igual: fiscalizam o Poder Público e podem, já que são pagos com dinheiro dos contribuintes para exercer esse controle externo, ajuizar ações contra quem descumpre a lei. É o Ministério Público o principal responsável pelas ações judiciais que culminam na prisão de políticos no Brasil. A Operação Lava Jato, da qual já se falou neste livro, é um desses exemplos.

Essas investigações são basicamente de dois tipos: (1) os procedimentos preparatórios, que são apurações iniciais, calcadas em suspeitas leves, e (2) os inquéritos civis, que ganham esse nome quando os *promotores de Justiça* – como são chamados os membros do Ministério Público – consideram ter encontrado indícios fortes de irregularidade. Geralmente os MPs não fazem estardalhaço na abertura de inquéritos, mas acompanhá-los é uma boa fonte de pautas para o jornalista.

Figura 3.6 – Captura das telas do Portal da Transparência do MP-PR

(continua)

(Figura 3.6 – conclusão)

Fonte: Paraná, 2018c; 2018d.

Fechado o parêntese, você deve estar assustado com a tela que surgiu depois do clique (Figura 3.7). Ela é um sistema informatizado para acessar os inquéritos já abertos pelo MP do Paraná, nas mais diversas áreas de atuação. O sistema ainda passa por melhorias, mas boa parte das investigações surgidas depois de 2015 estão disponíveis para consulta. Você pode obter dados da área ambiental, da saúde, dos direitos do consumidor, entre outros. Cada *área jurídica tutelada*, como a instituição as denomina, é uma especialidade diferente.

Hoje o objetivo é identificar as investigações envolvendo políticos e funcionários públicos que estão na área tutelada "Patrimônio Público". Existem promotores especializados em crimes cometidos contra o erário, que estão distribuídos por todo o Paraná, cada um cuidando de um conjunto específico de órgãos públicos. Para esse exercício, vamos procurar só os casos mais "espinhosos". Então, além de selecionar "Patrimônio Público", marque "Curitiba" na opção "Comarca" (que é outra forma de chamar divisões regionais; o estado está separado em comarcas, geralmente nominadas pelo município mais importante do território em questão) e marque "5ª Promotoria de Justiça e de Proteção ao Patrimônio Público do Foro Central da Comarca da Região Metropolitana de Curitiba" no campo "Promotoria".

Figura 3.7 – Consulta de inquéritos civis no Portal da Transparência do MP-PR

Fonte: Paraná, 2018e.

É que as investigações sobre os governos estaduais estão sempre na comarca da capital, por isso a opção foi Curitiba. Como o objetivo é saber o que já se investigou da Administração, selecionamos "Patrimônio Público". E é na 5ª Promotoria que estão os inquéritos sobre o núcleo do poder: governador, vice, Chefia de Gabinete e Casa Civil[2]. Explicado? Então, aperte "Pesquisar"! O resultado é uma relação de mais ou menos 40 itens, dividida em duas páginas. Com certeza aqui você encontra pelo menos uma pauta que renderia manchete.

Se quiser lidar com esses dados, é possível copiar e colar diretamente, sem precisar do Web Scraper. São só duas páginas, certo? Mas caso o levantamento consistisse em uma relação maior? Experimente repetir a busca deixando em branco o campo "Promotoria". Quer dizer, quais os inquéritos de todos os órgãos públicos sediados em Curitiba, ou seja, da prefeitura às empresas estatais, da Casa Civil à Secretaria de Estado da Cultura. A resposta vai ter em torno de 739 inquéritos, distribuídos em 37 páginas. Você perderia umas duas horas de "copiar e colar" se você fazer isso sem ajuda.

É possível "raspar" essas informações em segundos com o Web Scraper. Mas explicar isso em um livro não é adequado, pois a melhor forma de se apropriar desse conhecimento é ver

- - - - -

2   Consulte aqui a distribuição das atribuições dos promotores: <http://www.mppr.mp.br/modules/consultas_externas/index.php?cod=2>.

a "mágica" acontecendo. O aplicativo Web Scraper, em um *site* próprio, disponibiliza tutoriais para mostrar como usar a ferramenta.³ Antes de deixar você enfrentar esse desafio, queremos ajudar com o básico.

Vamos voltar à página de "Consulta de Inquéritos Civis" do MP-PR na internet (Paraná, 2018e). Com o botão direito do *mouse*, clique no *site*, e, das opções que serão mostradas, selecione "Inspecionar". Ao lado, surgirá uma ferramenta do Google Chrome que permite visualizar a forma como a informação foi estruturada (Figura 3.8). Ela é interativa e, durante o aprendizado de programação, será bastante útil analisar como os elementos dessa arquitetura se relacionam.

No momento, entretanto, a intenção é iniciar o Web Scraper. No alto da nova seção, onde ficam os itens de um menu cinza claro, há duas setas, que indicam haver mais opções para serem mostradas. Clique ali e depois no nome do aplicativo, conforme indica a Figura 3.8. Em um primeiro momento, os códigos que estavam ali antes desaparecem para dar lugar ao ambiente de trabalho do Web Scraper. Talvez as opções "Sitemaps" (lista dos *bots* já criados), "Sitemap" (local para edição dos *bots*) e "Creat a new sitemap" não apareçam, pois isso dependerá das configurações

-----

3   Acesse <http://webscraper.io/tutorials>. Mesmo que você não domine a língua inglesa, preste atenção em como as operações se desenrolam no computador mostrado.

do monitor em uso. Nesse caso, basta arrastar a linha divisória entre as telas para a esquerda, até que surjam essas opções. Ou mudar o modo de exibição, de forma a dividir horizontalmente a tela.

Figura 3.8 – Como raspar páginas sequenciais com o Web Scraper

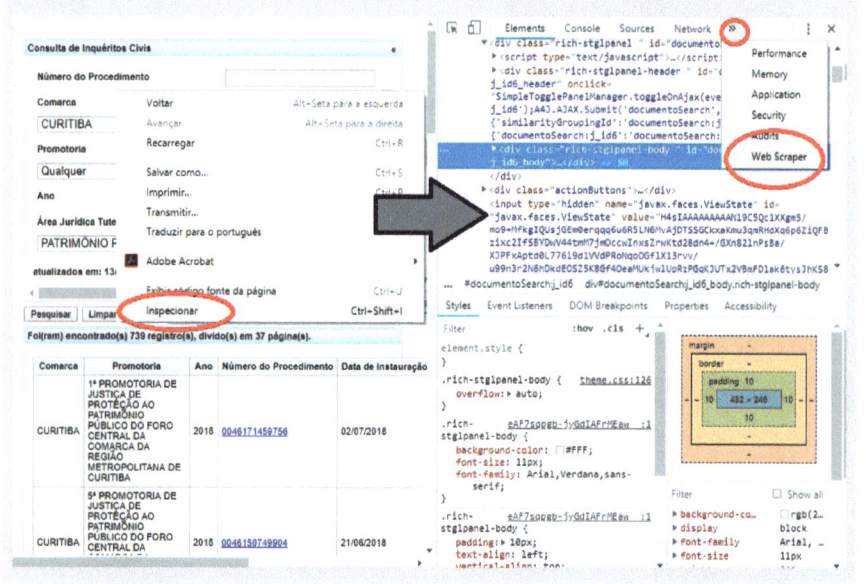

Fonte: Elaborado com base em Paraná, 2018f.[1]
Nota [1]: A captura de tela mostra a página do Portal da Transparência do MP-PR (Paraná, 2018f) com intervenções realizadas por meio do aplicativo Web Scraper.

Clicando no último campo, "Creat a new sitemap", a nova tela pede duas informações: (1) como chamaremos o *bot*, que raspará os dados do Portal da Transparência ("Sitemap name"), que no exemplo ficou sendo "inqueritospatrimonio"; e (2) o *link* da página que terá as informações a serem recolhidas.

Nesse momento, há um detalhe importante que é o que torna esse exemplo simples. Se fosse um *site* antigo, poderíamos resolver já o problema de os dados estarem divididos em várias páginas. Em geral, a internet da década passada incluía essa informação no final do *link*, então bastaria alterar o número estático pela expressão equivalente. Por exemplo, "Pagina=1" vira "Pagina=[1-100]". O número é substituído pela página inicial e final, ligados por hífen, entre colchetes.

Vários *sites* de vendas na internet ainda funcionam assim, mas, no setor público, essa arquitetura da informação está em desuso. É o caso do MP, pois observem que não há um atributo "Pagina=1" no final do *link*, mas diversos números no interior do *link*. Se bem observado, nota-se que dentro do *link* é o atributo "Result" que varia, indo de 20 para 40.

Quer dizer que ele está exibindo 20 inquéritos por página, então, esse número identifica o primeiro a ser exibido quando você avança para a tabela da próxima página. Nesse caso, não basta colocar "Result=1-739" em uma referência ao número total de inquéritos, que é sabido de antemão, para o Web Scraper entender o que ele precisa fazer. É preciso criar uma árvore de comandos para que ele reconheça o botão "Próxima página" e, sucessivamente, raspe as tabelas. Pelo tutorial em vídeo, fica fácil. Por escrito, não.

O que podemos fazer é raspar essa primeira página, de forma que avançar nos estudos (ou se deparar com uma tabela maior, em outro banco de dados que esteja investigando) seja uma tarefa menos assustadora.

De volta ao computador, no ponto em que paramos, basta clicar em "Create sitemap" e, na página seguinte, em "Add new selector", conforme a Figura 3.9.

Figura 3.9 – Raspagem da tabela com os inquéritos

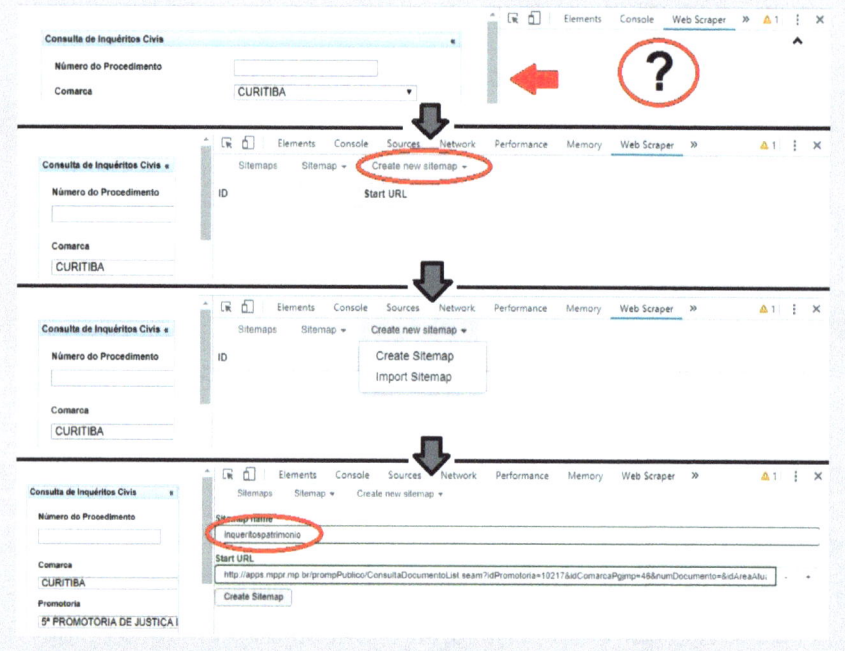

Fonte: Elaborado com base em Paraná, 2018f. [1]
Nota [1]: A captura de tela mostra a página do Portal da Transparência do MP-PR (Paraná, 2018f) com intervenções realizadas por meio do aplicativo Web Scraper.

Novamente, quem tiver noções de programação tirará mais proveito da ferramenta, uma vez que, dos campos que precisam ser preenchidos, é o "Type", com 11 opções, que determinará as exigências do *bot*.

Nesse caso, marque "Table", pois o que deve ser raspado é a tabela com os inquéritos. Logo acima, em "Id", basta nomear o conjunto de regras que estão sendo decididas – usamos "inqueritos", mas aqui é uma questão de organização pessoal.

Sobram os campos "Selector", "Header row selector" e "Data rows selector", todos eles com os botões "Select" e "Element preview" logo abaixo. O procedimento a seguir é um pouco intuitivo, pois, com o *mouse* você marcará áreas no *site* à esquerda, e essas escolhas indicarão informações para o Web Scraper à direita.

No primeiro campo, clique em "Select" e depois na tabela do *site* que desejamos raspar. Ela ficará vermelha, pois a prévia do elemento ("Element preview") fica acionada por padrão. Caso isso não ocorra, basta marcar, pois é fundamental ver o item selecionado para ter certeza das ordens que estão sendo programas.

Já na parte inferior do *site*, aparecerá um botão azul: "Done selecting!". Ele deve ser pressionado para concluir a rotina de programação. Depois, novamente clicando no botão "Select", você selecionará a linha do cabeçalho na tabela original, a "Header row selector", que ficará vermelha, liberando a confirmação no botão azul, "Done selecting!".

Por último, no terceiro campo, "Data rows selector", clicando em "Select", você marcará todas as linhas da tabela e concluirá a operação da mesma maneira que nas duas operações anteriores.

Clique no quadrado cinza "Multiple". Confira, em seu computador, se as especificações batem com as da Figura 3.10, a seguir.

Figura 3.10 – Especificações da raspagem da tabela com os inquéritos

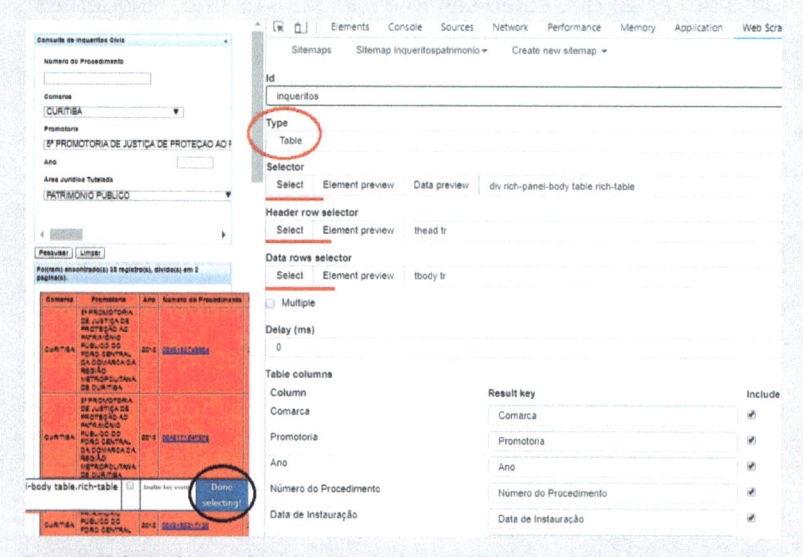

Fonte: Elaborado com base em Paraná, 2018f.[1]
Nota [1]: A captura de tela mostra a página do Portal da Transparência do MP-PR (Paraná, 2018f) com intervenções realizadas por meio do aplicativo Web Scraper.

No início, é natural estranhar o modo de organização do Web Scraper e até cometer alguns erros, pois se trata de um aprendizado, afinal. Na dúvida, como já ressaltamos, é possível consultar fóruns *on-line* ou pedir ajuda a grupos locais de programação, se você estiver em uma cidade na qual existam coletivos dessa natureza.

Assim que os comandos iniciais estiverem ajustados, surgirá uma área nova na parte direita inferior, chamada "Table columns". Observe se os nomes das colunas na tabela original são os mesmos dos indicados ali. Se ainda estiver inseguro, o botão "Data preview", no campo "Selector", vai permitir visualizar a informação antes de confirmar o *bot*. Para a confirmação, que se refere à etapa seguinte, basta rolar a parte da direita até o fim e clicar em "Save selector". Caso algo falhe, é possível acessar essas configurações e alterá-las, no menu superior, em "Sitemap".

Depois de salvar a programação do *bot*, a tela que aparecerá na sequência é simples e apresenta uma tabela de linha única na qual constam os dados técnicos do *bot* que acabou de ser construído. A etapa seguinte é testá-lo. Então, na opção "Sitemap inquéritos" (pois o nome é atualizado), abra o menu e escolha a opção "Scrape". Uma tela de transição surgirá, mas basta clicar em "Start scraping" e esperar a raspagem ser concluída (Figura 3.11).

Figura 3.11 – Conclusão da raspagem da tabela com os inquéritos

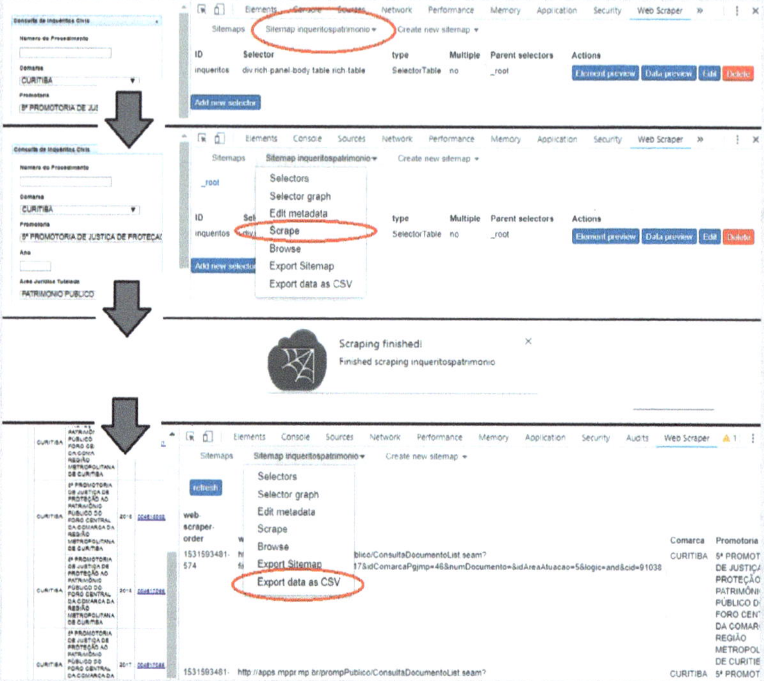

Fonte: Elaborado com base em Paraná, 2018f.[1]
Nota [1]: A captura de tela mostra a página do Portal da Transparência do MP-PR (Paraná, 2018f) com intervenções realizadas por meio do aplicativo Web Scraper.

Repare que uma janela adicional será aberta e ficará "piscando", demonstrando que os dados estão sendo raspados. Ao final desse processo, que deve durar dois segundos, será possível exportar para um arquivo de planilha eletrônica os dados dos inquéritos. Mais adiante, no desenrolar deste livro, você perceberá que é possível, utilizando uma tabela dinâmica, fazer cruzamentos de dados entre os inquéritos. Isso era o que tinha de mais difícil nos exemplos práticos deste livro, ainda que seja só uma amostra do que a programação pode fazer. Daqui para frente, fica mais fácil.

∴ Noções de programação

Agora, leitor, perguntamos: Quantos idiomas você fala? (Além do português, é claro.)

A comparação todos fazem quando se deparam com o mundo da programação é que às vezes ele se parece com uma Torre de Babel, em que o profissional de cada área defende uma forma específica de resolver um problema ou encarar um desafio, em detrimento de outras.

Em geral, a linguagem que prevalece entre os jornalistas-programadores é a Python, pelo uso potencial que apresenta na raspagem de dados. Contudo, também é recomendável desenvolver noções de HTML e CSS[4], que são o "alfabeto" das páginas de internet. E por que não saber Ruby, R ou Swift? Um entrave talvez seja o fato de que a maior parte das ferramentas está hospedada em *sites* de outros países, escritos (agora, sim!) em uma língua estrangeira, o inglês.

Se a programação for um problema para você, será preciso aguardar por cursos específicos de programação da Associação

• • • • •

4   Hyper text markup language (HTML) e *cascading style sheets* (CSS).

Brasileira de Jornalismo Investigativo (Abraji, 2018) ou do Knight Center for Journalism in the Americas (2018). Essas instituições realizam cursos periodicamente, para ensinar o básico de raspagem de dados, incluindo classes sobre visualização, apuração em bancos de dados ou uso da LAI.

Também já falamos sobre a Escola de Dados[5] (2018), que dispõe de listas de discussão nas quais você pode se cadastrar para tirar suas dúvidas conforme as dificuldades surjam.

Para quem tem domínio da língua inglesa, sugerimos que confira a relação de aulas da School of Data[6], que inspira a iniciativa brasileira. Buscar ajuda em fóruns de desenvolvedores também é uma boa alternativa. Na capital do Paraná, a equipe do Code for Curitiba (2018) pode ajudar, seja solucionando dúvidas, seja indicando instrutores.

Há ainda outras opções na internet, entre as quais destacamos:

- **Codecademy**[7] (2018) – As lições básicas sobre a maioria das linguagens de programação são oferecidas gratuitamente, mas há uma taxa de US$ 20 para as aulas avançadas. Sugerimos que você se arrisque a aprender HTML dentro do básico, de graça, para se familiarizar com as expressões

---

5 A página pode ser acessada no seguinte *link*: <https://escoladedados.org>. Acesso em: 25 jun. 2018.
6 A página pode ser acessada no seguinte *link*: <https://schoolofdata.org>. Acesso em: 25 jun. 2018.
7 A página pode ser acessada no seguinte *link*: <https://www.codecademy.com>. Acesso em: 25 jun. 2018.

dessa linguagem. Também é possível tomar lições iniciais, gratuitamente, no site Code Avengers (2018).

- **HTML Dog**[8] (2018) – Se você não se importa com a aparência de seu professor, essa página pode lhe ensinar o básico de HTML, embora, logicamente, sem os recursos pedagógicos das outras ferramentas pagas. Não é um curso para jornalistas, logo, está estruturado para ensinar a como construir um site. Essa informação não é supérflua, pois raspar dados depende desse conhecimento, em alguns casos. Logo, as páginas Tuts Plus (2018) e W3Resource (2018) podem ajudar.
- **Lrn**[9] (2018) e aplicativo Time to Code – Sim, é possível aprender programação enquanto se utiliza o celular. Uma opção é o Lrn, que fornece módulos de várias linguagens e só passa a cobrar nas lições mais avançadas. Outra opção é o Time To Code. Ambos já funcionam em celulares iOS, da Apple, mas uma versão para Android do Lrn está em desenvolvimento.
- **Learn Python**[10] (2018) – Com algumas noções básicas de programação, aprendidas nas aulas de HTML, será mais fácil percorrer os exercícios relacionados à linguagem Python.

---

8   A página pode ser acessada no seguinte link: <http://htmldog.com>. Acesso em: 25 jun. 2018.
9   A página pode ser acessada no seguinte link: <http://www.lrnapp.com>. Acesso em: 25 jun. 2018.
10 A página pode ser acessada no seguinte link: <http://www.learnpython.org>. Acesso em: 25 jun. 2018.

Porém, é preciso que você não se engane achando que pode dar conta do aprendizado sozinho, ou que bastam 15 minutos para aprender programação, conforme promete a página Try Ruby (2018), para dominar a linguagem Ruby. Provavelmente, o treinamento tomará meses de dedicação. Uma outra opção é Data Science Academy (2018), com cursos básicos gratuitos, mas que são ofertados sem periodicidade definida.

3.3 Abrindo arquivos em formato PDF

O que fazer quando um *site* que detém os dados necessários para uma pesquisa ou reportagem não apresenta uma tabela em HTML ou um padrão de informações coletáveis?

Alguns órgãos públicos oferecem relatórios e outros documentos para *download*. Porém, no melhor dos cenários, as informações estarão em formato de planilha (CSV, ODS, XLS ou XLSX)[11], e, nesse caso, qualquer uma das opções de planilhas eletrônicas que mostramos servirá para analisar os materiais.

• • • • •

11 Se o CSV (*Comma Separated Values*) é uma linguagem universal para *softwares* de planilhas de dados, esses outros formatos são variações elaboradas por programas de computador específicos. O ODS (*OpenDocument Spreadsheet*) foi desenvolvido por um grupo partidário do "*software* livre" – elaborado sem fins comerciais –, enquanto o XLS e o XLSX são as versões "proprietárias", utilizadas pela Microsoft. O importante é saber que, desde que não se usem recursos muito avançados, qualquer *software* planilha eletrônica recente conseguirá lidar com qualquer um desses formatos de arquivo.

O problema, contudo, é que é muito comum o uso de arquivos em PDF.

O formato PDF (sigla em inglês para *portable document format*, "formato de documento portável") se tornou o terror contemporâneo de jornalistas que precisam cruzar informações. Quando foi inventado, na década de 1990, a ideia dos desenvolvedores desse formato era criar um padrão que pudesse ser gerado e lido por qualquer computador, independentemente do *software* que o tivesse gerado. O que era para ser um alívio na comunicação interpessoal virou um problema para o jornalismo resolver, assim como para os programadores. Dessa forma, abriu-se a visualização do conteúdo, mas, para isso, a solução encontrada foi o fechamento do código que estrutura a informação.

Digamos que uma fonte passou para o repórter um relatório com dados de empresas que devem impostos ao governo estadual, mas a informação está em um arquivo PDF com 30 páginas, das quais 18 apresentam uma tabela corrida com CNPJs, valores e prazos vencidos. Nenhum dos *bots* analisados até este ponto do texto seria capaz de raspar essa informação, uma vez que a forma como ela foi estruturada é camuflada pela codificação do arquivo. Em certos casos, com arquivos menores em PDF, até é possível selecionar o trecho desejado, copiá-lo e, depois, colar os dados direto em uma planilha eletrônica. Porém, em outros, quem gerou o arquivo pode ter transformado em imagem o conteúdo do documento, o que torna inútil a opção anterior.

Recentemente, surgiram vários serviços na internet que permitem enviar um documento em PDF e selecionar o formato para o qual as informações serão convertidas. Largamente usado em redações, o Zamzar (2018) é um deles. Na porção intermediária do *site*, na aba "Convert Files", há o botão "Choose Files...", em que é possível fazer o *upload* do arquivo que se deseja converter. Em seguida, escolhe-se o formato desejado para a conversão e, na sequência, deve-se fornecer um *e-mail* para receber o arquivo. Quando o procedimento for completado, o produto final será enviado. É um processo bastante simples, mas limitado, na opção gratuita, a arquivos com no máximo 50 *megabytes*. Para arquivos maiores, há planos mensais, que, no início de 2017 custavam de US$ 9 a US$ 49.

Para não correr o risco de enviar ao Zamzar (ou a serviços semelhantes, fáceis de encontrar em uma busca no Google) um arquivo em PDF com páginas desnecessárias, é preciso utilizar um programa para retirar o trecho indesejado, a fim de que o arquivo não extrapole a cota máxima de páginas para o serviço gratuito. Um deles, o PDF Split and Merge (PDFSAM, 2018), é gratuito no modelo básico. Contudo, existem vários outros serviços na internet que fazem gratuitamente essa exclusão, dentro de uma quantidade de páginas predeterminada. Localizá-los é uma tarefa simples. Afinal de contas, saber como buscar itens de interesse na internet é outra qualidade desejada dos novos jornalistas.

Para não ficar entregue ao acaso, contudo, uma opção segura é utilizar o Tabula (2018). Inventado por uma grande comunidade de desenvolvedores e adotado por grandes jornais internacionais, ele é fácil de instalar, mas pode confundir o usuário nos primeiros acessos, pois não se trata, exatamente, de um programa tradicional. Para utilizá-lo, basta fazer o *download* do *software* e, quando for utilizá-lo, mantê-lo na mesma pasta em que estão os arquivos em PDF com os quais pretende trabalhar, pois, como dizem os desenvolvedores, ele "rodará" dentro do navegador de internet.

Atividade aplicada: prática

Por hábito, a pasta com os arquivos do Tabula fica na área de trabalho. Então, quando for necessário utilizar a ferramenta, basta acessar os arquivos e dar um duplo clique na página verde (logotipo do programa), identificada como aplicativo. Antes de o Tabula ser inicializado dentro do navegador, será aberto um *prompt* de comando – uma tela preta na qual as rotinas do *software* são executadas.

Você não precisa interagir com o programa. Basta mantê-lo minimizado até o término do trabalho. Na aba que terá aberto em seu navegador, localize a opção "Browse", escolha o arquivo e acione o comando "Import" em um botão cinza. Assim que o sistema se apropriar do PDF, ele abrirá uma nova tela, com miniaturas das páginas à esquerda, e a visualização do trecho em destaque na parte principal.

Figura 3.12 – Passo a passo para importar arquivos em PDF com o Tabula

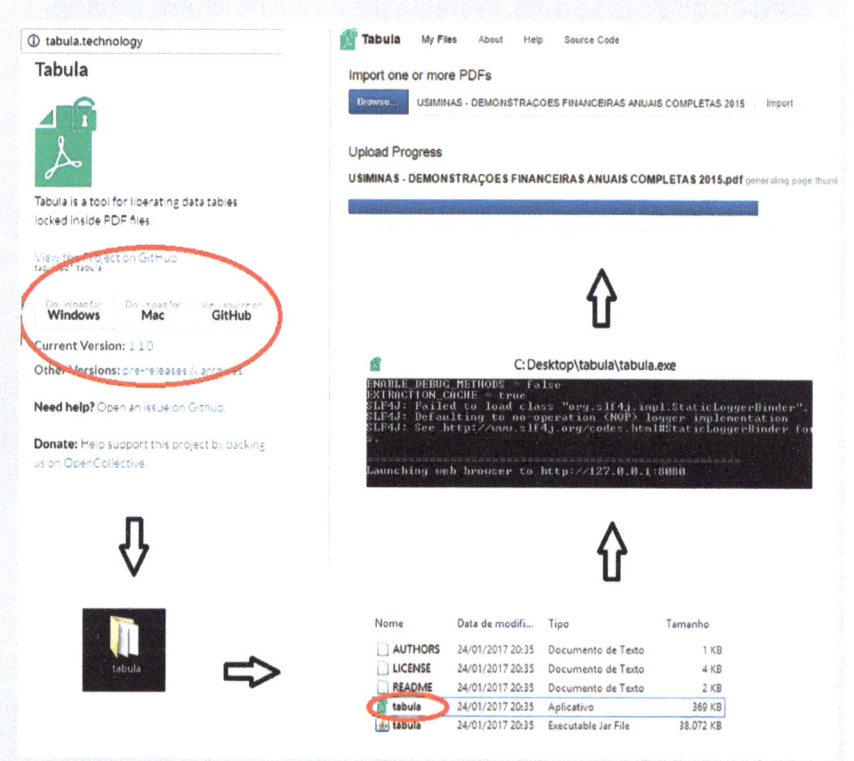

Nesse momento, utilize o *mouse* para selecionar a tabela que deseja raspar do documento em PDF e converter em arquivo de planilha eletrônica. No caso de serem várias páginas, basta repetir o procedimento. A área ficará com outra cor, demarcada por uma linha tracejada em vermelho. Feito isso, será preciso acionar o comando "Preview & Export Extract Data", no botão verde localizado no canto superior direito do painel. A tela que surgirá trará os dados em formato de tabela, para conferência. No menu à esquerda, é possível mudar a padronização, com o intuito de corrigir eventuais falhas, embora o processo seja bastante intuitivo.

Caso ocorra um erro na raspagem, a prática mostrará que repetir a seleção, incluindo ou excluindo linhas que separam colunas, por exemplo, contribui para uma melhor organização dos dados. Se estiver tudo em ordem, na parte superior, selecione o tipo de arquivo de planilha eletrônica que lhe interessa e solicite ao programa que exporte os dados.

Figura 3.13 – Tabula: programa para extração de tabelas em PDF

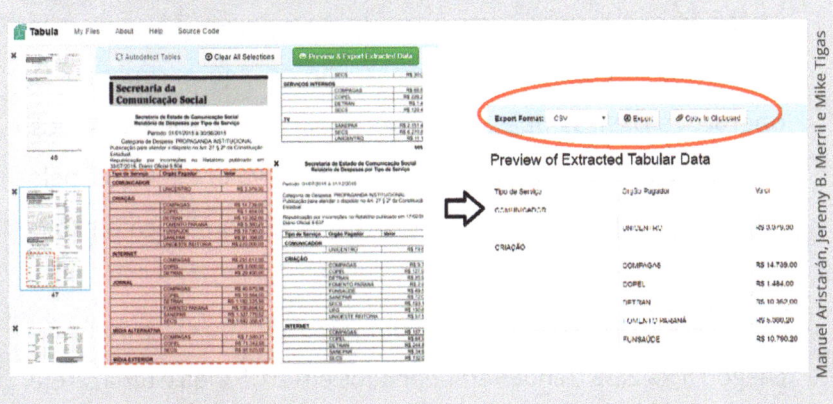

É possível usar o Tabula para raspar textos, ainda que, na sequência, seja necessário levar os dados extraídos para o bloco de notas, para eliminar a divisão em linhas e em colunas decorrentes do processo de extração. Em geral, nos casos em

que não se deseja raspar dados estruturados em tabelas, a seleção simples feita diretamente no PDF, copiada e depois colada no bloco de notas, já deve solucionar a necessidade. A menos que, como fazem alguns órgãos públicos, o arquivo PDF seja uma justaposição de imagens, como fotografias. Nesse caso, a tecnologia necessária é chamada de OCR (sigla em inglês para de *optical character recognition*, "reconhecimento ótico de caracteres"), e pode ser encontrada na internet, ainda que com muitos defeitos, em serviços com feições semelhantes às do Zamzar.

3.4
Análise de dados

Após demonstrarmos como proceder à raspagem e à conversão de dados em planilhas eletrônicas, vamos, agora, repassar as operações básicas que podem ser realizadas para analisá-los. Para esse exercício, foram selecionados os valores gastos, pelo governo brasileiro nos anos de 2014 e 2015, com cinco funções orçamentárias.

A gestão do orçamento de um país, que, no caso do Brasil, chegou a R$ 2,38 trilhões empenhados em 2015, não é uma tarefa simples. Para organizar as despesas, esse montante é fatiado em parcelas menores, chamadas *funções orçamentárias*. Ao todo, são 29 subdivisões monitoradas pelo Ministério do Planejamento, Desenvolvimento e Gestão, que regularmente fornece relatórios com essas informações (Brasil, 2018v). Em nosso exemplo, selecionamos despesas com "Segurança Pública", "Educação", "Saúde", "Cultura" e "Assistência Social", conforme visualizado na Figura 3.14, a seguir.

Figura 3.14 – Tabela com gastos do Governo Federal por função orçamentária em 2014 e 2015

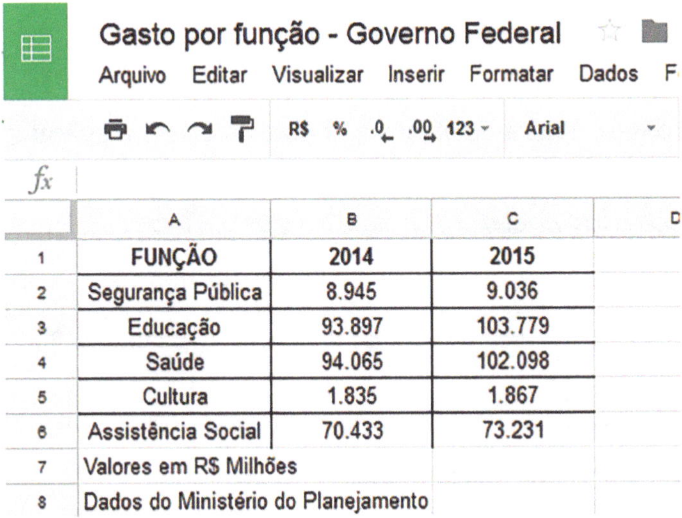

	A	B	C
1	FUNÇÃO	2014	2015
2	Segurança Pública	8.945	9.036
3	Educação	93.897	103.779
4	Saúde	94.065	102.098
5	Cultura	1.835	1.867
6	Assistência Social	70.433	73.231
7	Valores em R$ Milhões		
8	Dados do Ministério do Planejamento		

Google e o logotipo do Google são marcas registradas da Google Inc., usadas com permissão.

Fonte: Elaborado com base em Brasil, 2018v.

Essa é uma tabela *suja*, como se costuma chamar um documento sem tratamento. Os valores estão desordenados e não há relações estabelecidas entre eles. Abaixo dos itens, estão informações relevantes como "Valores em R$ Milhões" e "Dados do Ministério do Planejamento", geralmente chamadas de *notas técnicas*, mas elas não serão necessárias delas durante a análise dos dados.

Atividade aplicada: prática

O primeiro passo da limpeza de dados é fazer uma cópia de segurança do documento exatamente da forma como ele foi obtido pela reportagem. Assim, caso, posteriormente, seja necessário checar algum dado, para verificar se houve ou não manipulação incorreta da informação durante a análise, será possível recorrer a esse arquivo base.

Feito isso, é hora de eliminar as notas técnicas e aplicar a função "Filtro" aos valores da tabela, de forma a organizá-los na ordem desejada (crescente, decrescente ou alfabética pelo tipo de função). Para isso, selecione todas as células com informação e, na aba "Dados", de seu Google Planilhas, clique em "Filtro".

Figura 3.15 – Aplicação da função filtro no Google Planilhas

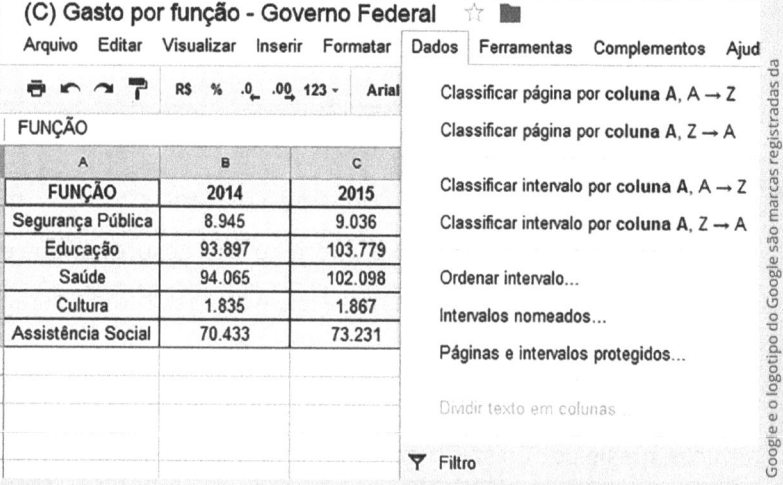

FUNÇÃO		
A	B	C
FUNÇÃO	2014	2015
Segurança Pública	8.945	9.036
Educação	93.897	103.779
Saúde	94.065	102.098
Cultura	1.835	1.867
Assistência Social	70.433	73.231

Classificar página por coluna A, A → Z
Classificar página por coluna A, Z → A
Classificar intervalo por coluna A, A → Z
Classificar intervalo por coluna A, Z → A
Ordenar intervalo...
Intervalos nomeados...
Páginas e intervalos protegidos...
Dividir texto em colunas...
Filtro

Fonte: Elaborado com base em Brasil, 2018v.

Na linha superior da tabela, no local em que aparece o nome de cada coluna, ou *rótulo*, há símbolos triangulares que podem ser utilizados para organizar as colunas.

Agora, disponha, no ano de 2015, os dados pela ordenação decrescente – "Classificar Z -> A". Isso permite mostrar, dentre as cinco funções orçamentárias, qual recebeu mais recursos federais naquele ano. Perceba que, no nome do arquivo, foi incluída uma letra c em caixa-alta e entre parênteses – "(C)" –, para indicar que se trata de uma cópia da planilha original.

Figura 3.16 – Ordenação decrescente no Google Planilhas

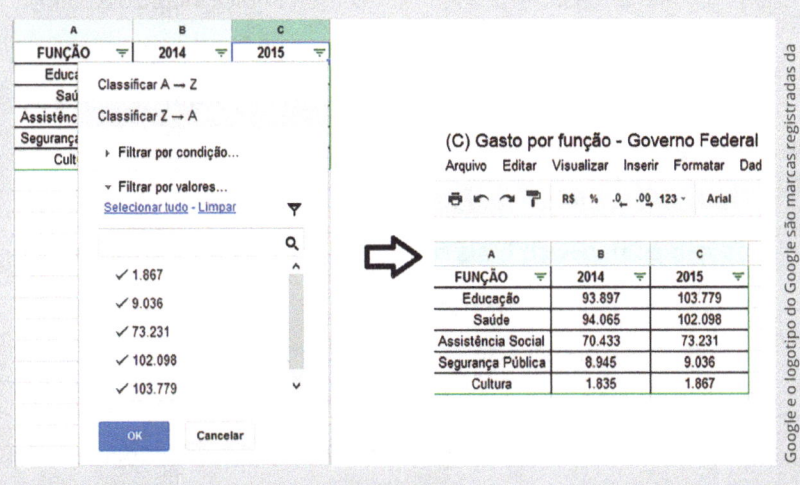

FUNÇÃO	2014	2015
Educação	93.897	103.779
Saúde	94.065	102.098
Assistência Social	70.433	73.231
Segurança Pública	8.945	9.036
Cultura	1.835	1.867

Fonte: Elaborado com base em Brasil, 2018v.

Nesse exemplo, considerando apenas as 5 funções orçamentárias, já poderia ser criada a manchete para uma reportagem cotidiana: "Educação supera Saúde e lidera gastos do Governo

Federal em 2015". Porém, só essa percepção é insuficiente para render uma notícia inteira. Para aprofundar a análise, inclua uma coluna à direita de 2015, para calcular a diferença entre os anos. A fórmula consiste em inserir na célula na qual se deseja que o resultado seja mostrado a operação que deve ser feita. No caso, em D2, digite "=C2-B2", repetindo a operação nas demais linhas. Para ganhar tempo, com o cursor do *mouse* no canto inferior direito da célula, quando ele mudar de seta para símbolo de soma, basta dar dois cliques que a planilha entenderá o desejo de replicar a fórmula para as linhas abaixo, atualizadas as células das diferenças: "=C3-B3", "=C4-B4" etc. Adicione outra coluna extra, para calcular qual é essa diferença em termos percentuais, de forma que os valores absolutos não o impeçam de perceber a escalada dos investimentos de um ano para outro.

    A fórmula será digitada em E2, a célula subsequente à direita, mas isso é um pouco mais complicado. A lógica, contudo, é simples: basta dividir a diferença dos anos pelo montante mais antigo. Para isso, será preciso isolar a primeira operação, usando parênteses e gerando a expressão "=(C2-B2)/B2". A barra representa sinal de divisão – assim como o asterisco indica multiplicação.

    É provável que, conforme o exercício seja repetido, o resultado em E2 apareça como "0,1052", em vez da opção com o símbolo de porcentagem. Nesse caso, selecione a coluna e clique, na área circundada em vermelho – conforme a Figura 3.17 –, no símbolo respectivo. O procedimento vai igualar a tabela feita por você com a da figura. Assim, a reportagem, com essa análise simples, já ganhou mais informação. Perceba que os gastos com educação subiram 10% de 2014 para 2015, a maior escalada entre as funções pesquisadas. O incremento, de mais de R$ 9 bilhões, significa que, de um ano para o outro, o ganho exposto na função "Educação" foi superior ao orçamento de áreas inteiras. A diferença, sozinha, é maior do que os recursos destinados aos setores de "Segurança Pública" e "Cultura", por exemplo.

Figura 3.17 – Uso de funções de percentuais e conversão de moedas

FUNÇÃO	2014	2015	Diferença	Diferença %
Educação	93.897	103.779	9.882	10,52%
Saúde	94.065	102.098	8.033	8,54%
Assistência Social	70.433	73.231	2.798	3,97%
Segurança Pública	8.945	9.036	91	1,02%
Cultura	1.835	1.867	32	1,74%

Fonte: Elaborado com base em Brasil, 2018v.

As planilhas eletrônicas oferecem um poderoso recurso para o cruzamento de dados chamado *Tabela dinâmica* (*pivot table*, em inglês), que permite relacionar rapidamente vários elementos dentro de conjuntos com muita informação. Por exemplo: já que a Prefeitura de Curitiba disponibiliza várias bases de dados para consulta pública, que tal olharmos a lista de pessoas à espera do programa de moradia popular? Esse tipo de informação ficou conhecida no Brasil como *fila da Cohab* (em alusão à Companhia de Habitação Popular de Curitiba).

Atividade aplicada: prática

Na página *Dados Abertos Curitiba*, do Portal da Prefeitura de Curitiba (2018a)[12], clique em "Consultar base de dados" – botão verde com uma lupa, em destaque – e aparecerá uma relação com 20 bases de dados. Localize, navegando pelas páginas numeradas na parte inferior da tela, a seção "Fila de Pretendentes: cadastro dos pretendentes de moradias populares de Curitiba" – como mostra a Figura 3.18, a seguir. Nela, clicando nos retângulos coloridos identificados como "FILA – Base De Dados" (preferencialmente, o retângulo amarelo, no formato CSV, universal para as planilhas eletrônicas), você terá acesso às informações da planilha. Importe o arquivo no Google Planilhas.[13]

• • • • •

12   A página pode ser acessada no seguinte *link*: <http://www.curitiba.pr.gov.br/dadosabertos>. Acesso em: 25 jun. 2018.
13   O procedimento é simples: basta fazer o *download* do arquivo, clicando no botão correspondente ao que você planeja usar – seja o de cor amarela, com CSV escrito internamente, seja nos verdes, com XLSX. Em seguida, basta arrastar esse arquivo com o *mouse* para o seu diretório do Google Planilhas ou, em um documento novo, no menu "Arquivo", selecionar "Abrir (Ctrl + O)". Na janela que abrirá, clique na opção mais à direita, que é "Upload", e depois escolha o arquivo cujo *download* você acabou de realizar.

Figura 3.18 – Captura da tela da página Dados Abertos Curitiba

Disque Economia

Base de dados do Programa "Disque Economia". Este sistema viabiliza o serviço prestado pela Secretaria Municipal do Abastecimento de Curitiba, a qual coloca à disposição para consulta o preço de 302 itens que são coletados em 14 supermercados da cidade. A lista dos itens pesquisados é composta por gêneros alimentícios como hortifrutigranjeiros, bebidas, massas, carnes e ainda material de higiene e limpeza, levando em conta quantidades e marcas.

Órgão responsável: Abastecimento
Responsável: Thiago Cavichiollo
Frequência de atualização: Semanal
Espectro temporal: Últimos três meses
Grupos: Abastecimento
Campos: Ver no dicionário de dados
Observações: Telefone para informações sobre a base: 41 3350-3827. E-mail: tcavichiollo@smab.curitiba.pr.gov.br.

Dados e recursos:
- CSV Disque Economia - Base de Dados (Atualizado em 18/06/2018)
- xlsx Disque Economia - Dicionario de Dados (Atualizado em 06/09/2016)
- CSV Disque Economia - Produto - Base de Dados (Atualizado em 18/06/2018)
- xlsx Disque Economia - Produto - Dicionario de Dados (Atualizado em 06/09/2016)

Histórico:
Base de Dados
Via RSync

Fonte: Curitiba, 2018b.

Na planilha, note que, no início de 2017, havia 37.914 inscrições pendentes na Cohab. Esse número é facilmente obtido observando-se o total das linhas da tabela, e subtraindo daí a primeira entrada, que é o cabeçalho da planilha, na qual geralmente está especificado o tipo de conteúdo apresentado em coluna. Faça uma cópia de segurança e renomeie a planilha com a qual você trabalhará. Apague notas técnicas e outras marcações desnecessárias para o cruzamento dos dados, com a certeza de que essas indicações estão salvas no arquivo original que você manteve sem alterações. Para este exercício, mantenha apenas as colunas "data_inscricao" ("data de inscrição"), "condicao_especial" ("condição especial"), "faixa_renda", "bairro" e "cidade".

Procure por padrões nas informações, para, assim, tentar encontrar abordagens que facilitem a produção de notícias. Por exemplo: já de saída, pela maneira como a coluna "data de inscrição" está organizada, é possível perceber que uma mulher aguarda, desde 1986, uma moradia popular em Curitiba. Atualmente, ela mora de aluguel em Campo Largo, uma cidade da região metropolitana de Curitiba. Considerando-se que a identidade dela pertence a uma lista pública, seus dados individuais poderiam ser solicitados à prefeitura. Ao entrevistá-la, você teria uma reportagem sobre uma mulher que há 30 anos espera pela casa própria.

Além disso, das 58 mil pessoas na fila de espera por habitação em Curitiba, quantas são mulheres? A maior parte parece ainda residir em Curitiba, mas há outros casos de pessoas espalhadas pela região metropolitana. Há uma maneira de rapidamente obter essas contagens: selecione todas as colunas e linhas com informação. Depois, no menu superior, abras as opções de "Dados" e selecione "Tabela dinâmica...", de acordo com a Figura 3.19.

Figura 3.19 – Acesso à tabela dinâmica no Google Planilhas

	A	B	
	data_inscricao	condicao_especial	
1	data_inscricao	condicao_especial	
2	30/12/86	Mulher, Aluguel	FAI>
3	26/04/88	Mulher	FA
4	17/05/88	Mulher	FA
5	12/07/90	Nenhum critério atingido	FAI>
6	30/01/89	Mulher	F/
7	07/06/89	Mulher, Aluguel	FA
8	03/07/89	Mulher	FA
9	15/12/89	Mulher, Aluguel, PCD	F/
10	14/02/90	Mulher, Vulnerável, Aluguel	FA
11	19/06/90	PCD	FAI>
12	16/07/90	Mulher	FA
13	06/09/90	Mulher, Aluguel	FAI>
14	29/10/90	Mulher, Aluguel	FAI>
15	30/01/91	Mulher	FAIXA 2 (entre 1600 e 3275) — Novo Mund
16	18/03/91	Nenhum critério atingido	FAIXA 2 (entre 1600 e 3275) — Cajuru

Fonte: Elaborado com base em Curitiba, 2018b.

Na primeira vez em que você acionar esse recurso, possivelmente ficará assustado, pois, em segundos, os dados somem e surge uma tela branca, com indicações vazias à direita. Isso significa que, conforme os comandos que você dá à planilha, ela fará os cruzamentos solicitados, mostrando apenas o resultado final, já organizado. Existem quatro tipos de solicitação que podem ser feitas à planilha: i) conteúdo das linhas; ii) conteúdo das colunas; iii) conteúdo das células (valores); e iv) filtros. Enquanto você não desenvolver familiaridade com essa ferramenta, é melhor manter-se nas funções básicas. Por exemplo: quantas pessoas, contadas por cidade, estão na fila da Cohab? No menu à direita, na opção "Linhas", selecione "cidade" e, nos valores, das 13 opções, escolha "COUNTA", informando à planilha que ela deve identificar quantos nomes diferentes para municípios existem na coluna "cidade", separá-los e, depois, contar as ocorrências de cada termo, somando todas ao final (Figura 3.20).

Com esse comando simples, é possível descobrir que em Campo Largo, onde mora a mulher que há 30 anos[14] aguarda uma moradia popular, vivem também mais 203 pessoas na mesma situação. Como é possível saber isso? Na linha referente a esse município, aparece o número "204", indicando que o nome do município foi repetido essa quantidade de vezes ao longo das 58 mil linhas do documento. Se a história de uma dessas pessoas já é conhecida (a da mulher que aguarda desde 1986), faltam ser contadas 203 histórias.

E o que mais é possível descobrir? Que a maioria dos inscritos na Cohab continua morando em Curitiba, perfazendo pouco mais de 52 mil inscrições. Ou que Colombo e Pinhais, ambas com mais de mil pessoas na lista de espera, são as localidades da região metropolitana de Curitiba com mais demanda por casa própria dentro da capital. Enfim, sem a tabela dinâmica, a contagem

• • • • •

14 Os dados referentes a esta atividade aplicada referem-se ao ano de 2017. Convém destacarmos que, nesse caso, é o raciocínio o ponto crucial do exercício, e não os valores em si.

das 58 mil linhas teria de ser feita de outras formas, tomando muito mais tempo do repórter, ao passo que a utilização dessa ferramenta permite obter informações em questão de segundos.

Figura 3.20 – Usando a tabela dinâmica no Google Planilhas para ordenar conteúdos

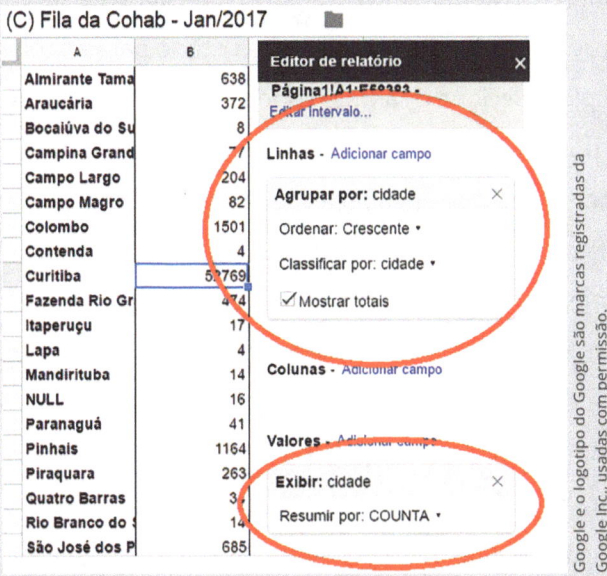

	A	B
	Almirante Tama	638
	Araucária	372
	Bocaiúva do Su	8
	Campina Grand	7
	Campo Largo	204
	Campo Magro	82
	Colombo	1501
	Contenda	4
	Curitiba	52769
	Fazenda Rio Gr	474
	Itaperuçu	17
	Lapa	4
	Mandirituba	14
	NULL	16
	Paranaguá	41
	Pinhais	1164
	Piraquara	263
	Quatro Barras	3
	Rio Branco do S	14
	São José dos P	685

(C) Fila da Cohab - Jan/2017

Editor de relatório
Página1!A1:E58383
Editar intervalo...
Linhas - Adicionar campo
Agrupar por: cidade
Ordenar: Crescente
Classificar por: cidade
☑ Mostrar totais
Colunas - Adicionar campo
Valores - Adicionar campo
Exibir: cidade
Resumir por: COUNTA

Google e o logotipo do Google são marcas registradas da Google Inc., usadas com permissão.

Fonte: Elaborado com base em Curitiba, 2018b.

Com a tabela dinâmica, além de indicar colunas e linhas, também é possível relacionar essas informações para obter detalhamentos mais refinados dos dados. Por exemplo: você pode perceber que, das 58 mil pessoas inscritas, apenas 12 mil são mulheres, e metade delas tem renda familiar abaixo de R$ 1,6 mil mensais. Para descobrir essa informação, é preciso reparar que na coluna "condição especial", um dos critérios usados é ser mulher, pois elas têm prioridade sobre os homens na fila da casa própria.

Existem ainda outras condições especiais, como ser morador de área de risco, estar vulnerável socialmente ou ter filhos. Sabendo disso, é preciso restringir a seleção conforme o faro jornalístico manda. O procedimento é o seguinte: na opção "Filtros", para definir que as mulheres sejam o único critério para as colunas, por exemplo, selecione o campo "condição especial" e clique em "Resumir por". Na tabela que abrir, aperte a opção "Limpar" e digite "mulher" no campo em aberto, confirmando em seguida (botão "Ok"). Parece complicado, mas o processo é bastante intuitivo. Repare que, na tabela dinâmica, trabalha-se em um arquivo separado, sem danificar a base de dados, o que dá bastante liberdade para errar, retroceder e continuar tentando.

Dando sequência ao exemplo, em "Valores", mantenha "COUNTA" (geralmente, o comando mais utilizado por jornalistas), pois a solicitação é de que a planilha aglutine as ocorrências. Por último, em "Linhas", deve ser indicada ao programa a subdivisão do total de ocorrências por faixa de renda. Dessa forma, em menos de um minuto, foram obtidos, com base na tabela fornecida pela Prefeitura de Curitiba, informações suficientes para o início de uma reportagem sobre a demanda por casas próprias na cidade.

Figura 3.21 – Organizando dados com a tabela dinâmica

(C) Fila da Cohab - Jan/2017

	A	B	C
		Mulher	Total geral
FAIXA 1 (menos de 1600)		6386	6386
FAIXA 2 (entre 1600 e 3275)		5020	5020
FAIXA 3 (mais de 3275)		979	979
Total geral		12385	12385

Linhas - Adicionar campo

Agrupar por: faixa_renda ×
Ordenar: Crescente ▼
Classificar por: faixa_renda ▼
✓ Mostrar totais

Valores - Adicionar campo

Exibir: cidade ×
Resumir por: COUNTA ▼

Colunas - Adicionar campo

Agrupar por: condicao_esp... ×
Ordenar: Crescente ▼
Classificar por: condicao_especial ▼
✓ Mostrar totais

Filtro - Adicionar campo

Filtro: condicao_especial ×
Mostrar: 1 itens ▼

Filtro: Selecionar tudo - Limpar

Mulher | 🔍
✓ Mulher
Mulher, Aluguel
Mulher, Aluguel, PCD
Mulher, Até 3 filhos menores
Mulher, Até 3 filhos menores, Aluguel

OK | Cancelar

Google e o logotipo do Google são marcas registradas da Google Inc., usadas com permissão.

Fonte: Elaborado com base em Curitiba, 2018b.

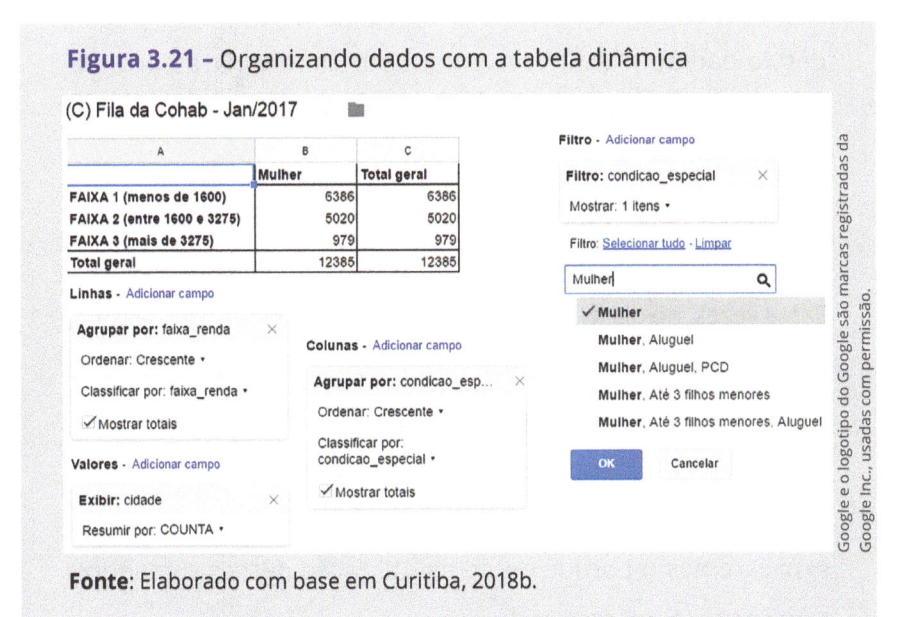

Esse é o raciocínio que precisa ser desenvolvido ao se utilizar as tabelas dinâmicas. É possível definir um grande conjunto de relações, sem esquecer que estas dependem das perguntas que existem para serem respondidas. O papel do jornalista segue fundamental, pois, como já foi dito anteriormente, trata-se de pôr a tecnologia para trabalhar a serviço da profissão, e não desejar que ela faça tudo por conta própria. Conhecer as ferramentas à disposição é importante, uma vez que, sem saber o que pode ser acionado, não será possível usar a criatividade. Nesse sentido, o que mais causa estranhamento na tabela dinâmica são as expressões utilizadas no campo "Valor". São siglas, em inglês, para funções estatísticas básicas. Por exemplo: "STDEVP" significa "desvio-padrão"; "VARP" serve para calcular a variação de uma população; e "MAX" retorna na célula o maior valor do intervalo pesquisado.

A indicação "COUNTA", utilizada na atividade, contabiliza quantas vezes uma informação se repete no conjunto das células. Raras vezes, no dia a dia, no uso de tabela dinâmica no jornalismo, o profissional poderá acionar o comando "COUNTUNIQUE", que informa quais dados, naquela seleção, aparecem somente uma vez. Já "AVERAGE", que serve para tirar a média, ou "MEDIAN", para a mediana, serão usadas com mais frequência. Na sequência, explicaremos o porquê desse da utilização desses comandos, com base em um caso real.

∴ **Dados não são tudo: a importância de ouvir as pessoas**

É um erro comum supervalorizar os dados dos relatórios e, com isso, menosprezar contribuições de fontes humanas para a história. "As informações mais animadoras normalmente não estão em fontes abertas – e sim nas mentes das pessoas", dizem Hanson e Hunter (2013, p. 38), no quarto capítulo do *Manual para jornalistas investigativos* (Hunter et al., 2003). Os autores dão algumas dicas sobre as fontes humanas para incrementar as reportagens (Hanson; Hunter, 2003):

1. **Não ouvir as mesmas pessoas** – Se a reportagem é sobre a construção de uma hidrelétrica pequena, que pode causar impacto a uma cidade do interior, apesar de o jornalista estar investigando o caso, a imprensa, com certeza, já deve ter noticiado essa história. Outros profissionais devem ter entrevistado o diretor do empreendimento, o prefeito da cidade e o presidente da associação de moradores. A ideia, nesse caso, é não ater-se a isso, pois, para encontrar informações novas, é preciso buscar por mais fontes.

2. **Desenhar um mapa das fontes** – No exemplo da reportagem sobre a hidrelétrica, além do diretor, devem haver mais acionistas que podem ser entrevistados. Além disso, como várias licenças são necessárias para a construção de um empreendimento desse tipo, é possível conversar até com os técnicos que analisaram o caso – em vez de falar com o chefe deles, cujos conhecimentos sobre o caso são burocráticos. Também o presidente da associação de moradores ocupa um posto-chave, mas será que outros membros não teriam algo a acrescentar sobre o caso? E aqueles que serão vizinhos da obra? Antes de sair entrevistando, o jornalista deve pensar nas alternativas de entrevistas e desenhar um mapa no qual possam ser visualizadas as possibilidades.

3. **Usar o planejamento para superar obstáculos** – Se um acionista minoritário se recusa a falar com o jornalista sobre

a obra ou um técnico disse algo que precisa ser checado, com o mapa das possibilidades atreladas à reportagem desenhado conforme a dica anterior, o repórter pode usar esse conhecimento para contornar problemas. Com a listagem de quem financia a obra, ele pode buscar outro investidor para compensar aquele que se negou a falar, ou localizar outro perito que possa confirmar, ou não, uma dúvida que tenha ficado da entrevista. Assim, o profissional deve pular de um ponto a outro do mapa tantas vezes quanto for preciso.

4. **Proteger as fontes, se necessário** – Se durante a apuração uma informação sigilosa apareceu, talvez a fonte que possa comprová-la não queira ser comunicada pelo chefe, durante o expediente, de que um jornalista quer entrevistá-la. Provavelmente, ela também ficaria receosa de usar o *e-mail* profissional para esse tipo de contato. Por isso, o jornalista deve encontrar formas menos invasivas de contatar a pessoa, criando com ela uma relação de confiança ao não expô-la.

5. **Ser objetivo nas entrevistas** – Mesmo que parte da entrevista seja exploratória, para tomar conhecimento do que a fonte sabe, o profissional deve ter em mente algum objetivo para a conversa, seja para confirmar um dado, seja para reforçar uma opinião, seja para obter o contato de outra pessoa que deseja entrevistar. O tempo de ambos – repórter e entrevistado – é precioso e não deve ser desperdiçado em uma conversa aleatória.

6. **Descobrir a motivação das fontes** – Já que estamos falando de jornalismo investigativo, é bom não esquecer, ou menosprezar, que a fonte provavelmente tem uma motivação para ajudar a aprofundar uma apuração, ainda que seu interesse seja difuso. Ninguém passa documentos sigilosos ou corre riscos dando declarações que desafiam pessoas e corporações sem uma razão. Pode ser vingança, desejo de justiça, ambição pessoal ou outra razão – o importante é considerar prática e eticamente o quanto isso influencia a qualidade da informação obtida.

3.5
Média, mediana e moda

No livro *Estatística fácil*, o professor Antônio Crespo (2009) explica que **média aritmética** – aquela geralmente usada no jornalismo cotidiano para contextualizar grandezas – é a soma de todos os valores numéricos de uma série, seguida pela divisão do total pelo número de itens somados. Digamos que uma empresa A tem sete funcionários, com salários de R$ 1 mil, R$ 1,5 mil, R$ 1,5 mil, R$ 2 mil, R$ 2 mil, R$ 3 mil e R$ 4 mil – ou seja, a empresa tem uma média de R$ 2,4 mil de gastos com salários.

Agora, consideremos sua concorrente, chamada de empresa B, que tem o mesmo número de funcionários, mas com salários diferentes: R$ 1 mil, R$ 1 mil, R$ 1,5 mil, R$ 1,5 mil, R$ 1,5 mil,

R$ 3 mil e R$ 7,5 mil. A média salarial nessa organização é a mesma que a da empresa A, R$ 2,4 mil – só que essa informação distorce a situação dos trabalhadores, pois, em A, a distribuição de renda é mais uniforme do que em B.

Para evitar essa distorção, nos casos em que valores extremos afetam de maneira acentuada a média, usa-se a noção de **mediana**, que é o número, em uma série, que divide a lista em duas partes com a mesma quantidade de itens. Trata-se, portanto, do valor central da lista. No caso da empresa A, portanto, a mediana é R$ 2 mil. E, no caso de B, R$ 1,5 mil – números que descrevem melhor a diferente realidade salarial das companhias.

Por isso, na hora de descrever uma situação que envolve um grande conjunto de valores, é preciso analisar a série em que eles estão dispostos para ver qual abordagem adapta-se melhor à descrição jornalística do contexto. E se, em vez de 7 funcionários, uma companhia C empregasse 70 mil pessoas? Talvez fosse o caso de buscar o salário **modal** – que vem de *moda*, expressão que representa o termo mais comum dentro da série de valores, ou seja, se a remuneração que mais se repete é de R$ 3 mil, pago a 30% dos funcionários, ela corresponde ao salário modal.

Cada uma dessas informações gera textos diferentes em uma reportagem. Considerando-se a totalidade do gasto com pessoal da empresa A, a média salarial dessa organização é de R$ 2 mil. Usando a mediana, percebe-se que, na empresa B, o ponto médio das remunerações é de R$ 1,5 mil. E, por último, em relação à empresa C, é correto dizer que, dentro do universo de 70 mil funcionários, o salário mais comum é de R$ 3 mil, pago a 30% dos trabalhadores.

Tais noções podem parecer simples, mas quando são aplicadas em casos reais presumem um cálculo bastante delicado. Vejamos o que aconteceu no Paraná, em 2015, quando foi registrada, na Controladoria Geral do Estado (CGE), por meio do preenchimento do formulário eletrônico destinado aos pedidos de informação, a Solicitação n. 6.059, de 9 de fevereiro de 2015. Nela, os jornalistas do Livre.jor requisitavam a quantidade de professores da rede estadual e a média salarial deles, de forma geral e por nível de carreira[15].

Na época, o pedido por esses dados oficiais foi uma tentativa de esclarecer um mal-entendido ocorrido na cobertura política após a afirmação de que os professores da rede estadual do Paraná tinham, na média, salário de R$ 8 mil – informação contestada pelo próprio jornalista que a publicou, em seu *blog*, dias depois, quando reavaliou o valor para R$ 3.194,70 (Campana, 2015a).

O certo é que os professores que ingressam na rede estadual do Paraná têm salário de R$ 2.473,22, mais R$ 721,48

• • • • •

15 Essas informações foram obtidas pelos prórios autores desta obra, os quais integram o coletivo Livre.jor.

de auxílio-transporte. O total fica em R$ 3.194,70. Longe, portanto, da possibilidade de que o salário médio dos que estão nessa faixa seja de R$ 8 mil. A maioria absoluta beira os R$ 4 mil. E, segundo o governo, o professor que avançar na carreira das 40 horas (dois padrões) pode chegar à **aposentadoria com um salário de R$ 10.000,00**. Como se vê, há uma enorme diferença entre as duas fontes de mesma extração [...] (Campana, 2015a, grifo do original)

Na ocasião, a equipe do Livre.jor recorreu a dados parciais do Ministério da Educação para contestar a informação, uma vez que informações obtidas nos questionários da Prova Brasil, dois anos antes, mostravam que, dos 9.784 professores que responderam aos questionários aplicados, apenas 133 disseram receber mais de 10 salários-mínimos (nos valores da época, cerca de R$ 5,4 mil), 37% viviam com menos de R$ 1,6 mi, 47% tinham remuneração de R$ 1,6 mil a R$ 3,8 mil e 14% beiravam o teto registrado pela pesquisa, com salários no intervalo de R$ 3,8 mil a R$ 5,4 mil.

No primeiro semestre daquele ano, da greve deflagrada em fevereiro à votação do "pacote de austeridade" encaminhado pelo Executivo estadual à Assembleia Legislativa do Paraná (Alep), vários fatos relevantes ocorreram, inclusive a repressão violenta de manifestação de professores no mês de abril. Nesse ambiente de confronto, no dia 17 de junho de 2015, em uma tentativa de deslegitimar a categoria profissional, foi publicada a matéria

Em 111 cidades, salários dos professores são maiores que os dos prefeitos no site Bem Paraná.

A política de valorização salarial dos servidores pode ser constatada em um simples cruzamento dos vencimentos dos professores da rede estadual de ensino com outros agentes públicos. Em pesquisa feita nos portais de transparência dos municípios e do Estado observa-se que em 111 municípios há professores com salários maiores que os dos prefeitos. O número equivale a 27,8% dos municípios paranaenses.

O impacto é maior, principalmente, nas cidades do interior, onde o custo de vida é menor e o poder de compra dos salários praticados pelo Estado se sobressai em relação aos pagos pela iniciativa privada e pelas prefeituras. O levantamento mostra ainda que em 33 municípios paranaenses (8,2%), a diferença salarial entre os professores melhor remunerados e os prefeitos é pequena – menos de R$ 500,00.

As regiões do Norte Pioneiro, Oeste, Noroeste e Norte Central concentram os educadores com salários mais altos. Dos 46 municípios do Norte Pioneiro, em 19 (41,3%) há professores que ganham mais que o prefeito.

Outro exemplo: as maiores distâncias entre os salários de professores e prefeitos estão nos municípios com menos de 10 mil habitantes. Em Nova Santa Bárbara, cidade de quatro mil moradores do Norte Pioneiro, o prefeito tem salário de R$ 10.390,00 mensais e o professor com mais alto vencimento recebe R$ 18.546,00 – R$ 8.156,82 a mais.

Em Itambaracá, de 6,8 mil moradores, o prefeito recebe R$ 7.854,71 e o maior vencimento de um professor é R$ 14.671,23, uma diferença de R$ 6.816,52. Outras cidades com casos semelhantes no Norte Pioneiro são Abatiá, Assaí, Andirá, Bandeirantes, Barra do Jacaré, Cambará, Conselheiro Mairinck, Guapirama, Itambaracá, Jaboti, Jataizinho, Jundiaí do Sul, Leópolis, Santa Amélia, São Jerônimo da Serra, Sapopema, Siqueira Campos e Uraí.

OESTE – Em São José das Palmeiras, cidade de 4,2 mil habitantes no Oeste do Paraná, 15 professores recebem de R$ 5.348,50 a R$ 11.151,43, remunerações mais elevadas que as do prefeito, que ganha R$ 4.560,20.

Na região, 16 dos 50 municípios (32%) têm educadores com remunerações maiores que os prefeitos. Além de São José das Palmeiras, há exemplos em Anahy, Assis Chateaubriand, Campo Bonito, Capitão Leônidas Marques, Diamante D'Oeste, Formosa do Oeste, Ibema, Iguatu, Iracema do Oeste, Lindoeste, Mercedes, Nova Santa Rosa e Ramilândia.

Já na região Noroeste, em 24 (39,3%) dos 61 municípios é possível verificar que há professores com salários maiores que os prefeitos. Marilena, com 6,8 mil habitantes, é um exemplo. Lá, o professor com maior salário recebe R$ 12.657, enquanto o prefeito R$ 8.000,00. A diferença de R$ 4.657,45 é a maior registrada na região Noroeste. Em Diamante do Norte, de 5,6 mil habitantes, o professor com maior salário recebe R$ 17.873,72 – R$ 4.150,92 a mais que o prefeito.

As outras cidades do Noroeste com casos semelhantes – salários dos professores maiores do que os de prefeitos – são Brasilândia do Sul, Guairaçá, Inajá, Itaúna do Sul, Jardim Olinda, Jussara, Maria Helena, Nova Aliança do Ivaí, Nova Olímpia, Paraíso do Norte, Paranapoema, Pérola, Planaltina do Paraná, Rondon, Santa Cruz de Monte Castelo, Santa Izabel do Ivaí, Santo Antonio do Caiuá, São Pedro do Paraná, São Tomé, Tapejara, Tapira e Xambrê.

NORTE CENTRAL – Em 25 dos 79 municípios do Norte Central (31,6%) existem professores com vencimentos mais altos que os prefeitos. Em algumas cidades, há mais de um caso, como em Califórnia. O salário da prefeita é de R$ 8.914,84 e há oito professores com vencimentos de R$ 9.420,00 a R$ 13.970,40.

Em quatro municípios do Norte Central os salários de professores e prefeitos são equivalentes. Em Londrina, a segunda maior cidade do Paraná, o salário do prefeito é de R$ 14.853,26, pouco mais que os R$ 13.960,12 recebidos pelo professor com maior vencimento. (Em 111 cidades..., 2015)

Nos dias seguintes, o coletivo Livre.jor compilou os salários de todos os professores das 111 cidades nas quais, supostamente, haveria professores com salários superiores aos dos prefeitos. Constatou-se que, pontualmente, os casos existiam, mas a forma como a notícia foi elaborada escondeu o fato de que, nos municípios, 50% dos profissionais do magistério receberam menos de R$ 3.382,21 no mês de maio.

Gráfico 3.1 – Salário dos professores do Paraná – maio de 2015

Salário dos professores do Paraná
Feito com base na folha salarial de maio/2015

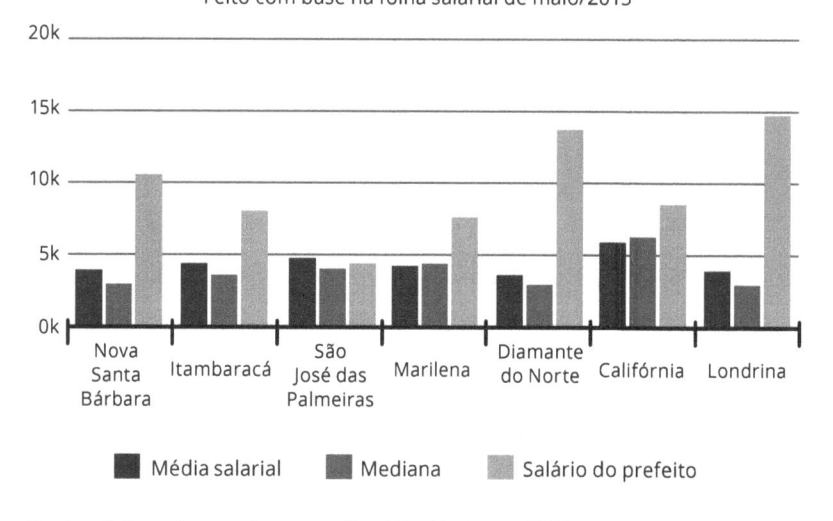

[Gráfico de barras com as cidades: Nova Santa Bárbara, Itambaracá, São José das Palmeiras, Marilena, Diamante do Norte, Califórnia, Londrina. Legenda: Média salarial, Mediana, Salário do prefeito]

Fonte: Elaborado com base em: Em 111 cidades..., 2015.

A título de exemplo, no texto oficial, o governo do Estado apontava Nova Santa Bárbara, no norte do Paraná, como sendo o município onde havia a maior discrepância entre o salário do prefeito e o de um professor: "o prefeito tem salário de R$ 10.390,00 mensais e o professor com mais alto vencimento recebe R$ 18.546,90 – R$ 8.156,90 a mais" (Em 111 cidades..., 2015), diz a matéria. Entretanto, a análise de todos os contracheques de professores desse município mostrou que metade dos profissionais do magistério recebeu, em maio de 2015, menos de R$ 3.120,45. A média salarial do referido mês em Nova Santa Bárbara ficou em R$ 4.163,42.

Nas sete cidades destacadas pelo governo do Estado, os professores com salários superiores aos dos chefes dos Executivos municipais representavam 1% do total. Na época, entretanto, não foi possível repetir o mesmo cálculo para os 111 municípios, pois os salários de todos os prefeitos não estavam disponíveis. Nem era claro quais tabelas salariais haviam sido usadas pelo Executivo, uma vez que, para cada professor que ganhava mais do que o prefeito, 99 recebiam menos do que o político.

3.6
Grandezas comparáveis

No ano de 2014, segundo dados computados pelo Ministério da Saúde[16] (Brasil, 2018n), 1.254 ciclistas morreram no Brasil em

----

16 Informações obtidas em um banco de dados do Ministério da Saúde chamado Datasus Tabnet. A página pode ser acessada no seguinte *link*: <http://www2.datasus.gov.br/DATASUS/index.php?area=02>. Acesso em: 21 jun. 2018.

decorrência de colisões. Com 262 mortes, São Paulo foi o estado onde mais pessoas morreram enquanto andavam de bicicleta. Em Alagoas, apenas três óbitos foram registrados. É possível organizar as unidades da federação pelo número de óbitos, do maior para o menor, mas será que essa é a forma mais adequada de abordar esse assunto? Alagoas é mais segura que São Paulo para ciclistas? Talvez seja, mas não é correto afirmar isso só com base no número absoluto de mortes. E o motivo disso é a diferença de população entre os estados.

Enquanto em São Paulo viviam 44 milhões de pessoas naquele ano, em Alagoas moravam 3,3 milhões. A saída para comparar sem distorção grandezas diferentes é chamada de *taxa por 100 mil habitantes*. Na prática, cria-se uma terceira medida, que leva em consideração ambos os fatores, população e óbito, para, com base nela, os índices dos estados serem comparados. A fórmula é bastante simples: divide-se o número de óbitos pelo número de habitantes, depois multiplica-se o resultado por 100 mil. Deve-se ressaltar que, para haver comparação, os itens devem ter sido medidos no mesmo período.

Quando a taxa por 100 mil habitantes é aplicada aos dados de 2014, percebe-se que, naquele ano, o estado mais perigoso para se andar de bicicleta no Brasil foi o Mato Grosso do Sul, com 56 mortes em uma população de 2,6 milhões, que resultou em uma taxa de 2,14 por 100 mil habitantes. Em seguida, vieram

Amapá (1,73), Santa Catarina (1,68), Roraima (1,41) e Piauí (1,41), os cinco Estados mais perigosos para pedalar no país em 2014. No final da tabela, estavam Paraíba (0,33), Pará (0,28), Bahia (0,17), Amazonas (0,10) e Alagoas (0,09). Por coincidência, Alagoas foi o estado com menor taxa e menos óbitos – mas não passou disso. São Paulo estava em 17º lugar na relação, com taxa de 0,59, ligeiramente inferior à marca nacional, de 0,62 (Brasil, 2018n).

Na Figura 3.22, a seguir, o procedimento que demonstramos anteriormente é repetido, utilizando-se uma planilha para calcular a taxa por 100 mil habitantes. Com a coluna D2 selecionada, foi inserida a fórmula "=(B2/C2)*100000". Isto é, o número de ocorrências foi dividido pela população e o resultado foi multiplicado por 100 mil. Com o duplo clique no canto inferior direito da célula com a resposta, a fórmula foi copiada para as demais linhas. Em geral, a taxa é usada do jeito que aparece na demonstração, com um resultado que considera até duas casas depois da vírgula. Se isso não ocorrer na planilha, é possível configurar o programa para que apresente as duas casas após a vírgula, no menu superior, clicando no símbolo de "Aumentar as casas decimais".

Figura 3.22 – Planilha de mortes de ciclistas em 2014, aberta no Google Planilhas

ESTADO	ÓBITOS	POPULAÇÃO	TAXA POR 100 MIL HAB.
Mato Grosso do Sul	56	2.619.657	2,14
Amapá	13	750.912	1,73
Santa Catarina	113	6.727.148	1,68
Roraima	7	496.936	1,41
Piauí	45	3.194.718	1,41
Minas Gerais	125	20.734.097	0,60
São Paulo	262	44.035.304	0,59
Pernambuco	46	9.277.727	0,50
Paraíba	13	3.943.885	0,33
Pará	23	8.104.880	0,28
Bahia	26	15.126.371	0,17
Amazonas	4	3.873.743	0,10
Alagoas	3	3.321.730	0,09
TOTAL	**1.254**	**202.799.518**	**0,62**

Fonte: Elaborado com base em Brasil, 2018n.

Para comparar a ocorrência de crimes em grandes cidades, casos de malária nos países pouco desenvolvidos, o apresentar município que mais tem farmácias no Brasil, convém o uso da taxa por 100 mil habitantes. As regras de seu uso, de forma geral, valem para outras comparações: sempre usar períodos idênticos e informações apuradas da mesma forma. Por isso, mesclar dados de janeiro, mês em que as férias escolares estão em vigência, com conteúdos referentes a outubro, por exemplo, pode esconder nuances e tornar a apuração das informações imprecisa. Da mesma forma, comparar anos muito distantes um do outro pode levar o jornalista a não perceber o impacto de uma mudança relevante de classificação, legislativa ou cultural. Se, em uma cidade, a quantidade de alvarás de clubes noturnos foi informada pela prefeitura, e em outra, pelo sindicato dos empresários, há grandezas diferentes. Nesse caso, o jornalista estaria comparando números de estabelecimentos comerciais legalizados com outros referentes a instituições cujos dados ele não pode atestar. A solução é sempre informar à audiência qual metodologia foi usada.

As informações do exemplo com os ciclistas, como já dissemos, foram obtidas em um banco de dados do Ministério da Saúde chamado Datasus Tabnet (Brasil, 2018n). Para acessá-lo, basta digitar em algum *site* de busca os termos *Datasus* e *tabnet*. Entretanto, conhecer os conteúdos que estão dispostos nesse banco de dados requer alguma familiaridade com a Classificação Internacional de Doenças, que está na décima versão (CID-10). São termos que, por serem usados em vários países, permitem a comparação de dados. Assim, é possível aferir, por exemplo, questões como: Quantas pessoas morreram de obesidade no Brasil, na Índia e nos Estados Unidos em determinado período?

É no Datasus que um jornalista encontra informações oficiais, por exemplo, sobre doenças como Aids, hanseníase, diabetes e outras, de notificação obrigatória, como dengue, febre amarela, meningite e sífilis. No menu à esquerda, elas estão agrupadas no item "Epidemiológicas e Morbidade". É comum buscar em morbidade os dados sobre óbitos, mas não passa de um equívoco. Essas informações constam no Datasus, só que em "Estatísticas Vitais" (Brasil, 2018n). Existem outros dados, como detalhes dos atendimentos pelo Sistema Único de Saúde (SUS) em todo o país, mas o acesso a tais dados exige do jornalista maior intimidade com a plataforma. O jeito de raspar os dados, isto é, de obtê-los do sistema gerador, é bem parecido com a composição de uma tabela dinâmica.

Atividade aplicada: prática

Quando acessar a página do Datasus Tabnet (Brasil, 2018n), no menu à esquerda, clique em "Estatísticas Vitais"; depois, selecione "Mortalidade – 1996 a 2016, pela CID-10". Nas opções que surgiram, selecione a primeira, "Mortalidade geral". Aparecerá um mapa do Brasil no canto direito. Sobre a figura, há uma caixa na qual se lê "Abrangência Geográfica", e então escolha, para este exemplo, a opção "Brasil por Região e Unidade de Federação". Esses quatro passos são simples perto do que vem em seguida. Vários sistemas de dados utilizados pelo governo brasileiro fornecem informações em plataformas semelhantes a essa, que é incompreensível para quem não sabe, desde o início, que a intenção é obter, ao final, uma planilha eletrônica.

Na página que se abre, selecione os itens conforme ilustrado na Figura 3.23, a seguir.

Figura 3.23 – Filtros do Datasus para recorte de dados sobre mortalidade

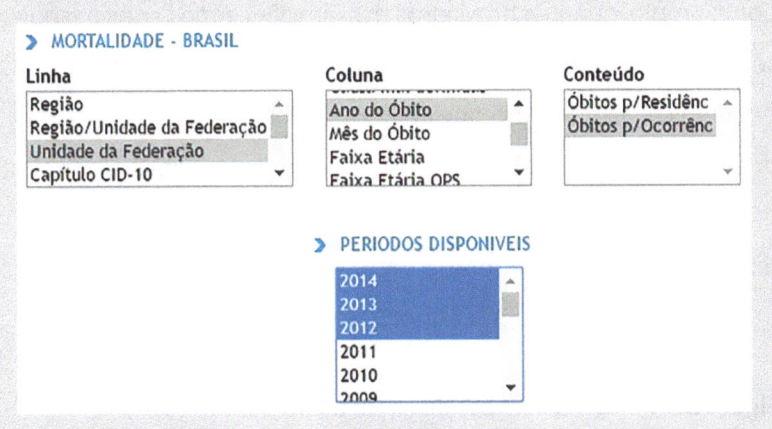

> MORTALIDADE - BRASIL

Linha	Coluna	Conteúdo
Região	Ano do Óbito	Óbitos p/Residênc
Região/Unidade da Federação	Mês do Óbito	Óbitos p/Ocorrênc
Unidade da Federação	Faixa Etária	
Capítulo CID-10	Faixa Etária OPS	

> PERIODOS DISPONIVEIS

2014
2013
2012
2011
2010
2009

Fonte: Brasil, 2018o.

É preciso ter em mente a concepção da planilha. Por isso, na caixa "Linha", selecione "Região/Unidade da Federação"; em "Coluna", marque "Ano do Óbito"; em "Conteúdo", é praxe indicar "Óbitos p/ Ocorrência". A rigor, na maioria dos levantamentos, não interessa se a pessoa mora em Porto Alegre quando a circunstância da morte se deu em Manaus. No espaço "Períodos Disponíveis", selecione "2012", "2013" e "2014". Nesse momento, a única informação que não foi dada ao sistema é o tipo de óbito buscado. Isso ocorrerá nos espaços abaixo, especialmente naqueles que utilizam a CID-10.

Na Figura 3.24, a seguir, são indicadas três situações, da mais genérica para a mais específica, de acordo com o campo escolhido para a busca. Se a intenção da reportagem é comparar grandes categorias, o "Capítulo CID-10" será suficiente para dizer, por exemplo, quantos brasileiros tiveram câncer nos anos pesquisados. Basta marcar "II. Neoplasias (tumores)". Contudo, essa é uma indicação genérica, que engloba todos os tipos diagnosticados. Caso a pauta fosse sobre câncer de mama, a opção, por ser mais específica, ficaria em "Grupo CID-10". Para demonstrar a diferença entre os campos, a Figura 3.23 destaca "Neoplasias malignas da mama", em "Grupo CID-10".

Figura 3.24 – Usando opções de filtros no Datasus

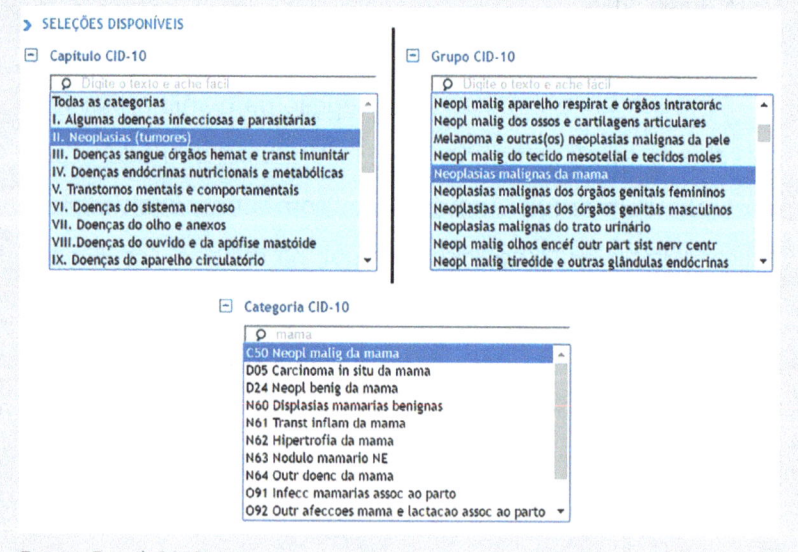

> SELEÇÕES DISPONÍVEIS

Capítulo CID-10
- Todas as categorias
- I. Algumas doenças infecciosas e parasitárias
- II. Neoplasias (tumores)
- III. Doenças sangue órgãos hemat e transt imunitár
- IV. Doenças endócrinas nutricionais e metabólicas
- V. Transtornos mentais e comportamentais
- VI. Doenças do sistema nervoso
- VII. Doenças do olho e anexos
- VIII. Doenças do ouvido e da apófise mastóide
- IX. Doenças do aparelho circulatório

Grupo CID-10
- Neopl malig aparelho respirat e órgãos intratorác
- Neopl malig dos ossos e cartilagens articulares
- Melanoma e outras(os) neoplasias malignas da pele
- Neopl malig do tecido mesotelial e tecidos moles
- Neoplasias malignas da mama
- Neoplasias malignas dos órgãos genitais femininos
- Neoplasias malignas dos órgãos genitais masculinos
- Neoplasias malignas do trato urinário
- Neopl malig olhos encéf outr part sist nerv centr
- Neopl malig tireóide e outras glândulas endócrinas

Categoria CID-10
- mama
- C50 Neopl malig da mama
- D05 Carcinoma in situ da mama
- D24 Neopl benig da mama
- N60 Displasias mamarias benignas
- N61 Transt inflam da mama
- N62 Hipertrofia da mama
- N63 Nodulo mamario NE
- N64 Outr doenc da mama
- O91 Infecc mamarias assoc ao parto
- O92 Outr afeccoes mama e lactacao assoc ao parto

Fonte: Brasil, 2018o.

Para acessar somente os casos agressivos de câncer de mama, contudo, o jeito é ampliar ao máximo o detalhamento da análise. No campo "Categoria CID-10", marque "C50 Neopl malig da mama". É aqui que o Datasus permite pautas "incomuns", em decorrência do nível de especificidade da busca. Nesse caso, é possível elaborar notícias utilizando "E55 Defic de vitamina D"; "F32 Episodios depressivos"; "J12 Pneumonia viral NCOP"; "T18 Corpo estranho no aparelho digestivo"; ou "V12 Ciclista traum colis veic motor 2 3 rodas". Repare que a linguagem, ainda que objetiva, pode soar cifrada para quem esteja distraído, pois é abreviada. O último código mencionado anteriormente, por exemplo, é para ciclistas atropelados com trauma por colisão por motos ou triciclos ("veic motor 2 3 rodas") (Brasil, 2018o).

O Datasus é geralmente usado como fonte alternativa às secretarias estaduais de Segurança Pública para a contagem de homicídios. Para saber esses números, em vez de buscar por *câncer de mama*, a opção é marcar os códigos que vão de "X85" a "X99" e de "Y01" a "Y05". Em comum, todos indicam **morte por agressão**, ou seja, quando a vítima foi a óbito em decorrência da ação de terceiros. No entanto, análises mais pontuais, por exemplo, são recomendáveis, como separar só as ocorrências "X93" a "X95", que cobrem agressões por arma de fogo. Outra curiosidade sobre o Datasus é que ele talvez seja a única fonte pública de informação sobre suicídios, um tema geralmente mantido longe dos noticiários. Para isso, basta marcar os códigos de "X70" a "X89", que mostram as ocorrências de óbito por "lesão autoprovocada intencionalmente" (Brasil, 2018o).

∴ Pensando na escrita

Antes de iniciar o assunto desta seção, salientamos que o objetivo deste livro não é falar sobre *redação jornalística*. Contudo, mesmo com todos os dados organizados, é possível que, no momento de escrever a notícia e roteirizar a reportagem para veiculação em rádio, televisão ou internet, o repórter encontre alguma dificuldade. Nessas horas, uma dica do jornalista Alexandre Castro, que, em 1991, escreveu o livro *Redação jornalística de bico*, é bastante útil: o profissional pode começar por qualquer parte do lide – sem seguir, necessariamente, a seguinte ordem: quem fez, por que fez, como fez, quando fez e onde fez (Castro, 1991). Para o autor, existem algumas maneiras de escapar da fórmula tradicional. A seguir, listamos alguns exemplos de lides de reportagens para explicar as maneiras de fugir ao lugar comum da redação jornalística, conforme Castro (1991).

- "**Ao** reunir-se com o presidente da China, no primeiro ato oficial à frente do Brasil após o *impeachment*, Michel Temer prometeu 'esforço extraordinário'".

A fórmula inicial *ao*, explica Castro (1991), serve para aproximar dois acontecimentos relevantes ocorridos simultaneamente, destacando o segundo.

- "**Depois de** seis jogos seguidos, finalmente o Corinthians venceu no Campeonato Brasileiro".

A fórmula *depois de* serve para contextualizar melhor a audiência antes de transmitir a ela uma informação nova.

- "**Enquanto** os deputados defendem austeridade, a Câmara Federal paga supersalários a mordomos".

Para Castro (1991), a fórmula *enquanto* é útil quando o jornalista precisa apresentar dois fatos aparentemente contraditórios no lide. Efeito parecido é obtido com as fórmulas *embora*, *mesmo* ou *apesar de*.

- "'Votamos a reforma da Previdência amanhã, com ou sem acordo'", disse hoje o presidente do Senado".

A fórmula das aspas serve para quando uma afirmação, pela síntese que faz ou pela relevância que apresenta, é escolhida para abrir a notícia.

- "**Com** o objetivo de incentivar a economia, o ministro anunciou corte de impostos".

Quando uma informação "secundária" ganha importância, geralmente se usa a fórmula *com*. Ela pode ser substituída, segundo Castro (1991), pela fórmula do *infinitivo*, em que o lide começaria direto pelo verbo – "Para **incentivar** [...]" –, ou pela fórmula *por* – "**Por** causa da economia [...]".

- "**Queixando**-se da oposição, governador retirou congelamento de salários da pauta".

  A fórmula do *gerúndio* é uma opção para destacar uma explicação, puxando-a para o início da notícia. A fórmula do *particípio*, por sua vez, é uma alternativa que confere mais força ao texto – "**Contrariado** pela oposição [...]".

3.7
Formas de apresentação

Despertar o interesse da audiência para as notícias apuradas pelo jornalismo é um dos desafios permanentes da profissão. Logo, tão importante quanto obter os dados para uma reportagem é decidir a forma como eles serão apresentados ao público, pois o mundo conectado pela internet tende a ser cada vez mais multimidiático, combinando texto, imagens, áudio, vídeo e animações.

Nesta parte final do terceiro capítulo, abordaremos alguns princípios que regem a transposição das informações para gráficos ou, como dizem os profissionais da área, a *visualização dos dados*. Em 2008, um abrangente manual sobre esse campo do conhecimento, que interessa não só a jornalistas, foi lançado por profissionais ligados à ciência da informação: *Manual da visualização de dados* (em inglês, *Handbook of Data Visualization*) (Chen; Härdle; Unwin, 2008).

No início desse manual, Michael Friendly (2008) divide a história da visualização de dados em oito épocas, para argumentar que os mapas náuticos e astronômicos já podem ser considerados exemplos dos primeiros trabalhos nesse campo. O século XVII seria o momento seguinte, impulsionado pelas novas tecnologias de observação celeste e pela expansão territorial dos países europeus que, dentre outras coisas, resultaram na transposição para a cartografia de outros fenômenos naturais, como a indicação das correntes marítimas (Friendly, 2008).

De 1700 a 1799, o autor aponta que os mapas passaram a ter novas funções, ganhando abstrações para ampliar sua capacidade de comunicação (Friendly, 2008). E foi também o momento no qual a estatística começou a ser desenvolvida. Nesse período, foram elaboradas as primeiras linhas do tempo, para lidar com biografias de pessoas famosas.

No ano de 1759, nasceu William Playfair, o inventor de gráficos de vários tipos utilizados até os dias atuais: de linhas, de barras, em formato de pizza, entre outros. Em 1829, André-Michel Guerry, para demonstrar a distribuição dos crimes na França, optou por usar cores diferentes nos gráficos, conforme as áreas com maior incidência de registros. Já John Snow, em 1854, georreferenciou os casos de cólera em Londres (Friendly, 2008).

Esse foi o momento que, para Friendly (2008), marcou o início da modernidade na área da visualização de dados, que viveria sua época dourada nos anos 1800, graças ao aumento na oferta de informação, decorrente da incorporação da estatística social no planejamento de empresas e de órgãos públicos. Foi o período, por exemplo, em que os gráficos de Florence Nightingale levaram a uma mudança de hábitos no atendimento médico a soldados feridos (Friendly, 2008). As duas grandes guerras que marcaram o século XX impactaram negativamente o campo da visualização de dados, especialmente pelo corte de recursos aos serviços nacionais de estatística. Segundo Friendly (2008), essa foi a época das trevas, e o autor comenta que só nos anos de 1950, dentro das universidades dos Estados Unidos, voltaram a ocorrer inovações nas técnicas de visualização de dados, graças ao uso de computadores na modelagem de dados em 2D e em 3D.

Gráficos são criados conforme os dados, os métodos, as tecnologias e a compreensão disponível em cada época. E nós sempre poderemos obter um entendimento melhor das questões intelectuais, científicas e gráficas relacionadas à criação deles reanalisando os trabalhos a partir de uma perspectiva moderna. [...]. Da história da visualização de dados, é possível deduzir que as inovações surgiram de casos concretos, de objetivos tangíveis: o desejo e a necessidade de ver o fenômeno e suas relações de diferentes formas. E isso ocorreu paralelamente aos avanços técnicos. (Friendly, 2008, p. 22, tradução nossa)

Dessa forma, a análise computacional levou a modelagem gráfica a patamares inimagináveis nos anos anteriores. Em 2016, pesquisadores do Instituto de Física Nuclear Skobeltsyn, em Moscou, na Rússia, descobriram uma forma de realizar equações de mecânica quântica, antes restritas a supercomputadores, em equipamentos comuns, apenas transformando os cálculos bidimensionais em representações gráficas. Um computador comum passou a realizar, em segundos, cálculos que antes levavam dias para serem realizados com equipamentos de ponta (No Need..., 2016).

A escalada do uso de imagens para contar histórias no jornalismo seguiu um ritmo semelhante, começando nos anos de 1800, e seguiu atrelada ao desenvolvimento da tecnologia gráfica e da estatística. Com a informatização das redações, na última metade do século passado, aumentaram as possibilidades de utilizarem-se recursos visuais no jornalismo. Atualmente, quando se fala em *infografia*, quer-se referir não somente ao uso de gráficos mas também à combinação de ilustrações, fotografias, vídeos e animações com informação. A criatividade e a execução técnica, que nos casos mais complexos demandam trabalho em conjunto com outros profissionais, tornaram-se os únicos limites à visualização de dados.

Atualmente, ilustrações são usadas por publicações e por emissoras de televisão para mostrar, em detalhes, determinadas situações que uma fotografia ou uma filmagem ao vivo não seriam capazes de explicar. Revistas voltadas à divulgação científica, como a *Superinteressante* ou a *Galileu*, usam bastante esse recurso. Programas de tevê, como o *Fantástico*, da Rede Globo, também utilizam sobreposição de ilustração às filmagens para mostrar dados em realce.

Entretanto, foi em 2012, com a publicação da reportagem eletrônica *Snow Fall, the Avalanche at Tunnel Creek* (Branch, 2012), pelo jornal *The New York Times*, que surgiu um novo paradigma na infografia. A quantidade de recursos reunidos nessa reportagem – que ganhou o Prêmio Pulitzer no ano seguinte ao de sua publicação –, bem como a forma como as informações foram dispostas – simulando o caminho feito por 16 atletas de *snowboard* que morreram em decorrência da nevasca que atingiu as montanhas Cascade –, constituem-se em um marco no jornalismo *on-line* (Becker; Barreira, 2013). Dividida em seis capítulos, a reportagem relata, passo a passo, como os atletas enfrentaram o desastre naquele dia, o que fizeram para sobreviver, as circunstâncias das mortes e o que causou o deslizamento de neve. Quem assina a reportagem é John Branch, mas a produção gráfica envolveu mais 11 pessoas. Outras quatro ajudaram com fotografias e vídeos.

No final da reportagem, Branch (2012) revela que a apuração das informações demorou seis meses, nos quais ele entrevistou cada sobrevivente, as famílias dos falecidos, os socorristas e os policiais que estiveram no local naquele dia. Conversou com cientistas peritos em fenômenos naturais semelhantes. Teve acesso a todos os registros policiais, relatos médicos e ainda ouviu os 40 telefonemas feitos ao serviço de atendimento de emergências naquele dia. Com todas essas informações e o apoio do Instituto Suíço para Pesquisa sobre Neve e Avalanches, Branch desenvolveu uma simulação gerada por computador do que ocorreu – que foi incluída na reportagem. Outras seis entidades, entre universidades e autoridades locais, contribuíram para a reportagem (Branch, 2012). Para conhecer essa histórico, consulte Branch (2012).

∴ Gráficos e mapas

Voltando ao exemplo das mulheres que aguardam moradia popular em Curitiba, que vimos na Seção 3.4, cujos dados foram extraídos utilizando a ferramenta da tabela dinâmica, veremos agora que também é possível apresentar aquela informação de forma gráfica.

Atividade aplicada: prática

O Google Planilhas oferece 28 modelos de apresentação de gráficos, embutidos no próprio *software*. Basta selecionar os números que deseja ver trabalhados em uma imagem-síntese e, na barra de ferramentas, abrir a lista de opções adicionais, clicando no botão "Mais". Nas funções extras que aparecem, marque o retângulo, conforme indicado na Figura 3.25, a seguir.

Figura 3.25 – Inserindo gráfico no Google Planilhas

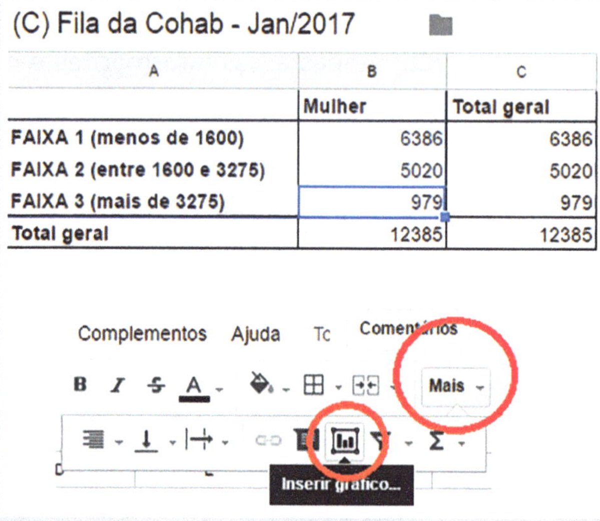

(C) Fila da Cohab - Jan/2017

	A	B	C
		Mulher	Total geral
1	FAIXA 1 (menos de 1600)	6386	6386
2	FAIXA 2 (entre 1600 e 3275)	5020	5020
3	FAIXA 3 (mais de 3275)	979	979
4	Total geral	12385	12385

Fonte: Elaborado com base em Curitiba, 2018b.

A planilha se converte, então, em um editor de gráficos dividido em três áreas: à direita, está a pré-visualização dos dados, conforme as definições indicadas no lado oposto. Acima, três abas possibilitam alterar as configurações automáticas, que, por definição de fábrica, tentam reconhecer padrões nos números para sugerir um formato mais adaptado às características dos dados apresentados. Nesse caso, como há a distribuição de um total de pessoas em três diferentes grupos, separados pelo pertencimento a faixas de renda diferentes, a indicação do Google Planilhas é de que seja usado um gráfico de pizza.

Figura 3.26 – Gráfico de pizza construído no Google Planilhas

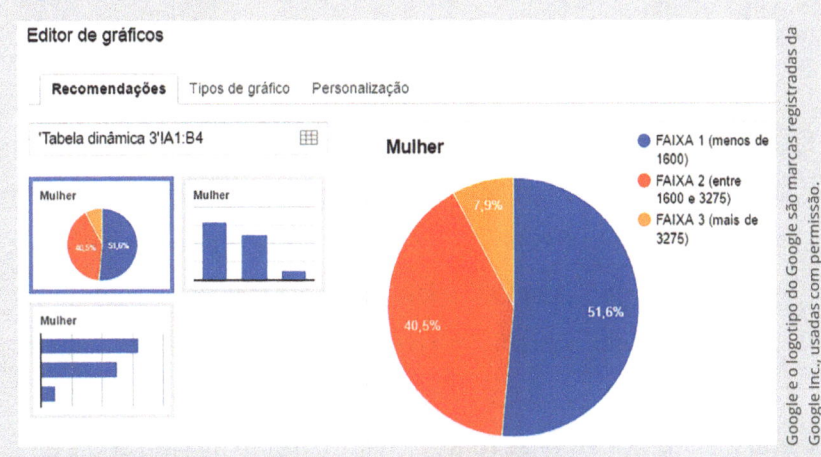

Fonte: Elaborado com base em Curitiba, 2018b.

Diferentemente de outros gráficos, a visualização em pizza não está dividida em eixos, o que permitiria expressar duas ou mais variações no conjunto das informações. É por isso que esse formato é o mais adequado, em razão da simplicidade para abordar situações em que apenas uma grandeza precisa ser trabalhada isoladamente. Nesse caso, aparece a totalidade de mulheres na fila de espera pela casa própria separadas por faixa de renda. São porções que, se somadas, indicarão o número total do intervalo em análise.

Perceba que a planilha eletrônica sugere, como alternativa, dois gráficos de barras, horizontais ou verticais. A diferença imediata deles para o gráfico de pizza é a presença dos dois eixos x (horizontal) e y (vertical). Se fossem informados também os dados para mais de um período – como no exemplo do gasto federal com saúde e educação, em que foram comparados um ano com o outro –, a diferença temporal poderia ser expressa no eixo x, enquanto o montante em recursos públicos seria mostrado pela altura das barras, conforme as referências no eixo y.

Com as barras empilhadas, fica mais fácil ver o montante gasto ano a ano, como ilustra o Gráfico 3.2, a seguir. Na imagem anterior, com os gastos separados por função, é possível visualizar a diferença entre as funções dentro de um mesmo ano e em comparação com outros anos. Para gráficos com oito ou mais itens no eixo x, é preferível optar por colunas horizontais.

Gráfico 3.2 – Gráficos em barras construídos no Google Planilhas

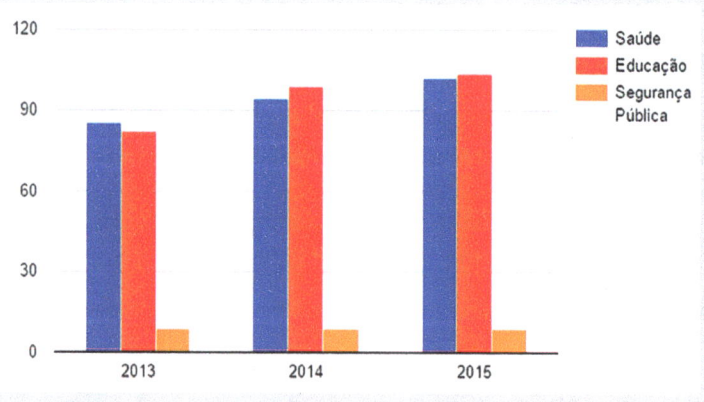

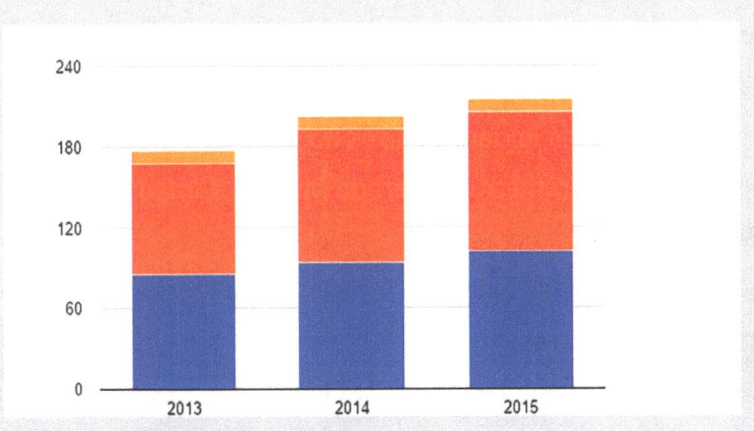

Fonte: Elaborado com base em Brasil, 2018v.

Outros modelos de gráfico bastante comuns são o de linha, usado para indicar tendências, e o de dispersão, para situar elementos ante duas ou mais variáveis cujas influências podem afetar os itens. Contudo, você não está preso aos modelos prontos da planilha eletrônica. Com os dados organizados em uma tabela, é possível levá-los a outros serviços *on-line*, como o Highcharts (2018), o Infogram (2018) ou o Tableau (2018). Em todos, haverá explicações sobre os tipos de gráficos possíveis, ainda que na maior parte do tempo as alternativas de barras, pizza e linha sejam suficientes.

O erro mais frequente no jornalismo, na criação de gráficos, é não iniciar no valor zero os eixos *x*, *y* ou ambos, quando for o caso. Isso pode provocar distorções quando a reportagem exigir uma comparação entre tendências, por exemplo, provocando variações forçadas na trajetória da linha. Geralmente, as planilhas eletrônicas já iniciam os eixos no valor zero, mas há casos em que esse parâmetro é alterado durante a importação dos dados ou manualmente, com o objetivo de destacar determinado aspecto da informação – logo, é preciso estar atento para quando isso ocorrer.

Encurtar os intervalos também é um erro quando se trata de uma série histórica. Suponhamos que, de um ano para outro, o desemprego subiu 6,9%, mas, no ano anterior, o índice tinha sido de apenas 4,8% – a menor marca em uma década. Se o gráfico considerar 10 anos, a tendência de alta está mantida, porém o aumento não será tão brusco quanto se a comparação fosse somente entre os três anos anteriores, conforme mostra o Gráfico 3.3.

Gráfico 3.3 – Dados sobre desemprego em gráficos com dois recortes

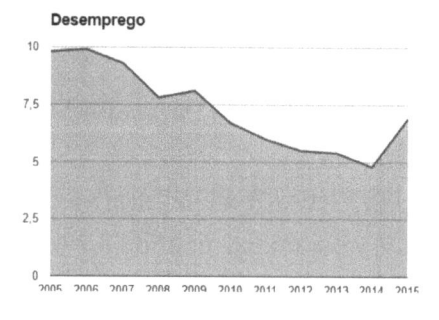

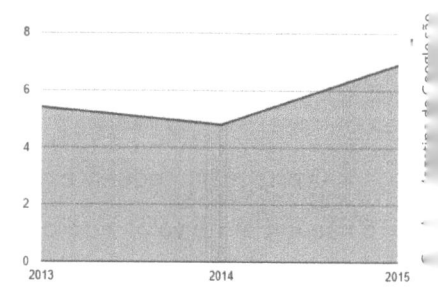

Seja utilizando os recursos da planilha eletrônica fornecida pelo Google, seja empregando os programas dos *sites* de apoio citados anteriormente, o ponto de partida para georreferenciar uma informação é uma tabela. Para exemplificar, optamos pela lista de hospitais com leitos de unidade de terapia intensiva (UTI) em Curitiba. Os dados, de 2017, foram obtidos do Cadastro Nacional de Estabelecimentos de Saúde (Cnes), atualizado pelo Governo Federal. Depois que a tabela foi raspada da internet (Brasil, 2018p), ela foi limpa, para restar somente a relação de hospitais com a quantidade de leitos de UTI à disposição do SUS. No final, foram listados 11 hospitais, que ofereciam, juntos, 203 leitos de tratamento intensivo.

Figura 3.27 – Planilha com quantidade de leitos de UTI à disposição no SUS em Curitiba

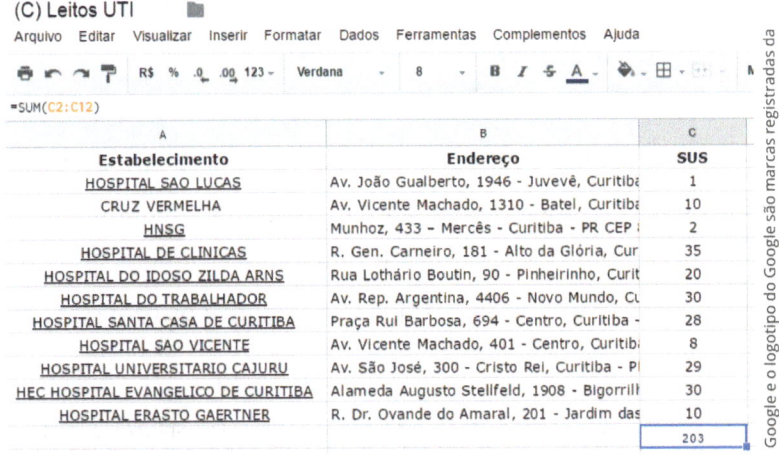

Estabelecimento	Endereço	SUS
HOSPITAL SAO LUCAS	Av. João Gualberto, 1946 - Juvevê, Curitiba	1
CRUZ VERMELHA	Av. Vicente Machado, 1310 - Batel, Curitiba	10
HNSG	Munhoz, 433 - Mercês - Curitiba - PR CEP	2
HOSPITAL DE CLINICAS	R. Gen. Carneiro, 181 - Alto da Glória, Cur	35
HOSPITAL DO IDOSO ZILDA ARNS	Rua Lothário Boutin, 90 - Pinheirinho, Curit	20
HOSPITAL DO TRABALHADOR	Av. Rep. Argentina, 4406 - Novo Mundo, Cu	30
HOSPITAL SANTA CASA DE CURITIBA	Praça Rui Barbosa, 694 - Centro, Curitiba -	28
HOSPITAL SAO VICENTE	Av. Vicente Machado, 401 - Centro, Curitiba	8
HOSPITAL UNIVERSITARIO CAJURU	Av. São José, 300 - Cristo Rei, Curitiba - P	29
HEC HOSPITAL EVANGELICO DE CURITIBA	Alameda Augusto Stellfeld, 1908 - Bigorrilh	30
HOSPITAL ERASTO GAERTNER	R. Dr. Ovande do Amaral, 201 - Jardim das	10
		203

Fonte: Elaborado com base em Brasil, 2018p.

Os endereços foram obtidos um a um nas páginas das instituições de saúde. Como será usado o Google Fusion Tables[17], a geolocalização apresentará somente o nome da rua e o número da edificação. Contudo, alguns serviços na internet pedem que sejam indicadas as coordenadas do local. Esse dado está disponível no Google Maps[18], um aplicativo de localização por satélite bastante conhecido no Brasil.

Atividade aplicada: prática

Após achar o lugar desejado no mapa, clique com o botão direito do *mouse* sobre o ponto, de forma que ele fique identificado. No endereço do *link*, no navegador de internet, localize os números logo após o símbolo de *arroba* (@). Separadas por uma vírgula, estarão as coordenadas do local. Nesse caso, as referências do Hospital Erasto Gaertner, em Curitiba, por exemplo, são: -25.453279 e -49.2414717.

Depois de se conectar ao Google Fusion Tables, o passo seguinte é indicar a ele a planilha eletrônica que será usada, a qual pode corresponder a um arquivo no computador ou a um documento eletrônico iguais aos que foram utilizados anteriormente nesta parte do livro. Na tela seguinte, após confirmar os

- - - - -

17 O Google Fusion Tables pode ser acessado no seguinte *link*: <http://fusiontables.google.com>. Acesso em: 15 maio 2018.
18 O Google Maps pode ser acessado no seguinte *link*: <https://www.google.com.br/maps>. Acesso em: 21 maio 2018.

dados da tabela, basta indicar a coluna em que consta a localização e o sistema georreferenciará a informação. Quando o cursor selecionar um ponto vermelho, o conteúdo da tabela será exibido, tornando o mapa uma fonte interativa de conhecimento.

Com um pouco de programação, é possível adaptar a forma como a informação será exibida, para combiná-la com outros modelos de gráficos. Reforçamos que o domínio dessa ferramenta e de outras semelhantes depende de prática. Somente assim será possível obter linhas do tempo como resultado final, em vez de mapas, por exemplo. O importante é a compreensão de que, por mais variadas que as ferramentas sejam – e todos os dias surge um novo aplicativo na internet –, o que define a aparência da visualização dos dados é a tabela na qual a informação está estruturada.

:: Tipos de gráficos

A seguir, a título de indicação, apresentaremos os principais tipos de gráficos utilizados no jornalismo.

- **Gráfico de pizza** – É efetivo na demonstração de porcentagens e de grandezas proporcionais. Peritos aconselham não utilizá-lo para resultados com mais de seis fatias, pois, em razão do formato, a comparação entre os dados pode ser prejudicada.

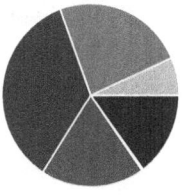

- **Gráfico de barras** – Possibilita a comparação de dados categorizados. Serve para indicar, por exemplo, a quantidade de petróleo produzido por jazida, o tipo de multa de trânsito por horário de emissão etc.

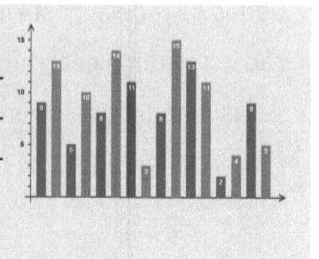

- **Gráfico de linhas** – Serve para indicar a flutuação de um indicador em um determinado período de tempo, em razão de conectar pontos. É empregado para apresentar, por exemplo, a votação de determinado candidato eleição após eleição, o porcentual da inflação mês a mês, o número de nascimentos e de óbitos ao longo de 30 anos etc.

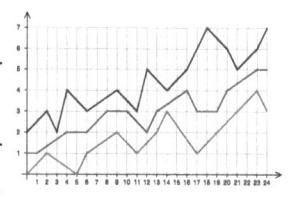

- **Gráfico de dispersão** – Oferece a possibilidade de dispor os pontos conforme a relação resultante deles com duas ou mais variáveis. É utilizado, por exemplo, para mostrar a distribuição dos 50 empresários mais influentes por patrimônio pessoal e por grau de ensino.

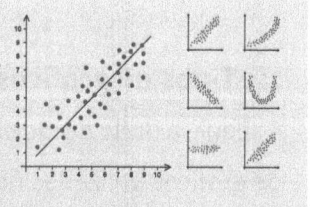

- **Gráfico de bolhas** – Permite atribuir uma camada extra de conteúdo na visualização, se o formato do ponto no gráfico de dispersão, por exemplo, variar conforme outro dado: a idade dos empresários ou os lucros das empresas no período analisado, no caso do exemplo do gráfico anterior. Também é usado sobre mapas.

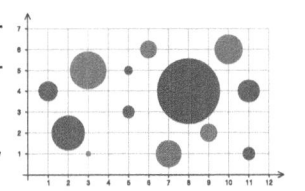

- **Gráfico de mapas** – Auxilia a visualização da notícia, pois é muito útil distribuir dados georreferenciados (ruas, pontos comerciais, ocorrências policiais etc.) em um mapa. É possível vincular as marcações a outros tipos de gráficos.

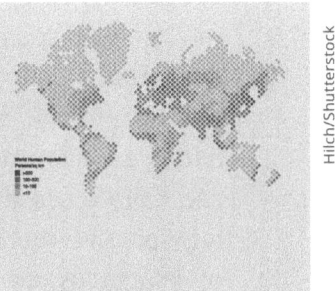

- **Gráfico de metas** – Facilita a aferição de metas, como, por exemplo, na construção de uma de 100 km: à medida que a obra avança, a barra que simboliza a quilometragem já concluída, sobreposta à meta, crescerá, até igualá-la em tamanho, ao fim do trabalho. É chamado, em inglês, de *bullet chart* ("gráfico projétil").

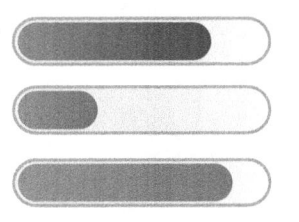

- **Gráfico de calor** – Utiliza variações de tom para indicar a correlação de duas variantes, como uma área quadriculada, que representa um cruzamento de dados envolvendo faixa etária e gastos com atividades culturais. Os tons mais escuros, por exemplo, podem indicar a concentração de dinheiro.

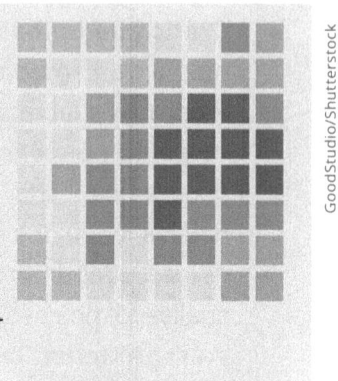

- **Gráfico *treemap*** – Refere-se a retângulos dispostos lado a lado, delimitados dentro de uma área total conforme a variação dos dados e a hierarquia da informação. Com o uso de cores diferentes, é possível subdividir ainda mais os retângulos, de forma a melhor organizar os dados.

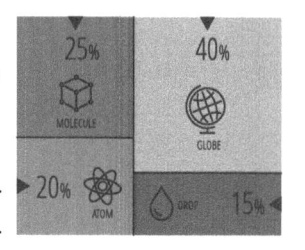

Síntese

Ao longo deste extenso capítulo, apresentamos, além de bastante conteúdo teórico, atividades práticas a fim de facilitar a explicação do uso das ferramentas abordadas.

Demonstramos a importância de manter organizada a base de dados de uma pesquisa, com a criação de cópias de todas as evidências relacionadas ao caso. Além disso, acompanhamos passo a passo como ocorre a extração de dados de *sites*, raspando-os, limpando-os e interpretando-os com o uso de tabelas dinâmicas, georreferenciamento e gráficos. Nesses processos, reforçamos a importância sobre o Portal da Transparência do Governo Federal e expusemos a forma de lidar com o Datasus, base de dados que agrupa informações sobre a saúde pública no país. Também apresentamos outros repositórios importantes, como as bases de dados de Curitiba.

Enfim, neste capítulo, trouxemos novos procedimentos, técnicas e ferramentas para aprimorar o trabalho do jornalista. Por isso, ressaltamos: não desanime se algo lhe pareceu difícil. Utilize as referências indicadas e converse com seus colegas. A única forma de dominar os conteúdos apresentados é integrando-os ao seu dia a dia – e isso pode ocorrer paulatinamente.

No capítulo seguinte, trataremos das questões éticas relacionadas ao manuseio de informações, dando ênfase à reviravolta que a internet e as novas tecnologias provocaram no jornalismo.

Perguntas & respostas

É preciso saber programar para ser um jornalista de dados?

Na prática, não. Mas é preferível que sim. O jornalista está sempre lidando com informações publicadas na internet ou precisando de novas ferramentas para lidar com os dados que recebe.

Considere o seguinte: ao usar computadores, as pessoas enxergam leituras de códigos, ou seja, a visualização de tais informações presume uma série de funções binárias. Se a tela estiver em branco, certamente isso se deve a um código dentro de uma linha de informações lidas pelo computador que se refere à cor branca. Na internet, não é diferente. Há navegadores que leem os códigos HTML e outras linguagens e os traduzem geralmente em formato de imagem. Portanto, conhecer minimamente como se consolida uma linguagem, mesmo não tendo todo domínio dela, auxilia na obtenção de informações, de um arquivo ou de um vídeo, por exemplo, em uma página de internet à qual não haveria acesso de outra forma. Imagine que o repórter está acessando uma página com vários arquivos em PDF e precisa baixá-los para seu computador. Porém, a opção "Salvar" não está disponível. O que fazer, nesse caso? Acessando o código-fonte da página, ele conseguirá achar os arquivos pela extensão, ou seja, pela indicação *.pdf*, e salvá-los. Não é necessário saber escrever o código, mas é minimamente importante conhecer sua estrutura para navegar nele. O mesmo vale para outras informações, como quadros, tabelas etc. De fato, o jornalista de dados deve imaginar as linguagens e programas de computador como ferramentas de atuação. Quanto mais ferramentas ele tiver a sua disposição, mais poderá fazer, com menos esforço e menos tempo, não é mesmo?

Para saber mais

FLORENCE Nightingale: história da enfermagem. Direção: Norman Stone. UK: BBC, 2008. 60 min.

Lançado no Brasil apenas legendado, esse filme é uma boa oportunidade para conhecer a pioneira nos ramos da saúde e da estatística. Com base nas cartas e nos diários de Nightingale, a obra foi escrita e dirigida para a televisão. Assista ao filme com atenção, reparando em como a enfermeira tenta alertar e convencer a realeza sobre a realidade vivida nos hospitais da época. Destacamos o trecho em que se fala do relatório de Nightingale, já no final do filme: observe a perplexidade dela ao analisar os números – o hospital matava mais do que o campo de batalha.

Questões para revisão

1. O que é raspagem de dados?

2. Ao fazer um pedido de informações via Lei de Acesso à Informação (LAI), quais elementos devem ser inseridos na solicitação para que não exista possibilidade de o Poder Público se negar a fornecer os dados?

3. Sobre a importância da organização pessoal para a realização de uma reportagem baseada em dados, analise as afirmações a seguir e marque V para as verdadeiras e F para as falsas:

( ) Nem todos os documentos relacionados à apuração de dados são relevantes. O jornalista pode descartá-los sem sequer registrar que eles passaram por suas mãos, e isso não prejudicará o andamento da investigação se, no decorrer dela, surgirem fatos novos.

( ) É importante manter uma cópia de segurança do banco de dados, pois ela poderá ser usada para conferir informações que, por acaso ou por falha no tratamento das evidências, possam ter sofrido alterações imprevistas.

( ) As evidências não precisam estar organizadas, mas apenas agrupadas em um mesmo local. Quando alguma delas for necessária, basta procurar por ela. A desorganização não vai tomar tempo precioso da reportagem nem fazer o jornalista perder relações importantes entre as provas coletadas.

( ) Não é preciso preocupar-se com a intenção das fontes entrevistadas, pois quem fornece documentos inéditos ou gravações comprometedoras, por exemplo, age assim por boa índole.

( ) Ao fazer uma reportagem baseada em dados, é preciso pesquisar se a imprensa local já cobriu aspectos do tema de investigação. Logo, é importante pesquisar por essas notícias, incluir a clipagem das evidências e utilizar as fontes citadas para fazer um mapa da investigação. Esse planejamento ajuda a superar problemas, escapar das fontes burocráticas e encontrar novos detalhes para a história.

Agora, indique a alternativa que apresenta a sequência correta:

a) F, V, F, F, V.
b) V, V, V, F, V.
c) F, F, F, V, V.
d) V, F, V, V, F.
e) F, V, V, F, V.

4. Os canais e os formatos de transparência do Poder Público brasileiro podem ser divididos em duas formas: ativa e passiva. Sobre essas nomenclaturas, analise as afirmações a seguir e marque V para as verdadeiras e F para as falsas:

( ) A transparência ativa está relacionada ao que o Poder Público deixa disponível ao público sem precisar ser questionado. Por conseguinte, a transparência passiva é aquela em que o ente público é reativo, ou seja, informa apenas quando é questionado pelo cidadão.

( ) Se a população é ativa, o Poder Público também será ativo. Em contrapartida, a transparência passiva está relacionada à passividade do cidadão, que espera receber em casa as informações, sem qualquer trabalho de cidadania.

( ) Dados como quantidade de funcionários, receitas e despesas estão entre as informações disponibilizadas pela transparência ativa.

( ) A disponibilização das informações da transparência ativa está prevista em dispositivos legais e é, portanto, obrigatória ao Poder Público. Não se trata, portanto, de um favor à sociedade.

( ) Ambas as formas de transparências são idênticas e devem ser seguidas apenas quando são ativadas pelos cidadãos.

Agora, indique a alternativa que apresenta a sequência correta:

a) V, V, F, F, F.
b) F, F, V, F, V.
c) V, F, V, V, F.
d) V, F, F, V, V.
e) F, F, V, V, F.

5. Há muitas informações e diversos documentos disponíveis na internet, como dados financeiros e medidas administrativas de empresas privadas e do Poder Público. Exemplos de documentos públicos são os relatórios financeiros, que podem ser ricas fontes de informações para jornalistas. Sobre esses documentos, indique a seguir a resposta **incorreta**:

a) Os relatórios financeiros são retratos de um período da saúde financeira de empresas ou de entidades.

b) Um ponto de destaque são as análises de auditores, que podem conter informações sobre riscos e pontos críticos na administração que não seriam possíveis de identificar em outros trechos do relatório.

c) Os relatórios não têm validade para pesquisas e reportagens jornalísticas, pois são publicados pelas próprias empresas e, portanto, não são confiáveis como fontes imparciais de informação.

d) Nos relatórios, é possível encontrar informações como dívidas e obrigações, além do patrimônio de acionistas.

e) Uma leitura atenta de tais documentos pode revelar muitas informações sobre a previsão de ações das empresas, como situações de insolvência.

Capítulo
04

Jornalista de dados: na fronteira de áreas

Conteúdos do capítulo:

- Características da profissão do jornalista.
- Papel do hacktivismo no jornalismo atual.
- Dilemas éticos decorrentes do vazamento de informações.
- Desafios práticos do jornalismo de dados.

Após o estudo deste capítulo, você será capaz de:

1. repensar o desenvolvimento da carreira de jornalista, com base nas novas características da profissão;
2. elaborar, de uma forma mais segura e a partir dos exemplos dados, reportagens feitas com base no vazamento de documentos;
3. reconhecer situações que desafiam os preceitos éticos do jornalismo;
4. identificar os tipos de erros mais comuns no jornalismo de dados e criar subsídios para não cometê-los.

Neste capítulo, abordaremos as fronteiras e as sobreposições do jornalismo de dados com outras áreas do conhecimento. Por meio da constatação de que na reportagem baseada em dados sobrepõem-se técnicas e saberes de diversas áreas, apresentaremos quais são a formação e o perfil esperados de um jornalista de dados.

Nessa fronteira de atuações, discutiremos também sobre como o jornalismo de dados tem assimilado grandes vazamentos de informação – em quantidades nunca antes vistas na história da profissão –, que, nos principais casos, aconteceram graças à ação de *hackers* e ativistas da liberdade de informação. Nessa parte do capítulo, debateremos os limites impostos pela deontologia jornalística e as pressões e as implicações geradas pela relação entre jornalistas e fontes *hacktivistas* – concebidas por *hackers* que utilizam seus conhecimentos para propósitos políticos. Para compreender melhor essas consequências, analisaremos alguns casos notórios de vazamentos de dados, especialmente – e com mais profundidade – o WikiLeaks.

Por fim, verificaremos conceitos que definem a conduta jornalística. Ainda que a discussão ética e os tratados deontológicos elaborados antes do surgimento do jornalismo de dados já trouxessem os apontamentos necessários para o exercício ético da profissão, mesmo nos novos tempos, selecionaremos e debateremos novas questões trazidas especificamente pelo jornalismo de dados.

4.1
Mudança de cenário

Conforme mudam a configuração e os fluxos de informação no mundo, alteram-se as habilidades exigidas dos jornalistas. Se, antes, quando as fontes de informação eram escassas, os esforços dos repórteres se concentravam na busca e na coleta de histórias, em tempos atuais, de informação abundante, na visão de Philip Meyer, professor emérito da Escola de Jornalismo na Universidade da Carolina do Norte, a função mais importante do jornalista é **processar a informação** (Gray; Bounegru; Chambers, 2012). Na análise de Meyer, esse processamento acontece em dois níveis distintos. O primeiro deles é a análise dos dados de modo a lhes atribuir sentido e estrutura, destacando-os do fluxo infinito de informações. O segundo nível pressupõe a necessidade de destacar o que há de relevante para apresentar ao consumidor de informação. Em outras palavras, ainda que de modos distintos, usando habilidades e processos próprios da era da informação digital, a função do jornalista continua sendo a de apresentar recortes contextualizados da realidade para leitores, telespectadores e ouvintes.

Naturalmente, se as novas mídias mudaram a forma como governos, pesquisadores, empresas e outros tipos de fonte divulgam os conteúdos que produzem, é de se esperar que dos jornalistas sejam exigidas novas habilidades de coletar, processar, tornar compreensíveis e publicar essas informações.

Uma pesquisa conduzida pelo European Journalism Centre com a colaboração de Mirko Lorenz (2018) tentou mapear quais tópicos seriam imprescindíveis em um curso que se propusesse a ensinar jornalismo de dados. Os resultados da investigação apontaram que um dos principais empecilhos à disseminação da prática desse tipo de atividade é a falta de conhecimento em relação às ferramentas e aos procedimentos de trabalho.

Nesse sentido, os jornalistas entrevistados na pesquisa apontaram que seu principal interesse no tema era conseguir agregar dados a suas reportagens, de modo a torná-las mais profundas e mais bem contextualizadas. Para isso, os profissionais alegavam maior interesse em adquirir habilidades em tarefas como análise de dados, visualização de dados, desenvolvimento de histórias baseada em dados brutos – que não foram interpretados ou manipulados por especialistas – e limpeza de bases de dados – que envolve correções, detecção de dados ausentes e eliminação de inconsistências e duplicidades (European Journalism Centre; Lorenz, 2018).

Ao analisar os resultados da pesquisa, Lorenz (2011), jornalista e arquiteto da informação, que integra a equipe de inovação do grupo de mídia alemão Deutsche Welle, apontou as descobertas mais relevantes da investigação, das quais selecionamos quatro para comentar:

1. **Oportunidade** – A pesquisa do European Journalism Centre e de Lorenz (2018) evidencia que o jornalismo de dados está em um momento de expansão, com um grupo crescente de profissionais interessados em usar dados em seu trabalho. Nesse sentido, os "dados podem prover *insights* que contradizem presunções populares" (Lorenz, 2011, tradução nossa).
2. **Motivação** – A grande quantidade de conhecimento exigida para exercer o jornalismo de dados – proveniente de diversas áreas do conhecimento – pode ser uma barreira para que os jornalistas busquem aperfeiçoar-se nessa área. Entretanto, a evolução da tecnologia tem tornado mais simples a utilização das ferramentas do jornalismo de dados – as técnicas necessárias para escrever algumas linhas de código estão

ficando menos complexas, por exemplo. Além disso, a profusão de bons exemplos de reportagens com base em dados está fazendo os jornalistas perceberem que interesse, persistência e criatividade são tão importantes quanto o conhecimento formal.

3. **Uso de dados** – Os jornalistas compreendem que há diversas utilidades para o uso de dados em reportagens. Contexto, *background* e perspectiva são os objetivos principais. Outro ponto é testar a confiabilidade do senso comum. Essas possibilidades do texto embasado em dados permitem a descoberta de novas perspectivas, que aprofundam e podem até remodelar o olhar geral sobre temas de interesse jornalístico.

4. **Treinamento desejado** – Como já dissemos anteriormente, os jornalistas sentem necessidade, principalmente, de aprender a analisar e a visualizar dados. Outras habilidades também são almejadas, como a busca e a checagem da confiabilidade dos dados. Além disso, Lorenz (2011) chama a atenção para o baixo número de profissionais que buscam aperfeiçoar seus conhecimentos de programação. A mesma pesquisa mostra que, nas redações, quando se depara com um trabalho que precisa de conhecimento de programação, a maioria dos jornalistas recorre à ajuda de programadores (European Journalism Centre; Lorenz, 2018).

4.2
Novas habilidades: quantas profissões em uma só?

Dentro do processo do jornalismo orientado por dados, os novos conhecimentos necessários – os quais, de acordo com Lorenz (2011), incrementam o valor da reportagem para o público à medida que se sucedem – podem ser separados em quatro etapas diferentes.

Em um primeiro momento, o jornalista deve saber onde encontrar os dados, como checar sua confiabilidade e de que forma pode extraí-los da fonte. Nem sempre os órgãos públicos ou outras instituições são cuidadosas e transparentes o suficiente para disponibilizar para *download* arquivos limpos, atualizados e abertos. Nessa etapa, o conhecimento de programação, por exemplo, pode ajudar a construir um robô para extrair informações. Naturalmente, o espírito colaborativo da internet facilita muito esse trabalho, e já existem ferramentas disponíveis para isso.

Em uma segunda etapa, o jornalista deve trabalhar com a limpeza e a filtragem dos dados. É daí que podem surgir *insights*, temas de reportagem e descobertas. Essa fase exige, no mínimo, o conhecimento de editores de planilhas, como o Microsoft Excel ou o Google Planilhas, que vão ajudar o repórter a ler e a compreender grandes bases de dados em pouco tempo de trabalho.

A terceira etapa é o momento de preparar a visualização dos dados. As possibilidades das mídias digitais fizeram evoluir as maneiras de visualização das informações, e muitas vezes a complexidade dos dados exige soluções mais elaboradas do que simples gráficos de barras, por exemplo. Novas ferramentas que auxiliam os repórteres a fazer esse trabalho têm surgido seguidamente no ambiente virtual.

O último passo da elaboração de uma reportagem com base em dados é, finalmente, a construção da história. Nesse ponto, escrita, vídeo, áudio e outras ferramentas de *storytelling* podem ser usadas – e misturadas – da maneira que o repórter julgar adequada.

É natural que essa lista de habilidades desejadas gere a seguinte questão: os jornalistas devem saber isso tudo?

Neste ponto, vale retomar a pesquisa elaborada pelo European Journalism Centre e por Lorenz (2018) e a leitura que Lorenz (2011) fez de suas descobertas.

Uma das principais conclusões do professor alemão é que, para o exercício do jornalismo de dados, não é necessário misturar três profissões em uma só. Segundo Lorenz (2011), os pioneiros da área têm habilidades impressionantes: são jornalistas que sabem programar, construir *sites* e trabalhar a visualização de dados – habilidades muitas vezes adquiridas por meio do autodidatismo. Entretanto, com a evolução do jornalismo de dados, a ideia de trabalho em equipe tem se consolidado cada vez mais.

Contudo, mesmo diante dessa configuração, é essencial que os jornalistas conheçam os conceitos e as possibilidades de outras áreas de conhecimento, de modo a planejar e a elaborar suas reportagens com mais clareza e precisão.

4.3 Conhecimentos tradicionais

Ainda que precisem dominar – ou, pelo menos, entender – uma série de conhecimentos aparentemente estranhos à área da comunicação, de modo a se instrumentalizarem para o exercício da reportagem com base em dados, os novos jornalistas não podem prescindir dos conhecimentos clássicos de sua área.

Retomando o pensamento de Meyer (citado por Gray; Bounegru; Chambers, 2012), para que o jornalista consiga depurar os dados e hierarquizar e contextualizar a informação, de modo a contar uma história relevante, é fundamental que ele tenha os conhecimentos para identificar quais são as principais questões envolvidas em sua análise.

Para isso, é necessário dominar o conteúdo relativo ao seu campo de atuação – e não apenas as ferramentas. Portanto, no novo contexto da profissão e no novo perfil do jornalista, temas como economia, política, urbanismo, organização social, história e cultura continuam fazendo parte do arsenal de conhecimento dos bons profissionais.

∴ A importância dos conhecimentos tradicionais

Como exemplo da necessidade dos conhecimentos tradicionais, podemos mencionar a distribuição de emendas parlamentares dos deputados federais brasileiros. Todos os anos, ao analisarem o orçamento federal, os parlamentares têm direito a apresentar emendas individuais de até cerca de R$ 15 milhões ao texto constitucional (Jungblut, 2017). Ou seja, os deputados podem determinar onde e como esse dinheiro será aplicado pelo Poder Executivo.

Para acompanhar se, de fato, os recursos direcionados pelos deputados vêm sendo aplicados, a Câmara divulga boletins – e, em 2016, lançou um banco de dados – com informações referentes ao cumprimento das emendas.

Com o conhecimento do cenário político e de posse dessas informações, o repórter pode, por exemplo, produzir matérias analisando quais são os partidos que mais cumprem as emendas, bem como as principais áreas de destinação dos recursos, além das diferenças de cumprimento ou de características entre as emendas apresentadas por parlamentares de oposição e de situação. Enfim, a análise dos dados pode trazer novos *insights* e comprovar – ou destruir – pensamentos comuns sobre o imaginário político.

4.4
Jornalismo e *hacktivismo*

A leitura de Lorenz (2011), de que o caminho para o exercício do jornalismo de dados está muito mais ligado à colaboração do que ao domínio de todas as habilidades necessárias, encontra forte amparo nos casos mais expressivos de reportagens produzidas com base em dados. WikiLeaks, o caso NSA (National Security Agency, Agência de Segurança Nacional dos Estados Unidos) e o Panama Papers são exemplos disso.

A partir de agora, analisaremos a importância da colaboração especialmente na primeira fase da reportagem: a obtenção de dados. Além disso, veremos quais são as consequências que a participação de novos atores traz para esse cenário.

Antes de passarmos às análises, é importante deixar claro que reportagens feitas com base no vazamento de dados não são novidade no jornalismo. Algumas das matérias e das séries de reportagens mais famosas só foram feitas porque alguma fonte entregou aos jornalistas documentos que comprovavam uma história com grande potencial de noticiabilidade. O caso Watergate – escândalo de corrupção que levou à renúncia do ex-presidente americano Richard Nixon, em 1974 –, por exemplo, só foi possível porque o Garganta Profunda – informante que manteve sua identidade em sigilo por mais de 30 anos – municiou de informações os jornalistas Bob Woodward e Carl Bernstein, do jornal americano *Washington Post*.

∴ O que mudou com relação aos vazamentos de informação?

As principais diferenças entre os vazamentos de informação que ocorrem agora e os que aconteceram ao longo de toda a história do jornalismo são a quantidade de dados e o formato dessas informações, agora digital – que permite a *hackers* obter documentos sem necessariamente participar das estruturas institucionais.

A título de comparação, estima-se que os documentos obtidos pela série de reportagens "Pentagon Papers", publicada pelo jornal *The New York Times*, em 1971, tivessem cerca de 2,5 milhões de palavras. Já no caso do WikiLeaks, a estimativa é de que as informações obtidas pelos jornais e pela equipe de Julian Assange tenham algo em torno de 300 milhões de palavras (Renner, 2016).

A quantidade inédita de dados aos quais os jornais tiveram acesso possibilitaram que a estrutura de produção da notícia fosse revista e recriada. Era impossível que a equipe de um único veículo tivesse condições de checar, tratar, apresentar e dar sentido, por meio de narrativas, a essa quantidade desmedida de informação.

Apesar de variarem entre os diferentes casos de vazamento, as soluções encontradas pelas empresas de comunicação – e também por seus informantes – foram similares nos casos do WikiLeaks, do Panama Papers e da NSA, os principais eventos de vazamento de informações na história recente da imprensa mundial.

Em comum entre esses casos, houve a criação de um *pool* (grupo) entre empresas de comunicação, isto é, veículos e conjuntos de jornalistas, *designers*, programadores e outros profissionais uniram esforços para dar conta de atribuir sentidos a grandes quantidades de dados e extrair notícias dela. Outro aspecto relevante nesses trabalhos foi a necessidade de consolidar a integração de equipes ligadas à área da tecnologia da informação com os jornalistas. A quantidade de dados obtidos tornava inviável qualquer leitura e compilação manual dos conteúdos – nos casos mais recentes, foi indispensável o uso de máquinas para realizar o trabalho jornalístico.

Ao analisar as adaptações de processos necessárias para dar conta do vasto material, Rogério Christofoletti e Cândida de Oliveira (2011, p. 93) destacam que esse modelo de colaboração em busca de soluções, embora frequentemente utilizado por empresas de tecnologia, é uma novidade no jornalismo: "Entre os jornais, é uma novidade ainda; um advento que pode estar sepultando os velhos alicerces do edifício jornalístico que rechaçava o pool de cobertura...".

A organização Repórteres Sem Fronteiras, segundo Christofoletti e Oliveira (2011) também fez uma avaliação positiva da conjugação de esforços. Na análise do grupo sobre o caso WikiLeaks, a sinergia entre as empresas permitiu uma melhor compreensão sobre o assunto.

O uso de técnicas e critérios jornalísticos nos processos de seleção e hierarquização dessa avalanche de informações permitiu que se decifrasse melhor a quantidade inédita de documentos e ajudou a garantir a qualidade e confiabilidade das notícias relacionadas, independente das fontes e formas de se obter tais informações. O jornalismo exerceu, nesse caso, um papel estratégico de filtro. (Christofoletti; Oliveira, 2011, p. 94)

Além da atuação conjunta em casos como esses, as empresas também são forçadas a tomar ações individuais que reforcem a equipe de cobertura. Como revela o editor do jornal *The Guardian* à época do WikiLeaks, Alan Rusbridger (citado por Renner, 2016), a primeira coisa que o jornal fez foi construir um mecanismo de busca que pudesse atribuir sentido aos dados. Na sequência, correspondentes e analistas que entendiam o contexto dos conflitos nos locais onde aconteceram crimes revelados pelos documentos foram repatriados do Afeganistão e do Iraque. Segundo Rusbridger (citado por Renner, 2016), a última etapa da empreitada foi desenvolver um processo de redação para que nada que fosse publicado colocasse em risco quaisquer fontes vulneráveis. "Extrair algum sentido dos arquivos não foi imediatamente fácil. Há muito poucos, isso se existirem, paralelos nos anais do jornalismo em que qualquer organização de notícias teve de lidar com uma base de dados tão grande" (Rusbridger, citado por Renner, 2016, tradução nossa).

∴ O caso WikiLeaks

Um bom caso para avaliar os novos processos, métodos e questionamentos éticos que são impostos aos jornalistas pelo exercício do jornalismo de dados – e também pelos eventos de vazamento de informações – é o WikiLeaks. Tanto pelo pioneirismo no novo contexto das tecnologias da informação quanto pelo ineditismo da quantidade de dados obtidos, o caso oferece possibilidades de análise por diversos aspectos.

Chamado por Christofoletti e Oliveira (2011, p. 87) de o "maior vazamento público de documentos oficiais da história", o *site* WikiLeaks, em 28 de novembro de 2010, começou a trazer a público 251.287 comunicados internos do Departamento de Estado dos Estados Unidos, escritos para 280 embaixadas e consulados de 180 países. A divulgação dessa informação foi feita pelo WikiLeaks em consonância com cinco dos maiores e mais tradicionais veículos de informação do mundo: os jornais *The Guardian* (da Inglaterra), *The New York Times* (dos Estados Unidos), *Le Monde* (da França) e *El País* (da Espanha), além da revista semanal *Der Spiegel* (da Alemanha).

Criado em 2006 por Julian Assange, o WikiLeaks define-se como uma organização de mídia multinacional com uma biblioteca associada. Nas palavras de seu criador, o "WikiLeaks é uma biblioteca gigante com os documentos mais perseguidos do mundo. Nós damos asilo a esses documentos, os analisamos, promovemos e obtemos mais", disse Assange (citado por WikiLeaks, 2015, tradução nossa), em entrevista à publicação alemã *Der Spiegel*.

Segundo dados da própria organização, até agora já foram publicados mais de 10 milhões de documentos e análises. Para dar vazão a essas informações, o grupo mantém relações com mais de 100 grandes instituições de comunicação de todo o mundo, o que, segundo eles, permite às fontes poder de barganha, impacto e proteção técnica.

A autodefinição do que seria o WikiLeaks, entretanto, deixa sem resposta uma questão crucial, conforme veremos na seção seguinte.

:: **O WikiLeaks, sozinho, faz jornalismo de dados?**

Stefen Baack (2011) apresenta dois argumentos segundo os quais o WikiLeaks, sem a participação de outros veículos, não se constitui em um jornalismo de dados. Em outras palavras, segundo o autor, por não apresentar formas de visualização, tampouco gerar narrativas com base nos documentos divulgados, a iniciativa não pode ser considerada jornalismo de dados.

No que diz respeito ao fluxo de trabalho do jornalismo de dados, o WikiLeaks atua nas duas primeiras etapas; coletar dados e questioná-los, sem ir adiante. Um aspecto-chave, a transformação de dados brutos em algo com significado para agregar valor público ao material, não é feito. A discussão sobre até que ponto o WikiLeaks pode ser considerado jornalismo, de modo mais genérico, continua em aberto, mas a iniciativa não é, autonomamente, uma forma de jornalismo de dados – mas certamente é um importante ator no fluxo de trabalho dessa modalidade. Dessa perspectiva, o WikiLeaks é uma fonte para dados que precisam ser refinados para terem valor público. (Baack, 2011, p. 4, tradução nossa)

Já na visão do próprio Assange (2010), o WikiLeaks é, sim, jornalismo. Um novo tipo, com características mais científicas, que permite ao público ler e comprovar as notícias com base em documentos disponibilizados. Essa autodefinição é chamada por Christofoletti e Oliveira (2011, p. 89) de "exagerada e autoelogiosa". A despeito disso, são inegáveis as mudanças que o WikiLeaks trouxe para o jornalismo atual.

Por associar-se a veículos de comunicação, ainda que o WikiLeaks, sozinho, não faça jornalismo, o produto final de seu trabalho é jornalismo de relevância, que recebeu destaque nos mais importantes meios de comunicação do planeta. Desse modo, merece atenção o modo como se deu a relação entre Assange, sua equipe e os veículos de comunicação.

:: A relação do WikiLeaks com a imprensa

As primeiras perguntas a que os teóricos buscam responder sobre a relação entre o WikiLeaks e a imprensa são: Por que um grupo que se define como uma organização de mídia – e que em sua própria visão faz jornalismo –, não publicou os documentos independentemente? Por que um projeto surgido no bojo de oportunidades oferecidas pelas novas configurações da informação precisou recorrer a veículos de comunicação tradicionais para publicar seu trabalho mais relevante?

Para o professor de Ética na Comunicação da Universidade de Washington, Edward Wasserman, **visibilidade** e **credibilidade** são questões que explicam a relação do WikiLeaks com a mídia tradicional. Caso Assange e sua equipe tivessem apenas postado o material que tinham em mãos, poderiam ser acusados de ser grosseiramente irresponsáveis (Christofoletti; Oliveira, 2011). Para Wasserman (citado por Christofoletti e Oliveira, 2011, p. 236) se o WikiLeaks não tivesse recorrido a empresas de comunicação, não teria alcançado tanta proeminência e recebido tanta atenção e publicidade.

Outra leitura possível sobre o fato é que, tanto quanto os jornalistas dependiam das informações obtidas do WikiLeaks para criar narrativas sobre assuntos como as guerras no Iraque e no Afeganistão, o WikiLeaks dependia dos jornalistas para depreender sentido dos dados de que dispunha.

O que viabilizou o trabalho

foi a conjugação de esforços políticos, jornalísticos e tecnológicos; resultado de ativismo quase anarquista, de domínio tecnológico e da expertise jornalística.

Isto é, não se pode dizer apenas que tenham sido disponibilizados dados brutos no site num apertar de botão. As centenas de milhares de documentos vieram à tona com base na certificação de alguns dos veículos mais tradicionais e respeitados da mídia internacional. O vazamento veio sustentado por séries de reportagens, produzidas ao longo de meses, envolvendo dezenas de jornalistas, e planejadas numa sequência de lances para evitar reações políticas que pudessem interromper o processo. (Christofoletti; Oliveira, 2011, p. 87)

Ainda na avaliação dos autores, o caso específico do WikiLeaks evidencia que, "cada vez mais, as fronteiras entre jornalista, público e fonte de informação tornam-se porosas: a relação entre eles é tão próxima e constante que esses papéis se mesclam" (Christofoletti; Oliveira, 2011, p. 88).

É natural que essa relação, que acontece na fronteira de áreas do conhecimento, com trocas mútuas, não siga sem percalços nem disputas.

O próprio Assange tinha fama, entre os editores do jornal com os quais colaborava, de tratar as informações de forma controladora e cheia de segredos. Segundo Rusbridger (citado por Renner, 2016), do jornal *The Guardian*, ainda que tivesse grande respeito e interesse pelo trabalho de Assange, era claro que o fundador do WikiLeaks não conseguia enxergar com clareza as fronteiras entre os papéis de ativista e de editor. Ao passo que outro grande vazador de documentos da contemporaneidade, Edward Snowden, abriu mão do controle dos documentos que ele vazou da NSA ao entregá-los para os veículos de comunicação, o WikiLeaks, ao contrário, ainda mantém sua atuação como publicador e controlador de conteúdos.

Rusbridger não poupa críticas a Assange. Segundo o editor inglês, o ativista estava disposto a atuar em qualquer papel que melhor servisse a seus interesses: "Ele age como uma fonte quando é conveniente, mas também se mascara de editor ou de representante de sindicato de jornais quando parece vantajoso", escreveu Rusbridger (citado por Renner, 2016, tradução nossa).

Para outro editor do jornal *The Guardian*, David Leigh (citado por Renner, 2016), houve mais um ponto de discórdia entre os jornalistas e Assange. Segundo Leigh, o fundador do WikiLeaks irritou-se com o jornal quando a publicação se recusou a não publicar notícias sobre supostos casos de abusos sexuais cometidos por ele (Renner, 2016).

O que pode parecer o relato de desentendimentos pessoais coloca em evidência que, mesmo quando profícuas, as relações entre jornalismo e ativismo esbarram em contradições.

:: Limites entre jornalismo e ativismo

Ainda que as informações repassadas pelo WikiLeaks constituam apenas um fato específico de reportagem de dados feita com base em vazamentos de documentos sigilosos, a magnitude e a repercussão que o caso tomou e a interação que foi estabelecida entre o grupo e as empresas de comunicação testaram as fronteiras entre o jornalismo profissional e o ativismo político.

Não só os editores do jornal britânico *The Guardian* questionaram a atuação de Assange, mas também os editores do jornal norte-americano *The New York Times* – que produziu reportagens com base nos dados do WikiLeaks –, para os quais o australiano trabalha em uma fronteira nebulosa entre jornalismo e ativismo (Coddington, 2012).

Além de ter produzido materiais especiais *on-line* sobre as guerras do Iraque e do Afeganistão, cujas informações foram obtidas do grupo de Assange, o jornal norte-americano chegou a estampar uma reportagem na capa da edição impressa aos domingos. Porém, o veículo, a exemplo do jornal *The Guardian*, começou a trilhar um caminho de distanciamento do WikiLeaks, após as publicações do grupo envolvendo documentos sigilosos.

No esforço de demarcar os territórios, o editor executivo do jornal *The New York Times*, Bill Keller, chegou a qualificar Assange como arrogante, conspiratório e pavio-curto. Enquanto isso, colunistas do *jornal* referiram-se a ele como "anarquista à moda antiga", "um homem que claramente tem sua própria agenda" (Coddington, 2012, p. 388). Outro colunista chegou a dizer que, ainda que se definindo como jornalista e ativista ao mesmo tempo, se fosse forçado a fazer uma escolha, Assange ficaria com o ativismo (Coddington, 2012).

Em um estudo que analisou o movimento de afastamento da mídia tradicional do WikiLeaks, o pesquisador Mark Coddington (2012), da Universidade do Texas, em Austin, explica essa dinâmica como uma necessidade de manter claros e intocados os paradigmas do jornalismo.

Em sua análise, o autor aponta que três características básicas do jornalismo tradicional foram postas em dúvida e, por esse motivo, tanto *The New York Times* como *The Guardian* optaram por criar certo distanciamento em relação ao WikiLeaks. Os paradigmas rompidos foram a institucionalidade, o processo da reportagem com base em fontes e a objetividade.

[O WikiLeaks] Desafia a caracterização institucional com sua fluidez geográfica e organizacional. Ele não tem sede física, e seu fundador, Assange, passou a maior parte de 2010 sem uma residência permanente, já que buscava evitar uma prisão por acusações de agressão sexual na Suécia. Nem a sua composição nem estrutura organizacional tem uma forma estabelecida, sendo constituída, em vez disso, por um agrupamento de ativistas e colaboradores disperso, difundido internacionalmente e em constante mutação. Além disso, o WikiLeaks se dedica a poucos, ou nenhum, dos processos de reportagem que os jornalistas tradicionais usam para se definir. Não tem essencialmente nenhuma relação com as fontes oficiais, com que os jornalistas tradicionais compartilham certos valores e rotinas. Em vez disso, funcionários do governo dos EUA condenaram repetidamente suas ações, com o governo Obama criticando sua falta de redação de documentos e até abrindo um processo contra Assange. O vice-presidente Joe Biden chegou a chamar os membros do WikiLeaks de "terroristas". [...].

E, contrariamente à norma da objetividade, WikiLeaks e Assange expressaram metas políticas explícitas por meio de seus vazamentos, incluindo a transparência do governo e a exposição de atos ilícitos cometidos pelo governo dos EUA e grandes corporações. (Coddington, 2012, p. 383, tradução nossa)

Portanto, para recobrar sua autoridade e escapar dessa fronteira pouco demarcada que poderia pôr sob questionamentos a credibilidade dos veículos tradicionais, os jornais *The Guardian* e *The New York Times* preferiram apegar-se aos paradigmas do jornalismo e se afastar do WikiLeaks, tratando o caso como uma anomalia.

:: **Dependência da agenda do ativista**

Outras implicações que a relação entre o ativismo e o jornalismo traz para o exercício profissional deste último é reduzir e condicionar a publicação de reportagens à agenda daquele. O tema é controverso, mas uma questão resume bem as consequências dessa ligação. Se entre os arquivos descobertos por Assange existissem documentos que não comprovassem – e até refutassem – os pontos de vista que ele defende, será que os jornais teriam acesso, do mesmo modo, a esses dados?

Novamente, o WikiLeaks, com toda a sua complexidade, serve como exemplo para analisar esse assunto. Depois da grande repercussão das reportagens produzidas em 2010 e 2011 e do movimento de ruptura entre WikiLeaks e alguns dos veículos de imprensa que noticiaram os casos Cablegate (vazamento de telegramas da diplomacia americana) e War Logs (vazamento de informações militares sobre a Guerra do Iraque), a organização continuou com seu trabalho de obter e publicar documentos secretos.

Sem novas revelações com o mesmo nível de impacto gerado anteriormente, o WikiLeaks voltou aos holofotes depois de conseguir acesso e publicar os *e-mails* pessoais do coordenador da campanha de Hillary Clinton à presidência dos Estados Unidos, John Podesta. A divulgação gerou questionamentos – sobretudo dos eleitores e dos militantes do Partido Democrata – porque poderia interferir de modo injusto no resultado das eleições presidenciais de 2016, quando o republicano Donald Trump foi eleito para o cargo. Segundo a leitura dos defensores de Hillary, a divulgação dos *e-mails* traria danos à campanha democrata – que também poderiam acontecer à candidatura republicana, caso correspondências digitais pessoais e internas da equipe de Trump fossem divulgadas.

Outro aspecto que intensificou ainda mais as críticas à publicação foi o fato de Assange ser um crítico ferrenho do ex-presidente democrata Barack Obama, por quem se diz perseguido. Portanto, a divulgação dos *e-mails* poderia ter motivação exclusivamente revanchista e política.

Naturalmente, há dissonâncias nas opiniões sobre esse fato. Os republicanos, outrora críticos do WikiLeaks, que chamavam a organização de *grave ameaça à segurança nacional*, chegaram até a elogiá-la. Quando era candidato, o próprio Donald Trump, que anteriormente havia pedido a execução de Assange, disse amar o WikiLeaks.

Assange (2016) chegou a escrever sobre o assunto. No artigo publicado no *site* do WikiLeaks, ele afirmou que a organização publica dados de importância política, diplomática, histórica e ética. Portanto, como os *e-mails* de John Podesta se encaixavam nos critérios editoriais, foram divulgados. "Seria inconcebível para o WikiLeaks reter tal arquivo do público durante uma eleição", sentenciou Assange (2016, tradução nossa).

Além disso, segundo Assange,

> Ao mesmo tempo, não podemos publicar o que não temos. Até o momento, não recebemos informações sobre a campanha de Donald Trump, a campanha de Jill Stein, a campanha de Gary Johnson ou qualquer outro candidato que satisfaça os nossos critérios editoriais. Como resultado de publicar as mensagens de Clinton e indexar seus e-mails, somos vistos como especialistas de domínio em arquivos de Clinton. Então é natural que as fontes de Clinton venham até nós. (Assange, 2016, tradução nossa)

A tentativa de defesa da imagem pública do WikiLeaks chegou a ser caracterizada como uma "cruzada de relações públicas" (Renner, 2016, tradução nossa), e envolveu, entre outras ações, a publicação no jornal *The New York Times* de um artigo escrito por Sarah Harrison (2016). No texto intitulado *Por que o mundo precisa do WikiLeaks* (tradução nossa), ela defende que não se pode analisar a atuação dessa organização por meio de uma única série de documentos publicados.

Segundo Harrison (2016, tradução nossa): "São as tendências e os detalhes visíveis nos grandes arquivos que estamos comprometidos a publicar que nos revelam detalhes do funcionamento das estruturas". A autora ainda busca explicar o modo de funcionamento do WikiLeaks na intenção de esclarecer e combater mitos sobre a organização.

Existem dois mitos contraditórios sobre como operamos: por um lado, que simplesmente despejamos tudo o que nos chega aos braços do público; e por outro, que escolhemos e selecionamos o material para prejudicar nossos supostos inimigos políticos. Nós não fazemos nenhum dos dois. Sim, nós acreditamos na integridade do material de origem, no valor de conservar coleções de documentos quase imodificadas, e nós nos esforçamos para tornar este registro histórico acessível ao público. Nós publicamos na íntegra, de uma forma sem censura e incensurável. Mas também pesquisamos, validamos e contextualizamos o que recebemos. (Harrison, 2016, tradução nossa)

:: **Os paradigmas do jornalismo inviabilizam parcerias com *hacktivistas*?**

As críticas e os apontamentos ao WikiLeaks não diminuem a importância que os casos Cablegate e War Logs tiveram, tanto para a história do jornalismo quanto para a transparência e o acesso à informação. As críticas tampouco podem ser estendidas automaticamente a eventos que apresentem similaridades de processos.

Tão relevantes do ponto de vista da noticiabilidade, mas menos questionados sob os aspectos do controle e da filtragem da informação, os fatos envolvendo os dados vazados da NSA, por Edward Snowden, e o Panama Papers, publicado pela sociedade de advogados panamenha Mossack Fonseca, são outros exemplos indispensáveis para compreensão da nova configuração do jornalismo.

Portanto, ainda que seja necessário apontar e refletir sobre os conflitos e as contradições referentes à atuação conjunta de jornalistas, *hackers* e ativistas, esses grupos e pessoas não podem ser excluídos do rol de fontes do jornalismo, sob o risco de inviabilizar reportagens que, como reforçamos anteriormente, têm grande apelo e impacto social. Desse modo, a garantia de que sigam intocados os paradigmas da institucionalidade, dos processos e da objetividade jornalística não podem inviabilizar o exercício da profissão em novos contextos e em contato com novos atores.

No próprio estudo em que comparou as reações dos jornais *The Guardian* e *The New York Times* na sequência do caso WikiLeaks, Coddington (2012) aponta a necessidade de o jornalismo se manter não só vigilante quanto a suas premissas mas também atento e aberto aos novos modelos.

À medida que mais organizações de notícias seguem o modelo de WikiLeaks, tensionando as linhas entre as funções jornalísticas tradicionais e uma abordagem mais aberta, essa autodefinição paradigmática se tornará um marco cada vez mais importante do curso futuro do jornalismo profissional. Ou o paradigma jornalístico tradicional se deslocará e se abrirá a novos modelos para a prática do jornalismo, ou permanecerá rígido e, assim, cortará a ampla gama de atores inovadores, vibrantes e quase jornalísticos de seu alcance. (Coddington, 2012, p. 390, tradução nossa)

Enquanto a academia se dedica a análises e aponta implicações da nova configuração do jornalismo, jornalistas seguem fazendo jornalismo de dados com base em informações vazadas por ativistas e *hackers*.

Do ponto de vista empírico, o jornalista americano Glenn Greenwald (2016), que reportou em primeira mão para o jornal *The Guardian* os dados vazados por Edward Snowden, cunhou cinco princípios que servem de guia para os jornalistas durante o processo de tomada de decisão:

1. A motivação da fonte é irrelevante

[...]

Uma vez que o jornalista tem confiança na autenticidade do material, a única questão relevante é se o bem público da publicação excede qualquer dano. E se a resposta a essa pergunta é "sim", então o jornalista não tem apenas o direito, mas o dever absoluto de informar sobre isso. Muitas vezes – talvez quase sempre – o caso é que as fontes têm motivos impuros: um desejo de vingança, de carreirismo, de vantagem ideológica ou política, um senso de autoimportância, alguma queixa delirante, um desejo de lucro. Nada disso é relevante para o jornalista, cuja única preocupação deve ser a divulgação de material interessante, independentemente do motivo pelo qual ele foi disponibilizado.

2. Jornalistas publicam com frequência documentos obtidos ilegalmente

[...]

The New York Times só foi capaz de publicar os documentos do Pentágono porque Daniel Ellsberg tomou-os sem autorização, e foi processado por fazê-lo. O mesmo vale para os arquivos cruciais fornecidos por Chelsea Manning e Edward Snowden. Cada história significativa envolvendo a revelação de informações confidenciais – da exposição de Dana Priest, vencedora do Pulitzer, de sites negros da CIA, a James Risen e Eric Lichtblau, descobrindo o programa de escuta interna sem mandado de Bush – envolve uma fonte que viola a lei para permitir essa reportagem.

3. Quanto mais poder público alguém tem, menos privacidade pode exigir

[...]

É evidente que existem diferentes padrões de privacidade para diferentes pessoas com base no seu poder e posição.

É por isso que leis como a FOIA[1] exigindo a divulgação (inclusive de e-mails) se aplicam apenas aos funcionários públicos, mas não aos cidadãos: ela aceita a proposição de que aqueles que detêm o poder público se submetem a uma maior transparência do que os cidadãos. Esse mesmo princípio explica por que as pessoas aplaudiram quando o NYT publicou o retorno de impostos do Trump mesmo que ficassem horrorizados se o NYT publicasse o retorno de impostos de cidadãos comuns – porque pessoas como Trump que exercem ou buscam grande poder político sacrificam algum grau de privacidade.

4. Que algo seja "chocante" ou "abale as estruturas" é uma medida irrelevante

[...]

A grande maioria das reportagens feitas por jornalistas não é sobre descobrir escândalos cataclísmicos ou pessoas "chocantes". Se algo é "chocante", não é o padrão do que é notável. Eu espero que ninguém ache remotamente "chocante" que Donald Trump seja um assediador serial de mulheres. Apesar de ser absolutamente esperado, ainda é interessante relatar isso. O jornalismo trata de iluminar o que as facções mais poderosas fazem no escuro, de ajudar as pessoas a entender como elas operam. Nem toda história vai ser "chocante" ou gerar um novo, grande escândalo. Isso não significa que deva ser suprimido.

• • • • •

1 Foia – Freedom of Information Act (lei norte-americana de acesso à informação)

5. Todos os jornalistas são árbitro da privacidade e mantenedores da informação

A objeção frequentemente ouvida de que os jornalistas não devem atuar como árbitros de privacidade ou portadores de informações é simplesmente absurda. Todo jornalismo envolve exatamente aqueles julgamentos: sobre o que deve ou não ser publicado e sobre quais invasões de privacidade são ou não justificadas pelo interesse público. (Greenwald, 2016, tradução nossa)

Esses cinco princípios de Greenwald derivam muito mais do exercício diário do jornalismo do que de reflexões acadêmicas sobre a profissão. A cada nova matéria, o jornalista pode ser confrontado por situações em que são impostas escolhas e, nesses casos, esses princípios podem ser úteis para orientar as decisões.

∴ Os vazamentos da NSA

Dois anos depois de os conteúdos publicados pelo WikiLeaks terem gerado grandes furos nos principais jornais e revistas do mundo, outro caso de vazamento de documentos secretos do governo americano começava a se estruturar. No dia 1º de dezembro de 2012, Glenn Greenwald, então colunista do jornal *The Guardian*, recebeu o primeiro *e-mail* de uma fonte, ainda misteriosa, pedindo ao jornalista que criasse um canal de comunicação criptografado, via Pretty Good Privacy, um *software* que faz uma espécie de escudo que envolve as mensagens *on-line*, dificultando a espionagem (Greenwald, 2014).

O pedido, que, a princípio, poderia parecer paranoico, seria plenamente justificado depois que a fonte – que havia se apresentado no primeiro contato como *Cincinnatus* – revelasse sua identidade e os documentos que queria repassar.

Cincinnatus era, na verdade, Edward Snowden, um jovem analista de sistemas que havia trabalhado para a Central Intelligence Agency (CIA) – Agência Central de Inteligência, em português – e, posteriormente, para a NSA, com criptografia, interceptação de sinais e outros serviços de informação para o governo americano.

Depois de capturar informações sobre a violação de privacidade de cidadãos americanos e sobre a interceptação da comunicação de líderes mundiais – como conversas da ex-Presidente Dilma Rousseff –, Snowden fugiu dos Estados Unidos e abrigou-se em um quarto de hotel em Hong Kong, de onde começou a se comunicar com Greenwald. Foram entrevistas e imagens gravadas nesse hotel que deram origem às primeiras reportagens publicadas nos jornais *The Guardian* e *The Washington Post*.

Ao contrário dos principais ataques feitos ao WikiLeaks, que tinham como principal alvo a personalidade de Assange e a maneira como ele interferia no trabalho jornalístico, Snowden não buscou moldar a forma como os jornais divulgariam o material que ele repassava e também não tinha uma personalidade controversa que pudesse atrair críticas e questionamentos do governo e de seus defensores. Como relatou Greenwald (2014, p. 31, tradução nossa), "Eu sabia que quanto mais difícil fosse para o governo e seus aliados demonizarem a fonte, mais poderoso seria o efeito das suas divulgações. As duas linhas mais comuns de demonização das fontes – 'ele é instável' e 'ele é ingênuo' – não iriam funcionar aqui".

Além das vantagens de aspectos mais pessoais, o vazamento de Snowden teve outras características que tornaram ainda mais sólida sua ação de divulgação, se comparadas às controvérsias comumente relacionadas ao WikiLeaks. Uma das principais fontes de Assange, a militar transexual americana Chelsea Manning (à época, Bradley Manning), que vazou os documentos sigilosos relativos às correspondências da diplomacia americana, foi muito criticada por ter repassado os documentos sem antes tê-los revisado. No caso de Snowden, essa crítica, novamente, não poderia ser feita, pois, como ele próprio disse, "Eu cuidadosamente avaliei cada documento que eu divulguei para garantir que cada um fosse legitimamente de interesse público. Ferir as pessoas não é meu objetivo; a transparência é" (citado por MacAskill; Dance, 2013, tradução nossa).

Bem estruturada e abrindo poucas brechas para controvérsias e questionamentos, a série de reportagens, fruto da parceria entre Snowden e alguns jornalistas – principalmente Glenn Greenwald –, gerou impactos profundos na privacidade e na segurança das informações.

Uma das principais mudanças, conforme análise da Eletronic Frontier Foundation, que defende as liberdades civis na internet, foi a aprovação da lei USA Freedom Act, que impõe novos limites para a coleta de dados de telecomunicações de cidadãos norte-americanos por agências de inteligência dos Estados Unidos, incluindo a NSA.

Além de consequências práticas, tanto na visão de Greenwald quanto na análise de Snowden, ter jogado luz sobre ações opacas e obscuras do governo norte-americano foi um dos mais importantes objetivos alcançados pelo vazamento de informações e pelas reportagens produzidas com base nelas. Segundo escreveu Snowden em uma espécie de manifesto explicando os motivos que o levaram a agir como agiu, "Eu estive nos cantos mais obscuros do governo e o que eles temem é a luz" (citado por Greenwald, 2014, p. 32, tradução nossa).

A análise de Greenwald (2014, p. 12, tradução nossa) é similar: "A lição para mim foi clara: funcionários de segurança nacional não gostam da luz. Eles agem abusivamente e furtivamente apenas quando eles acreditam que estão seguros, no escuro. O segredo é o eixo do abuso de poder, [...]., sua força facilitadora. A transparência é o único antídoto real".

:: **Panama Papers**

Outro caso de repercussão internacional envolvendo reportagens feitas levando em conta o vazamento de grandes volumes de dados é o que ficou conhecido como *Panama Papers*. A grande inovação nesse caso foi articular uma rede com mais de 300 jornalistas, de redações de 100 veículos diferentes no mundo todo, para apurar os documentos vazados por um funcionário do escritório de advocacia panamenho Mossack Fonseca.

Com base em mais de 11 milhões de arquivos vazados, a investigação expôs o esquema de corrupção que usava empresas de *offshore* para facilitar o suborno, o negócio de armas, a evasão fiscal, a fraude financeira e o tráfico de drogas em escala global.

A série Panama Papers começou no início de 2015, quando o jornal alemão *Süddeutsche Zeitung* recebeu uma enorme quantidade de arquivos vazados. Incapaz de lidar sozinho com a magnitude de informações, o veículo recorreu ao Consórcio Internacional de Jornalistas Investigativos (ICIJ, na sigla em inglês para *International Consortium of Investigative Journalists*), uma rede global com mais de 190 jornalistas investigativos localizados em mais de 65 países que colaboram em histórias de investigação aprofundada (Weiss, 2016).

Para coordenar a ação do grupo, o ICIJ deu acesso aos dados a toda a rede de repórteres, mas exigiu, via contrato, que fosse mantido sigilo durante as investigações e que as descobertas mais relevantes fossem compartilhadas com todo o grupo.

Outro aspecto importante que facilitou o fluxo de trabalho nesse arranjo inédito no jornalismo foi que o próprio ICIJ limpou e filtrou os dados para depois disponibilizá-los aos repórteres em uma plataforma própria, na qual também havia uma espécie de rede social interna que conectava os jornalistas. Para garantir a inviolabilidade dos documentos e as mensagens trocadas, o sistema trabalhava com criptografias.

A partir de abril de 2016, quando as reportagens começaram a ser publicadas globalmente, diversos casos de corrupção, muitos deles envolvendo pessoas públicas, vieram à luz. Um grande benefício gerado pela forma como a investigação se articulou foi que, embora o caso tivesse implicações mundiais, os veículos descentralizados puderam olhar com mais atenção para os casos que envolviam pessoas de sua região. Assim, casos de corrupção que aconteceram no Brasil, por exemplo, não ficaram em segundo plano, como aconteceria se apenas jornalistas europeus estivessem envolvidos nessa iniciativa.

Os dados vazados expõem casos que envolvem 12 líderes mundiais – em exercício, na época, ou com mandatos já terminados –, 128 políticos e funcionários públicos e 28 bilionários da lista da revista norte-americana *Forbes*. "[O vazamento] inclui informações sobre mais de 14.000 bancos, escritórios de advocacia, corporações e outros intermediários de mais de 100 países. E já levou a repercussão e investigações em todo o mundo" (Weiss, 2016).

A consequência mais evidente do caso ocorreu quando o primeiro-ministro da Islândia foi forçado a renunciar. Além disso, líderes de outros países, como Reino Unido, França e Paquistão, também foram confrontados e precisaram explicar os recursos mantidos em *offshores*.

No Brasil, a investigação apontou diversos nomes de jogadores de futebol, empresários, funcionários públicos e políticos que tinham relação com as *offshores* criadas pela firma panamenha de advocacia Mossack Fonseca.

Três veículos brasileiros participaram do consórcio mundial de investigação: o *site UOL* (Universo Online), por meio do *blog* do jornalista Fernando Rodrigues, o jornal *O Estado de S. Paulo* e a emissora de televisão *Rede TV!*

:: **Pentagon Papers: o precursor**

As ferramentas e os arquivos digitais, sem dúvidas, levaram o jornalismo de dados a um novo patamar. Cruzamentos de informações antes impensáveis em uma escala de trabalho humano tornaram-se possíveis graças à mediação do computador. Entretanto, mesmo antes dessa nova configuração, já havia fontes vazando dados para que jornalistas pudessem produzir reportagens de alto impacto social.

Em 1971, o jornal americano *The New York Times* publicou uma série de reportagens sobre a atuação dos Estados Unidos na Guerra do Vietnã. As matérias usaram como base os documentos repassados pelo então analista militar americano Daniel Ellsberg. Na avaliação de Richard Weiskopf e Hugh Willmott (2013), por meio das informações divulgadas por Ellsberg, foi possível comprovar documentalmente atos sobre a Guerra do Vietnã que vinham sendo negados por sucessivas administrações. Para os autores, "Ao revelar 'inépcia, engano e ocultamento' (Bok, 1989, p. 205), as ações de Ellsberg se tornaram um catalisador para o fim acelerado da Guerra do Vietnã. Elas também contribuíram indiretamente para o impeachment do presidente Nixon" (Weiskopf; Willmott, 2013, tradução nossa).

∴ **A repressão às fontes**

Vazar informações sigilosas de empresas e governos é uma atividade de risco. Ainda que os jornalistas que construíram suas reportagens com base em documentos obtidos nos casos analisados neste livro não tenham sofrido sanções, há uma realidade comum entre as fontes: todas foram denunciadas e, de formas distintas, sofreram, por determinado período – ou ainda sofrem –, duras consequências por seus atos.

No mais antigo dos casos, o Pentagon Papers, Daniel Ellsberg foi indiciado por cometer 12 crimes federais. Seu amigo Anthony

Russo, que o ajudou a tirar as cópias dos documentos, recebeu três acusações. Somadas, as penas de Ellsberg poderiam chegar a até 115 anos de prisão. Depois de quase 2 anos sob acusação e mais de 4 meses de julgamento, entretanto, Ellsberg e Russo foram inocentados (Ellsberg, 2006).

Os dois principais nomes do caso WikiLeaks não tiveram a mesma sorte de Ellsberg. Desde 2012, Julian Assange está asilado na embaixada do Equador, em Londres. Além dos vazamentos, o australiano é acusado por crimes de abuso sexual cometidos na Suécia. Segundo ele, as acusações são, na verdade, perseguição política que tem o objetivo de difamá-lo e colocá-lo à disposição da justiça norte-americana. Ele teme a possibilidade de ser deportado à Suécia e, de lá, para os Estados Unidos, onde poderia ser julgado pela publicação das centenas de milhares de documentos secretos.

Já Chelsea Manning, a militar que repassou as correspondências diplomáticas a Assange, teve sua pena de 35 anos de prisão perdoada pelo ex-presidente dos Estados Unidos Barack Obama, poucos dias antes de ele deixar a Casa Branca, no início de 2017 (Savage, 2017). Manning cumpriu cerca de 7 anos de reclusão em Fort Leavenworth, no estado norte-americano do Kansas. Enquanto esteve presa, ela chegou a tentar o suicídio por duas vezes. A despeito da clemência demonstrada no caso, a gestão do Presidente Obama foi a que mais abriu casos para processar vazamentos de segredos do governo. Dependendo de como for feita a conta, o número varia entre nove e dez casos, mais do que ocorreu durante todas as presidências anteriores somadas (Savage, 2017).

A respeito do responsável pelo vazamento de documentos da firma panamenha de advocacia Mossack Fonseca, as informações não são tão claras. Até o fim de 2016, não havia confirmação sobre a identidade da fonte que havia se apresentado sob o pseudônimo de *John Doe*. Apesar disso, em junho de 2016, um trabalhador da área de tecnologia da informação do escritório de Genebra da Mossack Fonseca foi preso na Suíça sob alegação de roubo de informações (Garside, 2016). Entretanto, a justiça suíça não confirmou se o funcionário preso é, de fato, a fonte que originou o caso Panama Papers.

∴ Vazamentos à brasileira

Não à toa, o pequeno apanhado de casos em que ativistas municiam jornalistas com grandes quantidades de dados para a produção de notícias não elenca nenhum exemplo brasileiro. Em nosso país, com exceção da participação dos veículos nacionais no caso Panama Papers, não há nenhum evento que siga as mesmas características dos casos abordados neste livro e que tenha sido de grande relevância nacional. Não há um motivo claro que justifique isso, mas há teorias e explicações sobre alguns temas adjacentes que podem ajudar a compreender essa realidade.

O jornalista e pesquisador Solano Nascimento (2010) conduziu um estudo que apontou como a produção do jornalismo investigativo tem decrescido enquanto vem aumentando o que ele denominou de *jornalismo sobre investigações*. O autor refere-se a reportagens que usam como base relatórios, inquéritos e informações reveladas por investigações oficiais que já estejam em curso. Conduzidas pelas polícias, corregedorias, controladorias e outros instituições de controle e fiscalização, especialmente o Ministério Público, as investigações ficam a cargo dos órgãos oficiais, e não dos jornalistas. "Há uma grande diferença entre descobrir uma irregularidade e descobrir que alguém descobriu uma irregularidade", resume Nascimento (2010, p. 9).

Em seu trabalho, Nascimento (2010) concluiu que, nas revistas analisadas (*Época*, *IstoÉ* e *Veja*), 75% das reportagens com denúncias feitas em 1989 eram investigativas, ao passo que 25% eram sobre investigação. Já em 2006, essa ordem praticamente se inverteu: enquanto 30% das reportagens eram investigativas, 70% eram sobre investigações.

A pesquisa de Nascimento (2010) buscou as razões desse fenômeno e identificou causas relacionadas a quatro grandes grupos:

1. **Causas extrarredação** – Melhoria no aparato fiscalizatório no país; fim da censura em razão da redemocratização.
2. **Causas relacionadas a empresas jornalísticas** – Tentativa de proteção contra ações judiciais; redução no tamanho das equipes de jornalistas em redações; espaço dispensado pela imprensa para reportagens com denúncias.
3. **Causas relacionadas a empresas jornalísticas e a jornalistas** – O caso específico da cobertura do Governo Collor (que fez o jornalismo investigar mais no primeiro período da análise); atração da imprensa por informações e fontes oficiais.
4. **Causas relacionadas a jornalistas** – Acomodação de repórteres, editores e chefes, que deixaram de incentivar e exigir investigação jornalística.

Os apontamentos da pesquisa claramente não justificam a ausência de reportagens feitas na fronteira do *hacktivismo* com o jornalismo, mas certamente jogam luz sobre um fenômeno interessante que ocorre no jornalismo investigativo brasileiro: o vazamento mais comum no país para a construção de reportagens com denúncias tem sido o de relatórios, inquéritos e depoimentos de investigações oficiais (Nascimento, 2010). O autor observa que, nessas situações, o jornalista pode estar recebendo apenas trechos que interessam aos investigadores, além de que, por causa dessa dinâmica, ficam presos à agenda de investigações oficiais. Na visão de Nascimento (2010), os dois casos podem ser prejudiciais ao jornalismo.

4.5 Questões éticas no jornalismo de dados

O exercício do jornalismo de dados não impõe novos códigos de ética à profissão ou uma revisão da deontologia jornalística. Essencialmente, o que se aplica ao jornalismo de modo geral aplica-se também a esse formato. Novos meios, processos e métodos de apuração suscitam, entretanto, novas questões e expõem os jornalistas a situações que antes não estavam previstas.

No Código de Ética dos Jornalistas Brasileiros (Fenaj, 2007), por exemplo, entre os deveres profissionais citados, não há nenhum específico para o jornalismo de dados, assim como não há, também, nenhum que não seja aplicável a esse modo de exercício da profissão.

Art. 6º É dever do jornalista:

I – opor-se ao arbítrio, ao autoritarismo e à opressão, bem como defender os princípios expressos na Declaração Universal dos Direitos Humanos;

II – divulgar os fatos e as informações de interesse público;

III – lutar pela liberdade de pensamento e de expressão;

IV – defender o livre exercício da profissão;

V – valorizar, honrar e dignificar a profissão;

VI – não colocar em risco a integridade das fontes e dos profissionais com quem trabalha;

VII – combater e denunciar todas as formas de corrupção, em especial quando exercidas com o objetivo de controlar a informação;

VIII – respeitar o direito à intimidade, à privacidade, à honra e à imagem do cidadão;

IX – respeitar o direito autoral e intelectual do jornalista em todas as suas formas;

X – defender os princípios constitucionais e legais, base do estado democrático de direito;

XI – defender os direitos do cidadão, contribuindo para a promoção das garantias individuais e coletivas, em especial as das crianças, dos adolescentes, das mulheres, dos idosos, dos negros e das minorias;

XII – respeitar as entidades representativas e democráticas da categoria;

XIII – denunciar as práticas de assédio moral no trabalho às autoridades e, quando for o caso, à comissão de ética competente;

XIV – combater a prática de perseguição ou discriminação por motivos sociais, econômicos, políticos, religiosos, de gênero, raciais, de orientação sexual, condição física ou mental, ou de qualquer outra natureza. (Fenaj, 2007)

Antes de avançarmos para questões específicas relacionadas à ética no jornalismo, é importante apontar alguns aspectos comuns aos códigos deontológicos do jornalismo em todo o mundo, ou seja, os conjuntos de deveres éticos que a maioria das sociedades atribui ao jornalismo. Para isso, recorremos à pesquisa do teórico português José Carlos Costa dos Santos Camponez (2009). Em sua tese de doutorado, ele fez um cruzamento de vários estudos realizados sobre os conteúdos dos códigos deontológicos e encontrou, principalmente, os valores morais elencados a seguir:

Deveres para com a informação: imparcialidade, objectividade e exactidão, dúvida metódica, identificação da fonte de informação, distanciação relativamente às fontes, confirmação da informação, igualdade de tratamento, distinção entre notícias e comentários, recusa do sensacionalismo, separação clara entre a publicidade e o conteúdo editorial, identificação das fotomontagens e reconstituições de acontecimentos (no caso dos audiovisuais), rectificação da informação, titulação e legendagem de acordo com o conteúdo das notícias. Enfim, não deformar ou forçar o conteúdo, não suprimir o essencial da informação, não inventar, não noticiar rumores, escrever claro.

Deveres para com as fontes de informação: respeito pelos compromissos assumidos (protocolos de citação e protecção das fontes), respeito pelas regras de embargo noticioso.

Deveres para com os outros da profissão: respeitar as regras do bom gosto e da decência, presumir a inocência, respeitar a privacidade e a dor, preservar o nome de familiares de condenados ou suspeitos de crime, proteger o nome de testemunhas de crimes, não caluniar, não difamar, não identificar menores condenados, não identificar vítimas de violação, não recolher imagens ou declarações sem ter em conta as condições de serenidade, liberdade e responsabilidade das pessoas envolvidas, não publicar imagens que ponham em causa a dignidade das pessoas, não discriminar ninguém em função do sexo, da raça, da etnia ou do grupo social, respeitar as instituições, a empresa e o Estado.

Deveres para com a própria profissão: recusar pressões, defender a liberdade de expressão e a liberdade de imprensa, ser solidário e colaborar com os colegas de profissão, assumir a responsabilidade dos seus trabalhos, identificar-se quando em funções profissionais, procurar a verdade independentemente das consequências para o jornalista, não confundir investigação jornalística com investigação policial, não utilizar meios tecnicamente ilícitos para obtenção da informação, não plagiar, não aceitar oferendas, prémios ou prebendas, não roubar a informação, não tirar partido da profissão para fins pessoais, não enganar colegas, não disputar-lhes o lugar, não exercer actividades incompatíveis com a profissão, não noticiar actos em que se encontre envolvido, defender dos direitos dos jornalistas.

Deveres para com o próprio sujeito profissional: recusar efectuar trabalhos que violem a sua consciência, defender a cláusula de consciência. (Camponez, 2009, p. 146-147, grifos do original)

∴ Questões impostas pelo exercício do jornalismo de dados

Ainda que os pressupostos deontológicos tradicionais já tragam as respostas para as dúvidas suscitadas pela prática do jornalismo, é importante deixar claro quais são as situações mais corriqueiras de dúvidas e contradições que envolvem a profissão.

:: Confiabilidade dos dados

O primeiro passo para produzir reportagens baseadas em dados é obter as bases de dados. Sobre isso, já existem questões que precisam ser observadas para que o jornalista possa garantir a confiabilidade das informações. Apesar de muitas vezes o repórter não ser o responsável pela construção das bases, ele precisa se cercar de garantias de que o conteúdo encontrado nelas é verdadeiro. Repórter de dados do jornal *USA Today*, Eric Litke detalha essa responsabilidade:

> Um jornalista é responsável pela compreensão dos dados. Ponto. Isso significa saber como eles foram coletados e organizados, se houve mudanças na organização ao longo do tempo, qual o período estudado, que limitações os dados têm e onde erros podem entrar no sistema. Se essas perguntas foram feitas e mentiram para o repórter, não há nada a fazer sobre isso, mas estas são questões críticas que devem ser feitas. (Litke, citado por McBride, 2016, p. 5, tradução nossa)

Esse cuidado anterior à publicação da matéria é fundamental. Caso haja alguma incongruência no texto publicado que tenha origem em falhas das bases de dados utilizadas, o jornalista não poderá se eximir do erro alegando que o problema estava nos dados.

:: **Recortes inexatos**

Bases de dados são sempre uma forma de representação da realidade. Olhar para os dados é uma maneira de tentar extrair sentido do real. Por isso, mesmo ao analisar extensas e confiáveis bases de dados, o jornalista não pode abrir mão de outras fontes para suas reportagens. Por exemplo: se algum jornalista fosse fazer uma matéria sobre as diversas origens étnicas que compõem os Estados Unidos e como fonte de informação usasse, exclusivamente, os censos realizados antes da década de 1970, chegaria à conclusão de que não há latinos morando lá. Ainda que a informação afrontasse claramente a realidade, era o que diriam as confiáveis pesquisas (Stray, 2016).

O problema é que, antes de 1970, os censos não ofereciam aos cidadãos a opção de se identificar como latino, o que, certamente, acarretaria implicações graves a qualquer análise que utilizasse esses documentos como fonte, e o jornalista correria o risco de tornar invisível uma população que, na época, era de aproximadamente nove milhões de pessoas.

A solução para não incorrer nesse tipo de erro é lembrar que jornalismo de dados é, sobretudo, jornalismo. Portanto, falar com outras fontes, ir às ruas e dar telefonemas continua constituindo as ferramentas básicas de apuração.

:: **Os indivíduos por trás dos números**

Parece uma afirmação um tanto óbvia, mas é sempre importante ter em mente que os dados são, na maior parte das vezes, gerados por seres humanos e, como não poderia deixar de ser, referentes a seres humanos. Esquecer desse pressuposto pode gerar problemas de exatidão na reportagem e falhas éticas (Sunne, 2016).

Em alguns casos, o conflito fica mais óbvio, como, por exemplo, quando o WikiLeaks publicou documentos sobre a Guerra do Afeganistão que revelavam a identidade de cidadãos afegãos que colaboravam com o exército norte-americano. Claramente, essa publicação expunha as pessoas a riscos, inclusive, de vida. Em outras situações, a linha é mais tênue, como em situações que envolvem discussões sobre privacidade. Nos Estados Unidos, um caso de grande repercussão foi a publicação de um mapa com a indicação das residências nas quais os moradores tinham armas registradas. Além de essa matéria ter gerado debates sobre o direito à privacidade, também suscitou reações violentas por parte dos proprietários de armas, que chegaram a ameaçar os jornalistas (Sonderman, 2013).

No caso de agentes públicos, ainda que o direito à privacidade seja mais restrito, a discussão também existe. A publicação nominal de salários, por exemplo, é um tema frequentemente revisitado. Ao comentar as dezenas de processos movidos por magistrados do Paraná contra o jornal *Gazeta do Povo*, que havia publicado uma matéria que continha o salário nominal de juízes e promotores, a Ministra Carmen Lúcia, do Supremo Tribunal Federal, defendeu o direito de publicar tais dados.

De acordo com a matéria publicada no *site* da Associação Nacional de Jornais (ANJ), Carmen Lúcia manifestou que "todo mundo tem direito à privacidade, mas quem está no espaço público tem uma esfera de privacidade diferente de quem está em casa" (citada por ANJ, 2016). Nas palavras da própria ministra: "Dizer quanto o juiz ganha não está no espaço da privacidade. É o cidadão quem paga" (Lúcia, citada por ANJ, 2016).

De todo modo, decidindo-se ou não pela publicação, a reflexão sobre as consequências é indispensável. Conforme Jacob Harris (citado por Sunne, 2016, tradução nossa), que trabalhou como desenvolvedor para o jornal *The New York Times*: "É muito fácil colocar pontos em um mapa. É fácil esquecer que esses pontos são pessoas".

:: **Enfoque restritivo**

Os números, quando são analisados e contrastados por meio de médias, medianas, modas, comparações temporais, geográficas e outras tantas técnicas apropriadas pelo jornalismo de dados, podem apresentar diferentes versões de uma mesma história. Mudar alguns anos em um recorte temporal pode, não raro, até inverter tendências, e o que parecia um decréscimo revela-se um acréscimo a longo prazo.

Do mesmo modo, apegar-se à média pode esconder casos relevantes de desvio do padrão. Desse modo, a melhor forma de trabalhar com números é não restringir a análise e ser honesto com o leitor a respeito das diferentes possibilidades de leitura indicadas pelas cifras. Escolher por um cenário em detrimento de outros é um risco que certamente conduz à desinformação. Uma das principais causas que levam a esse erro se verifica quando o repórter examina a base de dados já buscando por uma tendência – muitas vezes, ditada pelo senso comum. Nesse tipo de análise, as contradições não são descartáveis e podem, inclusive, demonstrar cenários mais complexos que o imaginado anteriormente.

Síntese

Neste capítulo, analisamos as principais habilidades exigidas para a prática do jornalismo de dados. A diversidade e a amplitude dos conhecimentos vinculados a essa área profissional têm levado o modelo de colaboração entre os profissionais de campos distintos a consolidar-se cada vez mais.

Verificamos também que o vazamento de grandes bases de dados para repórteres tem sido usual. Nesses casos, há vários aspectos que precisam ser observados, como a confiabilidade na integridade dos dados e a interferência que a fonte pode exercer sobre a edição dos materiais, por exemplo.

Essas questões evidenciam que existem constantes conflitos éticos no exercício do jornalismo de dados. Para superá-los, é preciso se ater à confiabilidade das informações e à deontologia jornalística.

Perguntas & respostas

No Brasil, um jornalista pode ser forçado a revelar a fonte de um vazamento de informação?

Em tese, não. O inciso XIV do art. 5º da Constituição Federal (Brasil, 1988) preconiza que "é assegurado a todos o acesso à informação e resguardado o sigilo da fonte, quando necessário ao exercício profissional". Entretanto, conforme um alerta da Federação Nacional dos Jornalistas, "o ataque à imprensa por meio da quebra do sigilo de fonte tem se repetido no Brasil, principalmente por forças do Estado" (Fenaj, 2018).

Para saber mais

BORGES, J. L. **Do rigor na ciência**. Disponível em: <http://alfredo-braga.pro.br/discussoes/rigor.html>. Acesso em: 22 maio 2018.
Uma boa alegoria sobre a importância de saber fazer recortes relevantes da realidade e dos dados está no breve conto "Do rigor na ciência", do escritor argentino Jorge Luis Borges (2018). No texto, o autor conta sobre um império que era especialmente dedicado à arte de fazer mapas. O trabalho era levado a sério de tal forma que o mapa de uma província chegava a ter o tamanho de uma cidade, e o de todo o império ocupava a área de uma província

inteira. Com o tempo, essas representações já não eram consideradas suficientes pelos cartógrafos, que consideraram necessário elaborar um mapa do império que tivesse exatamente o seu tamanho. Ora, uma reprodução que tem a mesma dimensão do que ela busca representar não tem nenhuma função.

Na análise dos dados, o princípio é o mesmo. Ainda que sejam abundantes, se eles não forem representados por recortes, contextualizações e interpretações, não atingirão o objetivo de gerar alguma compreensão sobre a realidade.

Questões para revisão

1. Quais são as implicações que vazamentos de dados para jornalistas podem trazer ao processo de produção de notícias?

2. Qual é a diferença entre os cenários do jornalismo investigativo nos Estados Unidos, na Europa e no Brasil?

3. Sobre o atual cenário do jornalismo de dados, é **incorreto** afirmar:

   a) As novas tecnologias permitem que bancos de dados cada vez maiores sejam obtidos por jornalistas e isso, consequentemente, gera adaptações no processo jornalístico que podem ajudar o repórter a extrair sentido do material.

b) Uma das soluções que as empresas de jornalismo têm adotado é a criação de *pools* (grupos) de cobertura, ou seja, a divisão de um mesmo trabalho com outras empresas jornalísticas.

c) O jornalista é, sozinho, responsável por todas as etapas do processo de produção do jornalismo de dados, já que as empresas de comunicação têm entendido que a colaboração entre diversas áreas não é benéfica.

d) Mesmo com a necessidade de aprofundar seus conhecimentos em novas habilidades, tais como programação e visualização da informação, os jornalistas de dados não podem abrir mão dos conhecimentos tradicionais, como o contexto político e os fundamentos econômicos.

e) O uso de dados em reportagens pode fortalecer o contexto, o *background* e a adoção de novas perspectivas sobre as histórias.

4. Sobre os casos de vazamento de dados mais famosos, analise as afirmações a seguir e marque V para as verdadeiras e F para as falsas:

( ) O WikiLeaks foi o primeiro caso de vazamento, para jornalistas, de dados sigilosos do governo.

( ) A integridade e a confiabilidade dos dados vazados são responsabilidades da fonte, e não do jornalista.

( ) No caso WikiLeaks, o excesso de interferência de Julian Assange na produção das reportagens foi motivo de desentendimentos.

( ) Para o jornalista Glen Greenwald, que reportou o caso NSA, a motivação que leva a fonte a vazar algum documento é irrelevante.

( ) A investigação do caso Panama Papers foi feita por mais de 300 jornalistas de diversos veículos de comunicação de todo o mundo.

Agora, indique a alternativa que apresenta a sequência correta:

a) F, F, V, V, V.
b) F, V, F, V, V.
c) F, F, V, F, F.
d) V, V, F, V, V.
e) F, V, V, V, F.

5. Sobre a ética no jornalismo de dados, é **incorreto** afirmar:

a) A preocupação do jornalista com a confiabilidade e a exatidão das informações deve começar já no primeiro passo da reportagem, que é a obtenção dos dados.

b) Os números trazem conclusões absolutas e inquestionáveis, portanto, o jornalismo de dados não exige outras formas de apuração senão os próprios dados.

c) Há diferentes formas de abordagem sobre os mesmos números que podem revelar conclusões diferentes.

d) O exercício do jornalismo de dados, apesar de recente, encontra embasamento nas premissas clássicas da ética jornalística.

e) O jornalista é responsável pela confiabilidade das informações, mesmo que não tenha sido ele quem tenha compilado a base de dados consultada.

Estudo de caso

Irregularidades parlamentares descobertas pela Operação Serenata de Amor

Todos os deputados federais brasileiros têm direito a receber uma verba chamada *cota para exercício da atividade parlamentar*. Com esse dinheiro, os deputados podem alugar veículos, fazer refeições, comprar combustível, contratar consultorias, entre outras demandas. O próprio parlamentar é responsável pela gestão e pela fiscalização de sua cota. A única contrapartida que precisa entregar à administração da Câmara são as notas fiscais que comprovem a efetiva prestação dos serviços pagos. Considerando-se que o Brasil tem 513 deputados federais, o número de notas fiscais apresentadas ultrapassa a marca de um milhão. Em 2017, o valor variou entre R$ 30 mil e R$ 47 mil mensais.

    É viável para um jornalista fiscalizar esses gastos? Manualmente, não. E, de fato, a imprensa nunca havia feito o acompanhamento sistemático do uso desses recursos. A situação mudou quando, em novembro de 2016, um grupo composto por jornalistas e profissionais de tecnologia conseguiu financiamento coletivo para iniciar um projeto de fiscalização da cota parlamentar. Para isso, a operação batizada de *Serenata de Amor* usou uma base de dados disponibilizada pela Câmara contendo informações das notas fiscais e criou um sistema de inteligência artificial capaz de avaliar comportamentos anormais por parte dos deputados. Em poucos meses de funcionamento, o grupo encaminhou 629 denúncias de irregularidades à Câmara, que envolvia casos, por exemplo, como o de uma parlamentar que fez 13 refeições em um mesmo dia e de um deputado que comprou 12 quilos de comida em um restaurante por quilo (Frey, 2017).

Esse caso evidencia como o domínio de novas tecnologias pode possibilitar determinadas apurações e, consequentemente, reportagens que seriam inviáveis sem o auxílio do computador. No caso da operação Serenata de Amor, foram analisadas mais de 2 milhões de notas fiscais.

Para concluir...

Partindo de uma reflexão sobre as linhas teóricas e conceituais que sustentam o campo do jornalismo, apresentamos, ao longo deste livro, elementos e informações para guiar jornalistas, estudantes e interessados no assunto a compreender o contexto atual da profissão, que revela mudanças nas características, nos processos e nas habilidades necessárias às atividades de apuração e seleção de dados para a publicação de notícias.

Nesse sentido, buscamos, inicialmente, definir os limites dessa área de conhecimento para, então, analisar as transformações pelas quais ela vem passando, especialmente considerando o impacto das tecnologias na modelação de novas atribuições da profissão.

Vimos, então, que, impelido especialmente pelas novas configurações dos meios e das tecnologias de comunicação, o jornalismo de dados surgiu como uma forma de interpretar e explicar fatos com base em grandes quantidades de informação, fenômeno típico dos tempos atuais.

Discutimos, também, sobre outros fatores que exerceram papel importante nessa mudança de comportamento profissional. A massificação do uso dos computadores nas redações, o desenvolvimento de ferramentas de análise de dados, a publicação de novas leis que impuseram obrigações de transparência à Administração Pública e a migração dos documentos públicos de arquivos físicos para ambientes virtuais – muitas vezes em formato manipulável – foram alguns dos vetores que acabaram por consolidar o jornalismo de dados como um dos modos de exercer o jornalismo.

Em nossa análise, observamos que, no mundo todo, uma das ferramentas mais eficazes para a obtenção de bancos de dados produzidos e custodiados pelo setor público tem sido a Lei de Acesso à Informação (LAI) – editada por diversos países –, que regulamenta quais informações são públicas e como elas devem ser disponibilizadas e apresentadas aos cidadãos. Especificamente, vimos que a LAI brasileira foi regulamentada em 2012 – Lei n. 12.527, de 18 de novembro de 2011 (Brasil, 2011) – e, desde então, é usada por jornalistas de todo o país na elaboração de reportagens sobre temas variados. Dessa maneira, detivemo-nos na orientação sobre as melhores formas de se demandar informação pública com base na LAI.

Além da LAI, apresentamos outras formas de transparência que são ferramentas indispensáveis para a cobertura dos poderes públicos: balanços, diários oficiais, contas eleitorais, informações sobre políticas públicas de saúde – todas essas informações estão à disposição dos jornalistas.

Não obstante, demos ênfase não apenas ao aprendizado da coleta mas também à da compreensão dos dados. Assim, vimos que manter o banco de dados organizado é indispensável para a realização de uma boa reportagem.

Diante disso, mostramos que as tarefas de coleta e de compreensão de dados, que antecedem a elaboração dos relatos jornalísticos, podem ser realizadas por meio de ferramentas simples de computação que estão à disposição de todos de forma gratuita. Diante disso, ressaltamos que saber usá-las é de grande importância para todas as fases do trabalho jornalístico e pode ser muito útil para superar problemas comuns ao processo de elaboração desse tipo de reportagem – por exemplo, como lidar com informações disponíveis em arquivos fechados, que não podem ser manipulados. Da mesma forma, indicamos as principais armadilhas da estatística e as formas de superá-las, de modo a usar adequadamente os conceitos matemáticos na preparação de notícias.

É importante salientar que todas as transformações abordadas ao longo deste material impactaram não só o modo como as redações se organizam, mas também a forma como os jornalistas se relacionam com profissionais de outras áreas – que têm conhecimentos e habilidades que ajudam na produção de reportagens com base em dados.

Nesse contexto, verificamos que *hackers* e outras fontes responsáveis pelo vazamento de grandes bancos de dados têm assumido papel importante no processo jornalístico e, naturalmente, essa mudança gera conflitos éticos e novas questões ontológicas a serem observadas nas pesquisas de profissionais, estudantes e teóricos do jornalismo.

Por fim, esperamos que nossa jornada pelos caminhos que levam ao jornalismo de dados tenha contribuído para seu aprendizado e lhe estimule a desenvolver as próprias pesquisas.

Lista de siglas

ANJ – Associação Nacional de Jornais

CCJ – Comissão de Constituição, Justiça e Cidadania

CCT – Comissão de Ciência, Tecnologia, Inovação, Comunicação e Informática

CDHM – Comissão de Direitos Humanos e Minorias

CGU – Controladoria-Geral da União

CIDH – Corte Interamericana de Direitos Humanos

CMRI – Comissão Mista de Reavaliação de Informações

CRE – Comissão de Relações Exteriores e de Defesa Nacional

Ctasp – Comissão de Trabalho, de Administração e Serviço Público

CVM – Comissão de Valores Mobiliários

DNPM – Departamento Nacional de Produção Mineral

e-SIC – Sistema Eletrônico do Serviço de Informações ao Cidadão

Foia – Freedom of Information Act

IBGE – Instituto Brasileiro de Geografia e Estatística

ICIJ – International Consortium of Investigative Journalists (Consórcio Internacional de Jornalistas Investigativos)

IPCA – Índice de Preços ao Consumidor Amplo

LAI – Lei de Acesso à Informação

NSA – National Security Agency (Agência de Segurança Nacional)

OEA – Organização dos Estados Americanos
OKR – Open Knowledge Foundation
ONU – Organização das Nações Unidas
PDF – *Portable document format* (formato de documento portável)
Pnad – Pesquisa Nacional por Amostragem de Domicílios
RAC – reportagem com auxílio de computadores
Sidra – Sistema IBGE de Recuperação Automática
SUS – Sistema Único de Saúde
TSE – Tribunal Superior Eleitoral

Referências

ABRAJI – Associação Brasileira de Jornalismo Investigativo. Disponível em: <http://www.abraji.org.br/home>. Acesso em: 26 jun. 2018.

AÇÃO QUE DEU origem ao processo do Araguaia (1982). **Pública – Agência de Jornalismo Investigativo**, 20 jun. 2011. Disponível em: <http://apublica.org/2011/06/acao-que-deu-origem-ao-processo-do-araguaia-1982>. Acesso em: 18 maio 2018.

ANGÉLICO, F. **Lei de Acesso à Informação**. São Paulo: Estúdio Editores, 2015. (Coleção Para Entender Direito).

_____. **Lei de Acesso à Informação pública e seus possíveis desdobramentos à accountability democrática no Brasil**. 133 f. Dissertação (Mestrado em Administração Pública e Governo) – Fundação Getulio Vargas, São Paulo, 2012. Disponível em: <http://bibliotecadigital.fgv.br/dspace/bitstream/handle/10438/9905/disserta%C3%A7%C3%A3o_Fabiano_vF.pdf?sequence=3&isAllowed=y>. Acesso em: 26 jun. 2018.

ANJ – Associação Nacional de Jornais. **Imprensa não pode ser cerceada, diz Carmen Lúcia sobre ações de magistrados contra jornal**. 24 jun. 2016. Disponível em: <http://www.anj.org.br/2016/06/24/imprensa-nao-pode-ser-cerceada-diz-carmen-lucia-sobre-acoes-de-magistrados-contra-jornal/>. Acesso em: 26 jun. 2018.

ARISTARÁN, M.; TIGAS, M.; MERRIL, J. B. **Tabula 1.2.0**. 2018. Arquivo *on-line*. Aplicativo.

ASSANGE, J. Assange Statement on the US Election. **WikiLeaks**, Nov. 8th 2016. Disponível em: <https://wikileaks.org/Assange-Statement-on-the-US-Election.html>. Acesso em: 26 jun. 2018.

ASSANGE, J. Don't Shoot Messenger for Revealing Uncomfortable Truths. **The Australian**, Dec. 8th 2010. Disponível em: <http://www.theaustralian.com.au/in-depth/wikileaks/dont-shoot-messenger-for-revealing-uncomfortable-truths/news-story/43b912ca277c90355fab12cc83cd4e69>. Acesso em: 26 jun. 2018.

BAACK, S. A New Style of News Reporting: WikiLeaks and Data-Driven Journalism. In: RAMBATAN, B.; JOHANSSEN, J. [Ed.]. **Cyborg Subjects**: Discourses on Digital Culture. [S.l.]: CreateSpace Independent Publishing Plaftorm, 2011. p. 113-122. Disponível em: <http://www.ssoar.info/ssoar/bitstream/handle/document/40025/ssoar-cyborgsub-2011-baack-A_new_style_of_news.pdf?sequence=1>. Acesso em: 26 jun. 2018.

BAHIA, J. **Jornal, história e técnica**: as técnicas do jornalismo. São Paulo: Ática, 1990. v. 2.

BARCELLOS, C. **Rota 66**: a história da polícia que mata. São Paulo: Globo, 1992.

BARRIOS, P. B. **Una aproximación al periodismo de precisión**. Andrés Bello: Editora da Universidad Católica Andrés Bello, 2004.

BECKER, B.; BARREIRA, I. Snow Fall: uma avalanche de criatividade e de desafios para o ensino de jornalismo. **Contracampo**, Rio de Janeiro, v. 28, n. 3, p. 73-91, dez./mar. 2013. Disponível em: <http://www.contracampo.uff.br/index.php/revista/article/download/587/379>. Acesso em: 26 jun. 2018.

BORGES, J. L. **Do rigor na ciência**. Disponível em: <http://alfredo-braga.pro.br/discussoes/rigor.html>. Acesso em: 22 maio 2018.

BOURDIEU, P. **O campo econômico**: a dimensão simbólica da dominação. Campinas: Papirus, 2000.

_____. **Sobre a televisão**. Tradução de Maria Lúcia Machado. Rio de Janeiro: J. Zahar, 1997.

BRANCH, J. Snow Fall: the Avalanche at Tunnel Creek. **The New York Times**, New York, 2012. Disponível em: <http://www.nytimes.com/projects/2012/snow-fall/index.html#/?part=tunnel-creek>. Acesso em: 26 jun. 2018.

BRASIL. Constituição (1988). **Diário Oficial da União**, Brasília, 5 out. 1988. Disponível em: <http://www.planalto.gov.br/ccivil_03/Constituicao/Constituicao.htm>. Acesso em: 26 jun. 2018.

_____. Decreto n. 7.724, de 16 de maio de 2012. **Diário Oficial da União**, Poder Executivo, Brasília, DF, 16 maio 2012. Disponível em: <http://www.planalto.gov.br/ccivil_03/_ato2011-2014/2012/decreto/d7724.htm>. Acesso em: 26 jun. 2018.

_____. Lei n. 8.313, de 23 de dezembro de 1991. **Diário Oficial da União**, Poder Executivo, Brasília, DF, 24 dez. 1991. Disponível em: <http://www.planalto.gov.br/ccivil_03/leis/L8313cons.htm>. Acesso em: 26 jun. 2018.

_____. Lei n. 12.527, de 18 de novembro de 2011. **Diário Oficial da União**, Poder Legislativo, Brasília, DF, 18 nov. 2011. Disponível em: <http://www.planalto.gov.br/ccivil_03/_ato2011-2014/2011/lei/l12527.htm>. Acesso em: 26 jun. 2018.

_____.Lei Complementar n. 101, de 4 de maio de 2000. **Diário Oficial da União**, Poder Executivo, Brasília, DF, 5 maio 2000. Disponível em: <http://www.planalto.gov.br/ccivil_03/leis/LCP/Lcp101.htm>. Acesso em: 15 maio 2018.

BRASIL. Acesso à Informação. Disponível em: <http://www.acessoainformacao.gov.br>. Acesso em: 26 jun. 2018a.

_____. **Aspectos gerais da lei**. Disponível em: <http://www.acessoainformacao.gov.br/perguntas-frequentes/aspectos-gerais-da-lei>. Acesso em: 26 jun. 2018b.

_____. **Busca de pedidos e respostas**. Disponível em: <http://www.acessoainformacao.gov.br/assuntos/busca-de-pedidos-e-respostas>. Acesso em: 26 jun. 2018c.

_____. **Histórico da LAI**. Disponível em: <http://www.acessoainformacao.gov.br/assuntos/conheca-seu-direito/historico-da-lai>. Acesso em: 26 jun. 2018d.

_____. **Número de presos em flagrante e por cumprimento de mandado pela Polícia Federal no Brasil**. Disponível em: <https://goo.gl/JRtNNL>. Acesso em: 16 maio 2018e.

BRASIL. Acesso à Informação. **Qual o número de operações deflagradas pela Polícia Federal nos governos FHC/Lula/Dilma**. Disponível em: <https://goo.gl/DSbMjs>. Acesso em: 26 jun. 2018f.

BRASIL. Acesso à Informação. Sistema Eletrônico do Serviço de Informação ao Cidadão. Disponível em: <https://esic.cgu.gov.br/sistema/site/index.aspx>. Acesso em: 26 jun. 2018g.

_____. **Bem-vindo ao e-SIC**. Disponível em: <https://esic.cgu.gov.br/sistema/Principal.aspx>. Acesso em: 26 jun. 2018h.

_____. **Registrar pedido de informação**. Disponível em: <https://esic.cgu.gov.br/sistema/Pedido/RegistroPedido.aspx>. Acesso em: 26 jun. 2018i.

BRASIL. Câmara dos Deputados. **Controle cidadão**: cota para o exercício da atividade parlamentar. Pesquisa de despesas. Disponível em: <http://www.camara.gov.br/cota-parlamentar>. Acesso em: 26 jun. 2018j.

_____. Projeto de Lei PL 219/2003. Regulamenta o inciso XXXIII do art. 5º da Constituição Federal, dispondo sobre prestação de informações detidas pelos órgãos da Administração Pública. **Plenário da Câmara dos Deputados**, 26 fev. 2003. Disponível em: <http://www.camara.gov.br/proposicoesWeb/fichadetramitacao?idProposicao=105237>. Acesso em: 26 jun. 2018.

BRASIL. Empresa Brasileira de Infraestrutura Aeroportuária. **Histórico de voos on-line**: Relatório. Disponível em: <http://voos.infraero.gov.br/hstvoos/RelatorioPortal.aspx>. Acesso em: 26 jun. 2018k.

BRASIL. Imprensa Nacional. **Diário Oficial da União**, Brasília, ano 152, n. 51-A, 16 mar. 2016. Edição extra. Disponível em: <http://pesquisa.in.gov.br/imprensa/jsp/visualiza/index.jsp?jornal=1000&pagina=1&data=16/03/2016>. Acesso em: 26 jun. 2018.

BRASIL. Ministério da Educação. Instituto Nacional de Estudos e Pesquisas Educacionais Anísio Teixeira. **Censo da educação superior**. Disponível em: <http://inep.gov.br/censo-da-educacao-superior>. Acesso em: 26 jun. 2018l.

BRASIL. Ministério da Saúde. Departamento de Informática do SUS. Disponível em: <http://datasus.saude.gov.br/>. Acesso em: 26 jun. 2018m.

BRASIL.Ministério da Saúde. Portal da Saúde. Datasus. **Informações de saúde (Tabnet)**. Disponível em: <http://www2.datasus.gov.br/DATASUS/index.php?area=02>. Acesso em: 26 jun. 2018n.

BRASIL. Ministério da Saúde. Portal da Saúde. Datasus. Informações de saúde (Tabnet). **Estatísticas vitais. Brasil por região e unidade da Federação**. Disponível em: <http://tabnet.datasus.gov.br/cgi/deftohtm.exe?sim/cnv/obt10uf.def>. Acesso em: 26 jun. 2018o.

BRASIL. Ministério da Saúde. Secretaria de Atenção à Saúde. **CNESNet – Cadastro Nacional de Estabelecimentos de Saúde**. Disponível em: <http://cnes2.datasus.gov.br/>. Acesso em: 26 jun. 2018p.

BRASIL. Ministério da Transparência, Fiscalização e Controladoria-Geral da União. Portal da Transparência. Disponível em: <http://transparencia.gov.br/>. Acesso em: 26 jun. 2018q.

____. **Consulta por imóvel funcional**. Disponível em: <http://transparencia.gov.br/PortalTransparenciaGDProgramaPesquisaPrograma.asp?Desastre=0&Ano=2016>. Acesso em: 26 jun. 2018r.

____. **Gastos diretos por programa**. Disponível em: <http://transparencia.gov.br/PortalTransparenciaGDProgramaPesquisaPrograma.asp?Desastre=0&Ano=2016>. Acesso em: 26 jun. 2018s.

____. **Imóveis funcionais de propriedade da União**. Disponível em: <http://transparencia.gov.br/PortalTransparenciaGDProgramaPesquisaPrograma.asp?Desastre=0&Ano=2016>. Acesso em: 26 jun. 2018t.

____. **Transferência de recursos por ação do governo**. Disponível em: <http://transparencia.gov.br/beneficios?ano=2016>. Acesso em: 16 jul. 2018u.

BRASIL. Ministério do Planejamento, Desenvolvimento e Gestão. Secretaria de Orçamento Federal. **Orçamento**. Disponível em: <http://www.orcamentofederal.gov.br/>. Acesso em: 26 jun. 2018v.

BRASIL. Ministério do Planejamento, Desenvolvimento e Gestão. Secretaria de Tecnologia da Informação. Portal Brasileiro de Dados Abertos. Disponível em: <http://dados.gov.br>. Acesso em: 26 jun. 2018w.

____. **Conjuntos de dados**. Disponível em: <http://dados.gov.br/dataset>. Acesso em: 26 jun. 2018x.

BRASIL. Receita Federal. **Emissão de comprovante de inscrição e de situação cadastral**. Disponível em: <https://www.receita.fazenda.gov.br/pessoajuridica/cnpj/cnpjreva/cnpjreva_solicitacao2.asp>. Acesso em: 26 jun. 2018y.

BRASIL. Senado Federal. **Transparência**. Disponível em: <http://www12.senado.leg.br/transparencia>. Acesso em: 26 jun. 2018z.

BRASIL. Tribunal Superior Eleitoral. **Contas eleitorais**. Disponível em: <http://www.tse.jus.br/eleicoes/contas-eleitorais/contas-eleitorais-normas-e-regulamentos>. Acesso em: 26 jun. 2018a'.

____. **Divulgação de candidaturas e contas eleitorais**: consulta de doadores e fornecedores. Disponível em: <http://divulgacandcontas.tse.jus.br/divulga/#/consulta/doadores-fornecedores/2>. Acesso em: 26 jun. 2018b'.

____. **Divulgação de candidaturas e contas eleitorais**: Curitiba – Paraná – PR. Disponível em: <http://divulgacandcontas.tse.jus.br/divulga/#/municipios/2016/2/75353/candidatos>. Acesso em: 26 jun. 2018c'.

____. **Divulgação de candidaturas e contas eleitorais**: eleições municipais 2016. Disponível em: <http://divulgacandcontas.tse.jus.br/divulga>. Acesso em: 26 jun. 2018d'.

____. **Divulgação de candidaturas e contas eleitorais**: Rafael Greca. Disponível em: <http://divulgacandcontas.tse.jus.br/divulga/#/candidato/2016/2/75353/160000006466>. Acesso em: 26 jun. 2018e'.

BRASIL. Tribunal Superior Eleitoral. **Divulgação de candidaturas e contas eleitorais**: Rafael Greca – detalhamento dos bens. Disponível em: <http://divulgacandcontas.tse.jus.br/divulga/#/candidato/2016/2/75353/160000006466/bens>. Acesso em: 26 jun. 2018f'.

_____. **Divulgação de candidaturas e contas eleitorais**: Rafael Greca – receitas. Disponível em: <http://divulgacandcontas.tse.jus.br/divulga/#/candidato/2016/2/75353/160000006466/integra/receitas>. Acesso em: 26 jun. 2018g'.

_____. **Repositório de dados eleitorais**. Disponível em: <http://www.tse.jus.br/hotSites/pesquisas-eleitorais/candidatos.html>. Acesso em: 26 jun. 2018h'.

CAMPANA, F. **Perdoem, errei. Aqui corrijo**. Curitiba, 13 fev. 2015a. Blogue. Disponível em: <http://www.fabiocampana.com.br/2015/02/perdoem-errei-aqui-corrijo>. Acesso em: 26 jun. 2018.

_____. **Salário médio do professor no Paraná é de R$ 8 mil**. Curitiba, 7 fev. 2015b. Blogue. Disponível em: <http://www.fabiocampana.com.br/2015/02/salario-medio-do-professor-do-parana-e-de-r-8-mil>. Acesso em: 26 jun. 2018.

CAMPONEZ, J. C. C. dos S. **Fundamentos de deontologia do jornalismo**: a auto-regulação frustrada dos jornalistas portugueses (1974-2007). 595 f. Tese (Doutorado em Letras) – Universidade de Coimbra, Coimbra, 2009. Disponível em: <https://estudogeral.sib.uc.pt/bitstream/10316/12614/3/Tese_Carlos%20Camponez.pdf>. Acesso em: 26 jun. 2018.

CASTRO, A. **Redação jornalística de bico**. Curitiba: Champagnat, 1991.

CHEN, C.-H.; HÄRDLE, W. K.; UNWIN, A. (Ed.). **Handbook of Data Visualization**. Berlin: Springer, 2008.

CHRISTOFOLETTI, R.; OLIVEIRA, C. de. Jornalismo pós-WikiLeaks: deontologia em tempos de vazamentos globais de informação. **Contemporânea**, Salvador, v. 9, n. 2, ago. 2011. Disponível em: <https://monitorando.files.wordpress.com/2011/08/wikileaks-christofoletti-e-oliveira.pdf>. Acesso em: 26 jun. 2018.

CHROME WEB STORE. **Web Scraper**. Disponível em: <https://chrome.google.com/webstore/detail/web-scraper/jnhgnonknehpejjnehehllkliplmbmhn?hl=pt-BR>. Acesso em: 26 jun. 2018.

CLÈVE, C. M. Prefácio. In: SALGADO, E. D. **Lei de Acesso à Informação (LAI)**: comentários à Lei n. 12.527/2011 e ao Decreto n. 7.724/2012. São Paulo: Atlas, 2015. (Coleção Direito Administrativo Positivo, v. 33).

CODECADEMY. Disponível em: <https://www.codecademy.com/>. Acesso em: 26 jun. 2018.

CODDINGTON, M. Defending a Paradigm by Patrolling a Boundary: Two Global Newspapers' Approach to WikiLeaks. **Journalism & Mass Communication Quarterly**, v. 89, n. 3, p. 377-396, May 21st 2012. Disponível em: <http://journals.sagepub.com/doi/abs/10.1177/1077699012447918>. Acesso em: 26 jun. 2018.

CODE AVENGERS. Disponível em: <https://www.codeavengers.com/>. Acesso em: 26 jun. 2018.

CODE FOR CURITIBA. Disponível em: <www.codeforcuritiba.org>. Acesso em: 26 jun. 2018.

COMISSÃO DA VERDADE DO ESTADO DE SÃO PAULO "RUBENS PAIVA". **A sentença da Corte Interamericana de Direitos Humanos no Caso Gomes Lund e Outros *vs*. Brasil**. Tomo I, Parte III. Disponível em: <http://comissaodaverdade.al.sp.gov.br/relatorio/tomo-i/parte-iii-cap1.html>. Acesso em: 26 jun. 2018.

COMISSÃO INTERAMERICANA DE DIREITOS HUMANOS. Relatoria Especial para a Liberdade de Expressão. **O direito de acesso à informação no marco jurídico interamericano = El derecho de acceso a la información em el marco jurídico interamericano**. 2. ed. Montevidéu: OEA, 2011.

CRESPO, A. A. **Estatística fácil**. 19. ed. São Paulo: Saraiva, 2009.

CURITIBA. Portal da Prefeitura de Curitiba. **Dados abertos Curitiba**. Disponível em: <http://www.curitiba.pr.gov.br/dadosabertos/>. Acesso em: 26 jun. 2018a.

CURITIBA. Portal da Prefeitura de Curitiba. **Dados abertos**: consulta de bases. Disponível em: <http://www.curitiba.pr.gov.br/dadosabertos/>. Acesso em: 26 jun. 2018b.

DATA JOURNALISM HANDBOOK. **Data Journalism in Perspective**: Introduction. Disponível em: <http://datajournalismhandbook.org/1.0/en/introduction_4.html>. Acesso em: 26 jun. 2018.

DATA SCIENCE ACADEMY. Disponível em: <https://www.datascienceacademy.com.br/>. Acesso em: 26 jun. 2018.

DIZARD JUNIOR, W. **A nova mídia**: a comunicação de massa na era da informação. Tradução de Edmond Jorge. 2. ed. rev. e atual. Rio de Janeiro: J. Zahar, 2000.

DURAN, S. Arquitetura da gentrificação: um espaço de apuração aberta. **Repórter Brasil**. Disponível em: <http://gentrificacao.reporterbrasil.org.br/blog>. Acesso em: 26 jun. 2018.

ELLSBERG, D. Extended biography. **Daniel Ellsberg**, 2006. Disponível em: <http://www.ellsberg.net/bio/extended-biography>. Acesso em: 26 jun. 2018.

EM 111 CIDADES do Paraná, salários de professores são maiores que de prefeitos. Curitiba. **Bem Paraná**, 17 jun. 2015. Disponível em: <https://www.bemparana.com.br/blog/tupan/post/em-111-cidades-do-parana-salarios-de-professores-sao-maiores-que-de-prefeitos>. Acesso em: 26 jun. 2018.

ESCOLA DE DADOS. Disponível em: <https://escoladedados.org/>. Acesso em: 26 jun. 2018.

ESQUIVEL HERNÁNDEZ, J. L. **La prensa de EE.UU.**: una aproximación histórica y crítica. Monterrey: Esquivel, 2005.

EUROPEAN JOURNALISM CENTRE; LORENZ, M. **Data-Driven Journalism**: how Should a Curriculum for Data Journalism Trainings Look Like? Disponível em: <https://www.surveymonkey.com/r/data_journalism>. Acesso em: 26 jun. 2018.

FAUS BELAU, Á. **La ciencia periodística de Otto Groth**. Pamplona: Instituto de Periodismo de la Universidad de Navarra, 1966.

FENAJ – Federação Nacional dos Jornalistas. **Código de ética dos jornalistas brasileiros**. Vitória, 4 ago. 2007. Disponível em: <http://fenaj.org.br/wp-content/uploads/2014/06/04-codigo_de_etica_dos_jornalistas_brasileiros.pdf>. Acesso em: 26 jun. 2018.

____. **Direito constitucional de sigilo de fonte está ameaçado no país**. 2017. Disponível em: <http://fenaj.org.br/direito-constitucional-de-sigilo-de-fonte-esta-ameacado-no-pais/>. Acesso em: 26 jun. 2018.

FIDALGO, A. Jornalismo online segundo o modelo de Otto Groth. **Pauta Geral**, Salvador, 2004. Disponível em: <http://www.bocc.ubi.pt/pag/fidalgo-groth-jornalismo-online.pdf>. Acesso em: 26 jun. 2018.

FREY, J. 'Caçador de corruptos', Robô Rosie faz deputados devolverem dinheiro público. **Gazeta do Povo**, Curitiba, 25 jan. 2017. Disponível em: <http://www.gazetadopovo.com.br/vida-publica/cacador-de-corruptos-robo-rosie-faz-deputados-devolverem-dinheiro-publico-11kqdeqg25csn9uwmrojgog0c>. Acesso em: 26 jun. 2018.

FRIENDLY, M. A Brief History of Data Visualization. In: CHEN, C.-H.; HÄRDLE, W. K.; UNWIN, A. (Ed.). **Handbook of Data Visualization**. Berlin: Springer, 2008. p. 15-56.

GARSIDE, J. Mossack Fonseca Worker Arrested in Switzerland. **The Guardian**, London, June 15th 2016. Disponível em: <https://www.theguardian.com/world/2016/jun/15/mossack-fonseca-worker-arrested-switzerland-panama-papers>. Acesso em: 26 jun. 2018.

GAZETA DO POVO. **Diários secretos**. Disponível em: <http://www.gazetadopovo.com.br/vida-publica/especiais/diarios-secretos/>. Acesso em: 26 jun. 2018.

GÊNERO E NÚMERO. Disponível em: <http://www.generonumero.media/>. Acesso em: 26 jun. 2018.

GENRO FILHO, A. Jornalismo já tem sua teoria. **Revista Fenaj**, Rio de Janeiro, v. 1, n. 1, maio 1996. Palestra. Disponível em: <http://www.danielherz.com.br/system/files/acervo/ADELMO/Palestras/Jornalismo+Ja+Tem+Sua+Teoria.pdf>. Acesso em: 26 jun. 2018.

____. **O segredo da pirâmide**: para uma teoria marxista do jornalismo. Porto Alegre: Tchê, 1987.

GOOGLE. **About Fusion Tables**. Disponível em: <https://support.google.com/fusiontables/answer/2571232>. Acesso em: 26 jun. 2018.

GOOGLE DRIVE. Disponível em: <https://drive.google.com/drive/>. Acesso em: 26 jun. 2018.

GOOGLE MAPS. Disponível em: <https://www.google.com.br/maps>. Acesso em: 26 jun. 2018.

GOOGLE PLANILHAS. Disponível em: <https://docs.google.com/spreadsheets>. Acesso em: 26 jun. 2018.

GOULART, J. KPMG é condenada a pagar R$3,5 milhões no caso BVA. **O Estado de S. Paulo**, São Paulo, 4 mar. 2015. Economia & Negócios. Disponível em: <http://economia.estadao.com.br/noticias/geral,kpmg-e-condenada-a-pagar-r-3-5-milhoes-no-caso-bva-imp-,1643951>. Acesso em: 26 jun. 2018.

GRAY, J.; BOUNEGRU. L.; CHAMBERS, I. (Ed.). **Manual de jornalismo de dados**: como os jornalistas podem usar dados para melhorar suas reportagens. versão 1.0. Disponível em: <http://datajournalismhandbook.org/pt/index.html>. Acesso em: 26 jun. 2018.

____. **The Data Journalism Handbook**: how Journalists Can Use Data to Improve the News. Sebastopol: O'Reilly Media, 2012.

GREENWALD, G. **No Place to Hide**: Edward Snowden, the NSA, and the U.S. Surveillance State. New York: Metropolitan Books, 2014.

____. On WikiLeaks, Journalism, and Privacy: Reporting on the Podesta Archive Is an Easy Call. **The Intercept**. Oct. 13th 2016. Disponível em: <https://theintercept.com/2016/10/13/on-wikileaks-journalism-and-privacy-reporting-on-the-podesta-archive-is-an-easy-call/>. Acesso em: 26 jun. 2018.

GROTH, O. **O poder cultural desconhecido**: fundamentos da ciência dos jornais. Petrópolis: Vozes, 2011.

____. Tarefas da pesquisa da ciência da cultura. In: MAROCCO, B.; BERGER, C. (Org.). **A era glacial do jornalismo**: teorias sociais da imprensa. Porto Alegre: Sulina, 2006. p. 182-306. v. 1.

HANSON, N.; HUNTER, M. L. O recurso às fontes humanas. In: HUNTER, M. L. et al. **A investigação a partir de histórias**: um manual para jornalistas investigativos. Montevidéu: Unesco, 2013. Disponível em: <http://unesdoc.unesco.org/images/0022/002264/226456POR.pdf>. Acesso em: 26 jun. 2018.

HARRISON, S. Why the World Needs WikiLeaks. **The New York Times**, New York, Nov. 17th 2016. Disponível em: <https://www.nytimes.com/2016/11/17/opinion/why-the-world-needs-wikileaks.html?ref=opinion>. Acesso em: 26 jun. 2018.

HIGHCHARTS. Disponível em: <http://www.highcharts.com/>. Acesso em: 26 jun. 2018.

HOLOVATY, A. **A Fundamental Way Newspaper Sites Need to Change**. 2006. Disponível em: <http://www.holovaty.com/writing/fundamental-change>. Acesso em: 26 jun. 2018.

HOUSTON, B. **The Investigative Reporter's Handbook**: a Guide to Documents, Databases and Techniques. 5. ed. Boston: Bedford; St. Martin's, 2009.

HOWARD, A. B. **The Art and Science of Data-Driven Journalism**. New York: Columbia Journalism School, 2014.

HTML DOG. Disponível em: <http://www.htmldog.com>. Acesso em: 26 jun. 2018.

HUFF, D. **Como mentir com estatística**. Rio de Janeiro: Intrínseca, 2016.

HUNTER, M. L. et al. **A investigação a partir de histórias**: um manual para jornalistas investigativos. Montevidéu: Unesco, 2013. Disponível em: <http://unesdoc.unesco.org/images/0022/002264/226456POR.pdf>. Acesso em: 26 jun. 2018.

HUNTER, M. L; SVITH, F. Organização: como se organizar para ser bem-sucedido(a). In: HUNTER, M. L. et al. **A investigação a partir de histórias**: um manual para jornalistas investigativos. Montevidéu: Unesco, 2013. Disponível em: <http://unesdoc.unesco.org/images/0022/002264/226456POR.pdf>. Acesso em: 26 jun. 2018.

IBGE – Instituto Brasileiro de Geografia e Estatística. Disponível em: <http://www.ibge.gov.br>. Acesso em: 26 jun. 2018a.

IBGE – Instituto Brasileiro de Geografia e Estatística. **Séries históricas e estatísticas.** Disponível em: <http://seriesestatisticas.ibge.gov.br>. Acesso em: 26 jun. 2018b.

____. Sistema IBGE de Recuperação Automática. **Banco de tabelas estatísticas.** Disponível em: <http://sidra.ibge.gov.br>. Acesso em: 26 jun. 2018c.

____. **Tópicos da ajuda.** Disponível em: <https://sidra.ibge.gov.br/ajuda>. Acesso em: 26 jun. 2018d.

ICIJ – The International Consortium of Investigative Journalists. **About.** Disponível em: <https://www.icij.org/about>. Acesso em: 26 jun. 2018a.

____. **The Panama Papers.** Disponível em: <https://panamapapers.icij.org/>. Acesso em: 26 jun. 2018b.

INFOGRAM. Disponível em: <http://infogr.am>. Acesso em: 26 jun. 2018.

JUNGBLUT, C. Em 2018, cada parlamentar terá R$ 14,8 milhões em emendas. **O Globo**, 16 dez. 2017. Disponível em: <https://oglobo.globo.com/brasil/em-2018-cada-parlamentar-tera-148-milhoes-em-emendas-22194024>. Acesso em: 26 jun. 2018.

KNIGHT CENTER. 2015 foi o ano do jornalismo de dados no Brasil, concluem jornalistas em seminário da ANJ e Centro Knight no Google. **Knight Center for Journalism in the Americas,** Austin, 30 nov. 2015. Disponível em: <https://knightcenter.utexas.edu/pt-br/blog/00-16497-2015-foi-o-ano-do-jornalismo-de-dados-no-brasil-concluem-jornalistas-em-seminario-da-a>. Acesso em: 26 jun. 2017.

KNIGHT CENTER FOR JOURNALISM IN THE AMERICAS. Disponível em: <https://knightcenter.utexas.edu/>. Acesso em: 26 jun. 2018.

KNIGHT LAB. **Timeline.** Disponível em: <https://timeline.knightlab.com>. Acesso em: 26 jun. 2018.

KRAEMER, L.; NASCIMENTO, S. O uso de RAC por estudantes de jornalismo na fiscalização de políticas públicas: um estudo de casos múltiplos. In: ENCONTRO NACIONAL DE PESQUISADORES EM JORNALISMO, 11., 2013, Brasília. **Anais...** Brasília: Ed. da UnB, 2013. Disponível em: <http://soac.unb.br/index.php/ENPJor/XIENPJOR/paper/viewFile/2482/462>. Acesso em: 26 jun. 2018.

LAGE, N. **A reportagem**: teoria e técnica de entrevista e pesquisa jornalística. Rio de Janeiro: Record, 2004.

LEARN PYTHON. Disponível em: <http://www.learnpython.org/>. Acesso em: 26 jun. 2018.

LÉCHENET, A. **Global Database Investigations**: the Role of the Computer-Assisted Reporter. Oxford: Reuters Institute for the Study of Journalism; University of Oxford, 2014. Disponível em: <https://reutersinstitute.politics.ox.ac.uk/sites/default/files/Global%20Database%20Investigations%20-%20The%20role%20of%20the%20computer-assisted%20reporter.pdf>. Acesso em: 26 jun. 2018.

LIMA, L. V. S. de. **Jornalismo de precisão e jornalismo científico**: estudo da aplicabilidade. 133 f. Dissertação (Mestrado em Engenharia de Produção) – Universidade Federal de Santa Catarina, Florianópolis, 2000. Disponível em: <https://repositorio.ufsc.br/bitstream/handle/123456789/78187/152080.pdf?sequence=1&isAllowed=y>. Acesso em: 26 jun. 2018.

LIVRE.JOR. Disponível em: <http://livre.jor.br>. Acesso em: 26 jun. 2018a.

____. **#Salárioseducação**. Disponível em: <http://livre.jor.br/category/salarios-educacao/>. Acesso em: 26 jun. 2018b.

____. Na conta do deputado. **Observatório**. Disponível em: <http://livre.jor.br/nacontadodeputado>. Acesso em: 26 jun. 2018c.

____. Na conta do deputado. **Verbas de ressarcimento**. Disponível em: <http://livre.jor.br/nacontadodeputado/?page_id=2>. Acesso em: 26 jun. 2018d.

LORENZ, M. Data-intensive Storage Services on Clouds: Limitations, Challenges and Enablers. In: PETCU, D.; VÁZQUEZ-POLETTI, J. L. (Ed.). **European Research Activities in Cloud Computing**. Newcastle: Cambridge Scholars Publishing, 2012. p. 68-96.

____. Training Data Driven Journalism: Mind the Gaps. **Data Driven Journalism**, Sept. 21st, 2011. Disponível em: <http://datadrivenjournalism.net/news_and_analysis/training_data_driven_journalism_mind_the_gaps>. Acesso em: 26 jun. 2018.

LRN. Disponível em: <http://www.lrnapp.com/>. Acesso em: 26 jun. 2018.

LUPION, B. Por que as auditorias dificilmente detectam corrupção em uma empresa. **Nexo**, 27 jul. 2016. Disponível em: <https://www.nexojornal. com.br/expresso/2016/07/27/Por-que-as-auditorias-dificilmente-detectam-corrup%C3%A7%C3%A3o-em-uma-empresa>. Acesso em: 26 jun. 2018.

MACASKILL, E.; DANCE, G. NSA Files: Decoded – What the Revelations Mean for You. **The Guardian**, London, Nov. 1st, 2013. Disponível em: <https://www.theguardian.com/world/interactive/2013/nov/01/snowden-nsa-files-surveillance-revelations-decoded#section/1>. Acesso em: 26 jun. 2018.

MARTINHO, A. P. Jornalismo de dados: caracterização e fluxos de trabalho. **Exedra**, Coimbra, n. 9, p. 64-73, dez. 2014. Disponível em: <http://www.exedrajournal.com/wp-content/uploads/2015/04/n9-B3.pdf>. Acesso em: 26 jun. 2018.

MCBRIDE, R. E. D. The Ethics of Data Journalism. **Digital Commons University of Nebraska-Lincoln**, Lincoln, p. 1-44, Nov. 2016. Disponível em: <http://digitalcommons.unl.edu/cgi/viewcontent.cgi?article=1010&context=journalismprojects>. Acesso em: 26 jun. 2018.

MENDONÇA, R. Política dá dinheiro? **Época**, Rio de Janeiro, v. 432, 11 set. 2006. Disponível em: <http://revistaepoca.globo.com/Revista/Epoca/0,,EDR75150-6009,00.html>. Acesso em: 26 jun. 2018.

MEYER, P. **Periodismo de precisión**: nuevas fronteras para la investigación periodística. Barcelona: Bosch, 1993.

_____. Por que o jornalismo precisa de doutores? **Estudos em Jornalismo e Mídia**, Florianópolis, v. 6, n. 2, p. 219-222, jul./dez. 2009. Disponível em: <https://periodicos.ufsc.br/index.php/jornalismo/article/download/1984-6924.2009v6n2p219/11366>. Acesso em: 26 jun. 2018.

_____. **Precision Journalism**: a Reporter's Introduction to Social Science Methods. Lanham: Rowman & Littlefield, 2002.

NASCIMENTO, S. **Os novos escribas**: o fenômeno do jornalismo sobre investigações no Brasil. Porto Alegre: Arquipélago Editorial, 2010.

NO NEED for Supercomputers: Russian Scientists Suggest a PC to Solve Complex Problems Tens of Times Faster than with Massive Supercomputers. **Science Daily**, Rockville, June 28th 2016. Disponível em: <https://www.sciencedaily.com/releases/2016/06/160628122827.htm>. Acesso em: 26 jun. 2018.

NOTARI, M. B. A publicidade e transparência pública enquanto vetores do direito à informação no âmbito das convenções internacionais para o combate à corrupção. In: SEMINÁRIO INTERNACIONAL DE DEMANDAS SOCIAIS E POLÍTICAS PÚBLICAS NA SOCIEDADE CONTEMPORÂNEA, 13., 2016, Santa Cruz do Sul. **Anais**... Santa Cruz do Sul: Ed. da Unisc, 2016. Disponível em: <http://online.unisc.br/acadnet/anais/index.php/sidspp/article/download/16119/4010>. Acesso em: 26 jun. 2018.

PARANÁ. Alep – Assembleia Legislativa do Estado do Paraná. Disponível em: <http://www.alep.pr.gov.br/>. Acesso em: 26 jun. 2018a.

_____. **Verbas de ressarcimento.** Disponível em: <http://www.alep.pr.gov.br/transparencia/fiscalize/verbas-de-ressarcimento/>. Acesso em: 26 jun. 2018b.

PARANÁ. Ministério Público do Paraná. Disponível em: <http://www.mppr.mp.br/>. Acesso em: 16 jul. 2018c.

_____. **Transparência Ministério Público.** Disponível em: <http://www.transparencia.mppr.mp.br/>. Acesso em: 16 jul. 2018d.

_____. **Transparência Ministério Público.** Atividade fim. Inquéritos civis e seus andamentos no MP. Consulta Pública. Disponível em: <http://apps.mppr.mp.br/prompPublico/ConsultaDocumentoList.seam>. Acesso em: 16 jul. 2018e.

_____. **Transparência Ministério Público.** Atividade fim. Inquéritos civis e seus andamentos no MP. Consulta Pública. Inspecionar. Disponível em: <http://apps.mppr.mp.br/prompPublico/ConsultaDocumentoList.seam?idPromotoria=10217&idComarcaPgjmp=46&numDocumento=&idAreaAtuacao=5&logic=and&cid=91550>. Acesso em: 16 jul. 2018f.

PDFSAM. Disponível em: <http://www.pdfsam.org/>. Acesso em: 26 jun. 2018.

PENA, F. **Teoria do jornalismo**. São Paulo: Contexto, 2005.

PEUCER, T. Os relatos jornalísticos. Estudos **em Jornalismo e Mídia**, v. 1, n. 2, p. 13-29, 2. sem. 2004. Disponível em: <https://periodicos.ufsc.br/index.php/jornalismo/article/download/2070/1812>. Acesso em: 26 jun. 2018.

PINHO, J. A. G. de; SACRAMENTO, A. R. S. Accountability: já podemos traduzi-la para o português? **Revista de Administração Pública**, Rio de Janeiro, v. 43, n. 6, p. 1343-1368, nov./dez. 2009. Disponível em: <http://www.scielo.br/pdf/rap/v43n6/06.pdf>. Acesso em: 26 jun. 2018.

PONTES, C. S. **A atuação da justiça eleitoral na fiscalização das contas dos candidatos e partidos políticos**. 206 f. Dissertação (Mestrado em Direito) – Pontifícia Universidade Católica do Rio de Janeiro, Rio de Janeiro, 2008.

REITMAN, R. 3 Years Later, the Snowden Leaks Have Changed How the World Sees NSA Surveillance. **Eletronic Frontier Foundation**, June 5th 2016. Disponível em: <https://www.eff.org/deeplinks/2016/06/3-years-later-snowden-leaks-have-changed-how-world-sees-nsa-surveillance>. Acesso em: 26 jun. 2018.

RENNER, N. The Symbiotic Relationship between WikiLeaks and the Press. **Columbia Journalism Review**, Nov. 18th 2016. Disponível em: <http://www.cjr.org/tow_center/wikileaks_trump_election_julian_assange.php>. Acesso em: 26 jun. 2018.

REWORKING Florence Nightingale's "Diagram of the Causes of Mortality in the Army in the East" with SAP Lumira. **Itelligence**, 2 Sept. 2nd 2014. Disponível em: <https://itelligencegroup.com/uk/local-blog/reworking-florence-nightingales-diagram-of-the-causes-of-mortality-in-the-army-in-the-east-with-sap-lumira>. Acesso em: 26 jun. 2018.

RIBEIRO, A. Votação do impeachment custou R$ 3,5 milhões em horas extras. **Livre.jor**, 15 jun. 2016. Disponível em: <http://livre.jor.br/2468-2/>. Acesso em: 26 jun. 2018.

RODRIGUES, F. **Políticos do Brasil**: uma investigação sobre o patrimônio declarado e a ascensão daqueles que exercem o poder. São Paulo: Publifolha, 2006.

ROGERS, S. **Facts are Sacred**: the Power of Data. London: The Guardian Books, 2011.

_____. Florence Nightingale, Datajournalist: Information Has Always Been Beautiful. **The Guardian**, London, Aug. 13th 2010. Disponível em: <https://www.theguardian.com/news/datablog/2010/aug/13/florence-nightingale-graphics>. Acesso em: 26 jun. 2018.

SALGADO, E. D. **Lei de Acesso à Informação (LAI)**: comentários à Lei n. 12.527/2011 e ao Decreto n. 7.724/2012. São Paulo: Atlas, 2015. (Coleção Direito Administrativo Positivo, v. 33).

SANCHO, J. L. V. **La infografía**: técnicas, análisis y usos periodísticos. Barcelona: Universitat Autònoma de Barcelona, 2001. (Colección Aldea Global).

SAVAGE, C. Chelsea Manning to Be Released Early as Obama Commutes Sentence. **The New York Times**, New York, Jan. 17th 2017. Disponível em: <https://www.nytimes.com/2017/01/17/us/politics/obama-commutes-bulk-of-chelsea-mannings-sentence.html>. Acesso em: 26 jun. 2018.

SCHEDLER, A. Conceptualizing Accountability. In: SCHEDLER, A.; DIAMOND, L.; PLATTNER, M. F. (Ed.). **The Self-Restraining State**: Power and Accountability in New Democracies. Colorado: Lynne Rienne, 1999. p. 13-28.

SCRAPY. Disponível em: <https://scrapy.org/>. Acesso em: 26 jun. 2018.

SILVA, G. De que campo do jornalismo estamos falando? **Matrizes**, São Paulo, v. 3, n. 1, p. 197-212, ago./dez. 2009. Disponível em: <http://www.revistas.usp.br/matrizes/article/viewFile/38248/41038>. Acesso em: 26 jun. 2018.

SONDERMAN, J. Programmers Explain How to Turn Data into Journalism & Why that Matters. **Poynter.**, Jan. 10th 2013. Disponível em: <http://www.poynter.org/2013/programmers-explain-how-to-turn-data-into-journalism-why-that-matters-after-gun-permit-data-publishing/199834/>. Acesso em: 26 jun. 2018.

SOUSA, J. P. **Elementos de jornalismo impresso**. Porto: [s.n.], 2001. Disponível em: <http://www.bocc.ubi.pt/pag/sousa-jorge-pedro-elementos-de-jornalismo-impresso.pdf>. Acesso em: 26 jun. 2018.

SOUSA, J. P. Uma história breve do jornalismo no Ocidente. In: SOUSA, J. P. (Org.). **Jornalismo**: história, teoria e metodologia – perspectivas luso-brasileiras. Porto: Edições Universidade Fernando Pessoa, 2008. p. 12-93.

STRAY, J. **The Curious Journalist's Guide to Data**. New York: Columbia Journalism School, 2016. Disponível em: <https://www.gitbook.com/download/pdf/book/towcenter/curious-journalist-s-guide-to-data>. Acesso em: 26 jun. 2018.

SUNNE, S. The Challenges and Possible Pitfalls of Data Journalism, and How You Can You Avoid Them. **American Press Institute**, Sept. 3th 2016. Disponível em: <https://www.americanpressinstitute.org/publications/reports/strategy-studies/challenges-data-journalism/>. Acesso em: 26 jun. 2018.

TABATCHEIK, G. Fique "por dentro dos diários secretos". **Gazeta do Povo**, Curitiba, 22 mar. 2010. Disponível em: <http://www.gazetadopovo.com.br/vida-publica/especiais/diarios-secretos/fique-por-dentro-dos-diarios-secretos-ahaph7dw6zqn3e15pvovfk8jy>. Acesso em: 26 jun. 2018.

TABLEAU. Disponível em: <http://public.tableau.com>. Acesso em: 26 jun. 2018.

TABULA. Disponível em: <http://tabula.technology/>. Acesso em: 26 jun. 2018.

THE WORLD BANK. **World Bank Open Data**: Free and Open Access to Global Development Data. Disponível em: <http://data.worldbank.org>. Acesso em: 26 jun. 2018.

TOLEDO, J. R. de; SALDAÑA, P.; BURGARELLI, R. 7 gráficos que explicam a farra do financiamento estudantil. **Blog do Estadão: Dados**, São Paulo, 4 mar. 2015a. Disponível em: <http://blog.estadaodados.com/fies>. Acesso em: 26 jun. 2018.

_____. Gasto com Fies cresce 13 vezes e chega a R$ 13,4 bi, mas ritmo de matrículas cai. **O Estado de S. Paulo**, São Paulo, 15 fev. 2015b. Disponível em: <http://sao-paulo.estadao.com.br/noticias/geral,gasto-com-fies-cresce-13-vezes-e-chega-a-r-13-4-bi-mas-ritmo-de-matriculas-cai-imp-,1634714>. Acesso em: 26 jun. 2018.

TRANSPARÊNCIA BRASIL. Às claras 2012. Disponível em: <http://www.asclaras.org.br/>. Acesso em: 26 jun. 2018.

TRANSPARENCY. In: **Glossary**. U4 Anti-Corruption Resource Centre. Disponível em: <http://www.u4.no/glossary/>. Acesso em: 14 maio 2018.

TRY RUBY. Disponível em: <http://tryruby.org>. Acesso em: 26 jun. 2018.

TUTS PLUS. Disponível em: <https://tutsplus.com/>. Acesso em: 26 jun. 2018.

UNDP – United Nations Development Programme. Human Development Reports. **Human Development Data (1990-2015)**. Disponível em: <http://hdr.undp.org/en/data>. Acesso em: 26 jun. 2018.

VASCONCELOS, F. **Anatomia da reportagem**: como investigar empresas, governos e tribunais. São Paulo: Publifolha, 2007.

____. Jornalismo guiado por dados e sua contribuição para a agenda pública no Brasil: um estudo de caso sobre as publicações online do Globo e do Estadão. In: SEMINÁRIO DE PESQUISA EM JORNALISMO INVESTIGATIVO, 1., 2014, São Paulo. **Anais**... São Paulo: Universidade Anhembi-Morumbi, 2014. Disponível em: <http://www.abraji.org.br/seminario/PDF/1/fabio_vasconcellos.pdf>. Acesso em: 26 jun. 2018.

VASCONCELLOS, F.; MANCINI, L.; BITTENCOURT, C. Cinco categorias de jornalismo de dados ou uma proposta para problematizar o jornalismo a partir de dados no Brasil. In: SEMINÁRIO DE PESQUISA EM JORNALISMO INVESTIGATIVO, 2., 2015, São Paulo. **Anais**... São Paulo: Universidade Anhembi-Morumbi, 2015. Disponível em: <http://www.abraji.org.br/seminario/PDF/2/carolina_bittencourt_fabio_vasconcellos_leonardo_mancini.pdf>. Acesso em: 26 jun. 2018.

VOLT DATA LAB. **Barragens no Brasil**: parte 2 – há dezenas de barragens em risco no país, a maioria em MG, AM e PA. 2015a. Disponível em: <http://especiais.voltdata.info/barragens-parte2>. Acesso em: 26 jun. 2018.

____. **Barragens - sheetse.js**. São Paulo, 19 nov. 2015b. Planilha **on-line**. Google Planilhas. Disponível em: <https://docs.google.com/spreadsheets/d/11lkCxmYkE27wr_xhKg59G1jygBkmbadt9exHspGRuwo/edit#gid=0>. Acesso em: 26 jun. 2018.

W3RESOURCE. Disponível em: <http://www.w3resource.com/>. Acesso em: 26 jun. 2018.

WEB SCRAPER. Disponível em: <http://webscraper.io/>. Acesso em: 26 jun. 2018.

WEISKOPF, R.; WILLMOTT, H. Ethics as Critical Practice: The "Pentagon Papers", Deciding Responsibly, Truth-Telling, and the Unsettling of Organizational Morality. **Organization Studies**, v. 34, n. 4, p. 469-493, Feb. 18th 2013. Disponível em: <http://journals.sagepub.com/doi/abs/10.1177/0170840612470256?journalCode=ossa>. Acesso em: 26 jun. 2018.

WEISS, J. Como uma rede global de jornalistas investigou os 'Panama Papers'. **Ijnet: Rede de Jornalistas Internacionais**, 14 abr. 2016. Disponível em: <https://ijnet.org/pt-br/blog/como-uma-rede-global-de-jornalistas-investigou-os-panama-papers>. Acesso em: 26 jun. 2018.

WIKILEAKS. **What is WikiLeaks**. Nov. 3th 2015. Disponível em: <https://wikileaks.org/What-is-Wikileaks.html>. Acesso em: 26 jun. 2018.

ZAMZAR. Disponível em: <http://www.zamzar.com/>. Acesso em: 26 jun. 2018.

Respostas

Capítulo 1

Questões para revisão

1. As principais contribuições do jornalismo de precisão – fundado por Philip Meyer, em 1972 – para o campo profissional foi a inclusão de métodos empíricos de investigação social e metodologias de análise de dados para a produção jornalística, emprestados, sobretudo, das ciências sociais. Dessa forma, os conceitos e as aplicações de pesquisa advindos do jornalismo de precisão impactaram sobremaneira a rotina de produção de notícias.
2. De acordo com o pesquisador Brant Houston (2009)[1], há ao menos dois níveis de profundidade para a RAC: i) o básico, em que há apoio de bases de dados e facilitação de uso e cruzamento de informações por meio de *softwares* de planilha; ii) o avançado, em que ocorre o emprego de mapas e programas de georreferenciamento e aplicação de sistemas de estatísticas, bem como a utilização dos mais avançados *softwares* de leituras sociológicas, ou seja, de análise de redes sociais e de dados relacionados a comportamentos.
3. c.
4. b.
5. c.

---

[1] As referências apresentadas nesta seção encontram-se na seção "Referências" desta obra.

Capítulo 2

Questões para revisão

1.
- Em 2015, por órgão:
  1) Presidência da República: R$ 15.020.566,58;
  2) Ministério da Justiça: R$ 13.849.257,31;
  3) Ministério do Planejamento, Desenvolvimento e Gestão: R$ 5.997.159,79;
  4) Ministério da Defesa: R$ 5.451.671,53;
  5) Ministério da Educação: R$ 5.100.676,71.
- Em 2015, por servidor:
  1) José Roberto da Silva (Ministério da Educação): R$ 143.784,72;
  2) José Geraldo Martins (Ministério da Defesa): R$ 107.584,88;
  3) Sócrates Félix Alves (Ministério da Saúde): R$ 101.128,40;
  4) Eduardo Pansani (Ministério da Defesa): R$ 99.580,31;
  5) Tássio Cristiano Rios de Souza (Ministério do Planejamento, Desenvolvimento e Gestão): R$ 98.651,16.
- Em 2016, por órgão:
  1) Presidência da República: R$ 13.708.366,80;
  2) Ministério da Justiça: R$ 12.858.782,86;
  3) Ministério do Planejamento, Desenvolvimento e Gestão: R$ 6.302.944,78;
  4) Ministério da Educação: R$ 5.555.553,94;
  5) Ministério da Defesa: R$ 4.199.655,81.
- Em 2016, por servidor:
  1) Ricardo Hampel Vicente (Ministério da Defesa): R$ 336.047,42;
  2) Hermano Lemos de Avellar Machado (Ministério da Fazenda): R$ 172.962,97;
  3) Wilmar Flores de Castro (Ministério da Educação): R$ 118.981,52;
  4) Rosane Marli Diesel (Ministério da Educação): R$ 118.137,64;
  5) Marcus Tulio de Araújo (Ministério da Defesa): R$ 92.621,53.

2. Aumentaram os gastos: o Ministério da Educação (8,92%) e o Ministério do Planejamento, Desenvolvimento e Gestão (5,10%). Reduziram os gastos: o Ministério da Defesa (22,97%), a Presidência da República (8,74%) e o Ministério da Justiça (7,15%).
3. b
4. a
5. e

Capítulo 3

Questões para revisão

1. *Raspagem de dados* é a retirada de informações de determinada origem (um banco de dados, por exemplo) para que sejam adequadamente tratadas e editadas em programas específicos.
2. É sempre necessário indicar qual órgão deverá responder à solicitação. Deve-se, além disso, ser claro e, sobretudo, preciso, indicando, por exemplo, o período de abrangência da informação solicitada, a profundidade da análise e até o formato de resposta preferível.
   No entanto, é interessante evitar solicitações muito extensas e que demovam trabalhos extras. É preferível sempre especificar ao máximo as informações solicitadas, para evitar equívocos na interpretação do pedido ou recair nas brechas de não previstas na lei.
3. a
4. c
5. c

Capítulo 4

Questões para revisão

1. Ainda que os grandes vazamentos de dados tenham gerado algumas das matérias de maior impacto do jornalismo contemporâneo, esse

modo de produzir reportagens traz implicações que devem ser objeto de atenção dos jornalistas e das empresas de comunicação. Nesse sentido, devem ser considerados três pontos fundamentais: i) a interferência da fonte nas publicações; ii) o modo como as redações se organizam para lidar com essas apurações; e iii) a dependência da agenda da fonte.

Dessa forma, lembramos que o caso WikiLeaks deixou claro que há aspectos relacionados à ética e à deontologia jornalística que não são facilmente absorvidos por ativistas que repassam informações aos jornais. A checagem dos fatos, a edição minuciosa, o espaço ao contraditório e a contextualização das informações são regras do jornalismo que não podem ser abandonadas por exigência ou por interferência das fontes. Os grandes vazamentos também exigem adaptações nas redações.

Uma das soluções para a análise de grandes quantidades de dados tem sido a criação de grupos (*pools*) de cobertura jornalística, reunindo diversas redações – por vezes, de países diferentes – na apuração de um mesmo tema.

Há, ainda, o perigo de os veículos ficarem dependentes da agenda de quem vaza os dados. Naturalmente, as fontes têm interesses e, embora na visão de Glenn Greenwald (2016) estes sejam irrelevantes, não se pode descartar o fato de que esses interesses podem gerar recortes enviesados dos dados. Por isso, é dever do jornalista ampliar a investigação para além dos documentos vazados.

2. Ao passo que nos Estados Unidos e na Europa o jornalismo investigativo tem descoberto fatos relevantes – seja por apuração própria dos repórteres, seja por vazamento de informações –, no Brasil, ele tem sido pautado pelas instituições que investigam, como as polícias militares e o Ministério Público. Desse modo, a maior parte dos casos que geram reportagens investigativas deriva de averiguações públicas já em curso, sobre desvios já detectados por autoridades oficiais.
3. c
4. a
5. b

Sobre os autores

Alexsandro Teixeira Ribeiro é jornalista, especialista em Comunicação Empresarial e mestre em Jornalismo pela Universidade Estadual de Ponta Grossa (UEPG). Integrante do Livre.jor, tem experiência como repórter *freelancer* em revistas e em jornais, como a *Gazeta do Povo*. Também atua na área de assessoria de imprensa e é professor de Comunicação Social no Centro Universitário Internacional Uninter.

Rafael Moro Martins é jornalista desde 1998. Membro do projeto de jornalismo de dados Livre.jor, também atua como repórter *freelancer*. Trabalha para os jornais *UOL Notícias* e *Valor Econômico*. Trabalhou no jornal *Gazeta do Povo* e em outras grandes redações do Paraná. Atualmente, escreve sobre baixa gastronomia para a *Gazeta do Povo*.

José Lázaro Júnior é jornalista especializado em cobertura política. Também é um dos fundadores do projeto de jornalismo de dados Livre.jor. Doutorando em Sociologia pela Universidade Federal do Paraná (UFPR), tem experiência na imprensa regional e em comunicação pública. É servidor da Câmara Municipal de Curitiba desde 2009.

João Guilherme Frey é jornalista, especialista em Direito à Cidade e Gestão Urbana pela Universidade Positivo (UP) e mestrando em Ciência Política na Universidade Federal do Paraná (UFPR). É repórter da editoria de política do jornal *Gazeta do Povo* e um dos fundadores do projeto de jornalismo de dados Livre.jor. Já atuou como repórter na Rádio Band News FM e respondeu pela assessoria de imprensa da Presidência da Câmara Municipal de Curitiba.

Impressão:
Julho/2018